Handwörterbuch der Kriminologie

und der anderen strafrechtlichen Hilfswissenschaften

unter Mitberatung von

Justizrat Dr. Drucker, Leipzig / Professor Dr. Graf Gleispach, Wien / Generalstaatsanwalt Dr. Hafner, Karlsruhe / Oberverwaltungsgerichtsrat Dr. Hagemann, Berlin / Reichsgerichtsrat Dr. Hartung, Leipzig / Professor Dr. Kohlrausch, Berlin / Professor Dr. Müller-Heß, Berlin

herausgegeben von

Alexander Elster und **Heinrich Lingemann**

Dr. jur. in Berlin — Landgerichtsdirektor in Köln

13. Lieferung

Prostitution — Schußwaffenuntersuchung

Berlin und Leipzig 1934

Verlag von Walter de Gruyter & Co.

schnitts für alle Altersklassen. Bis zum 19. Lebensjahr war die Erkrankungshäufigkeit des weiblichen Geschlechts höher, von da ab jedoch niedriger als die der Männer. Bei den geschlechtskranken Personen im Alter von 25 bis 39 Jahren betrug die weibliche Erkrankungshäufigkeit weniger als ⅓ und bei den über 40 Jahre alten etwas mehr als ¼ der männlichen Erkrankungshäufigkeit.

Dem Familienstande nach waren von den geschlechtskranken Männern 72,7% ledig und 25,3% verheiratet, von den weiblichen dagegen 67,3% ledig und 28,2% verheiratet. Bei Berechnung der Jahreszugangsziffern (auf je 10000 Lebende) nach Geschlecht, Altersklassen und Familienstand ergibt sich die höchste Erkrankungshäufigkeit bei den geschiedenen Personen, bei welchen die Zahlenunterschiede beider Geschlechter — die über 40 Jahre alten Personen ausgenommen — relativ gering waren. Während bei den ledigen Männern die Erkrankungshäufigkeit im Alter von 30—39 Jahre den Höchststand erreichte, war sie bei den übrigen Familienständen beiderlei Geschlechts im Alter von 20—29 Jahren am stärksten. Als besonders bemerkenswert wird von Dornedden die verhältnismäßig geringe Erkrankungsziffer der verheirateten Männer im Vergleich zu den Männern anderen Familienstandes hervorgehoben, während dieser Unterschied bei den Frauen — mit Ausnahme der geschiedenen — in ähnlicher Höhe nur bei den 20—29jährigen bestand.

Wertvolle Aufschlüsse über die Verbreitung der Geschlechtskrankheiten bietet auch ihre regionale Aufgliederung. Nach der folgenden Tabelle 2 ist die Erkrankungsziffer besonders hoch in den drei Stadtstaaten Hamburg, Bremen und Lübeck. Das erklärt sich nach Breger (a. a. O. II, S. 1) aus mehreren Ursachen. Einmal haben diese Staaten großstädtischen Charakter und entbehren der ländlichen Gebiete, in denen erfahrungsgemäß die Geschlechtskrankheiten weniger verbreitet sind. Weiterhin strömt in den Hafenstädten eine jugendliche, Arbeit suchende Bevölkerung im Alter von 20—30 Jahren zusammen. Hinzu kommt schließlich der internationale Hafenverkehr, der Infektionsmöglichkeiten verschiedener Art mit sich bringt. Dagegen sind Länder mit vorwiegend agrarischem Bevölkerungscharakter wie Lippe, Schaumburg-Lippe und Waldeck trotz starker Beteiligung der Ärzte an der Zählung nur relativ gering durchseucht. Auch fällt es auf, daß die industrieärmeren Länder Württemberg, Hessen, Baden und Bayern günstigere Verhältnisse aufweisen als das industrie- und städtereiche Land Sachsen und auch als Preußen.

2. Zahl der jährlich auf 10000 Einwohnern entfallenden Neuerkrankungen in den Ländern des Deutschen Reichs.

Länder	insgesamt	Länder	insgesamt
Preußen	60,53	Bremen	130,62
Bayern	40,08	Lippe	23,13
Württemberg	38,09	Lübeck	106,05
Baden	45,33	Mecklenburg-Strelitz	66,43
Hessen	38,91	Waldeck	34,29
Hamburg	153,23	Schaumburg-Lippe	25,00
Mecklenburg-Schwerin	55,33	*Deutsches Reich*¹)	*58,05*
Oldenburg	38,92	Sachsen²)	62,2
Braunschweig	55,02	Thüringen²)	39,9
Anhalt	67,94		

¹) Ohne Sachsen und Thüringen. — ²) Nachträgliche Mitteilung.

Das gleiche Bild ergibt sich auch bei der Betrachtung der geographischen Verbreitung der venerischen Krankheiten in den größeren Verwaltungsbezirken, indem die mehr ländlichen Bezirke wie z. B. Allenstein, Oberpfalz, Sigmaringen, der Schwarzwald- und Jagstkreis wesentlich niedrigere Erkrankungsziffern aufweisen als die für den Durchschnitt der Gemeinden mit unter 20000 Einwohnern ermittelte Ziffer von 29,1 jährlichen Neuzugängen auf je 10000 Lebende.

Die Städte sind sonach weit durchseuchter als das platte Land. Das zeigt zunächst die Aufteilung der Ergebnisse von 1927 nach Gemeindegrößenklassen. Es kamen auf je 10000 Bewohner in den Gemeinden mit

100000 und mehr	Einw.	108,0
20000 bis unter 100000	„	77,2
unter 20000	„	29,1

Erkrankungen gegen 58 im Reichsdurchschnitt.

Auch die verschiedenen Erscheinungsformen der Krankheiten weisen erklärlicherweise in den einzelnen Gemeindegrößenklassen bemerkenswerte Unterschiede auf, wie sich aus der nachstehenden Übersicht ergibt. Auf je 1000 Lebende erkrankten jährlich:

Krankheitsformen	Gemeinden mit 100000 u. mehr Einwohnern	Gemeinden mit 20000 bis 100000 Einwohnern	Gemeinden mit unter 20000 Einwohnern	Deutsches Reich
Tripper einschl. Blennorrhöe . .	84,1	58,5	20,6	43,8
Weicher Schanker .	2,8	1,1	0,5	1,2
Primär- u. Sekundärsyphilis . .	19,3	15,6	7,4	11,9
Angeborene Syphilis . .	1,7	2,0	0,7	1,2

Die Zahl der Geschlechtskranken in den Städten wird nach Prinzing (a. a. O. S. 314) durch zwei äußere Momente erhöht, und zwar durch die in den Städten behandelten Ortsfremden und durch den Zuzug junger, unverheirateter Leute. Auf die Städte, die selbständige Verwaltungsbezirke sind, kamen nach der Zählung von 1927 durchschnittlich 9% Ortsfremde. In den Städten mit größerer ländlicher Umgebung waren die Prozentsätze höher, bis zu 20% und darüber, in Berlin waren es dagegen nur 2%.

Unter den Großstädten hatten die höchsten Gesamtkrankenziffern, wie die nachstehende Tabelle 3 erkennen läßt, die Hafenstädte Hamburg, Altona, Königsberg i. Pr. und Kiel. Es folgen Erfurt, die Universitätsstadt Münster i. W., weiter Hannover und Stettin. Dann kommt an 9. Stelle Berlin. Verhältnismäßig niedrig ist dagegen die Krankenziffer in den Städten des rheinisch-westfälischen Industriegebietes.

3. Zahl der jährlich auf 100000 Einwohner entfallenden Neuerkrankungen in den Großstädten (nach der abfallenden Häufigkeit geordnet) 1927.

Großstädte[1])	insgesamt	Großstädte[1])	insgesamt
Hamburg	153,68	Gleiwitz	95,29
Altona	152,09	Harburg-Wilhelmsburg	93,82
Königsberg i. Pr.	142,63	Halle a. S.	91,52
Kiel	142,33	Kassel	91,40
Erfurt	140,87	Ludwigshafen a. Rh.	88,85
Münster i. W.	137,14	Nürnberg	80,10
Hannover	132,28	Wiesbaden	78,81
Stettin	130,04	Hindenburg	74,06
Berlin	**129,89**	Augsburg	74,01
Stuttgart	129,36	Elberfeld	72,71
Karlsruhe	128,05	Krefeld	69,47
Frankfurt a. M.	126,32	Duisburg	68,95
Bremen	125,23	Aachen	68,46
Braunschweig	114,25	Essen	67,63
Mainz	113,45	München-Gladbach	66,78
Magdeburg	112,35	Gelsenkirchen	58,59
Dortmund	107,85	*Deutsches Reich*[1])	*58,05*
Lübeck	106,34	Barmen	49,52
München	102,14	Bochum	48,33
Köln	100,47	Hamborn	44,41
Breslau	97,15	Mühlheim a. R.	43,13
Mannheim	97,05	Oberhausen	41,11
Düsseldorf	97,04	Buer	27,69

[1]) Ohne Sachsen und Thüringen.

Die Reichserhebung der Geschlechtskranken von 1927 ergibt somit, wie Dornedden zusammenfassend betont, eine bedeutende Abnahme der Durchseuchung des gesamten deutschen Volkes, besonders aber der großstädtischen Bevölkerung gegenüber der Vorkriegs- und ersten Nachkriegszeit, vor allem beim weichen Schanker, ferner bei der Syphilis. Im Vergleich zu den Zählungsergebnissen von 1919 dürfte der Rückgang im Reichsdurchschnitt bei Tripper schätzungsweise etwa $^1/_3$, bei Syphilis etwa $^2/_3$ und beim weichen Schanker sogar fast $^9/_{10}$ betragen. Das Verhältnis von Tripper zur Syphilis hat sich in dem nur achtjährigen Zeitraum 1919—1927 von 10:6 auf 10:3 vermindert. Als besonders günstiges Zeichen ist die rapide Abnahme der Fälle von frischer Syphilis anzusehen, so daß nach den Ausführungen von Prof. Taute (Reichsministerium des Innern) bei Behandlung der Auswirkungen des Gesetzes zur Bekämpfung der Geschlechtskrankheiten im Reichstagsausschuß für Bevölkerungspolitik im Dezember 1928 die Kliniken bereits Schwierigkeiten haben, ihren Studenten charakteristische Fälle zu demonstrieren.

Die Verringerung der Geschlechtskrankheiten dürfte im wesentlichen auf ihre systematische Bekämpfung und die wirksamere Behandlung der Kranken zurückzuführen sein. Trotzdem hat die Zählung gezeigt, daß noch immer und besonders beim weiblichen Geschlecht die Verschleppung der Behandlung noch sehr verbreitet ist. Beispielsweise kamen von der erworbenen Syphilis beim weiblichen Geschlecht nur $^1/_{10}$ im primären Stadium, bei den Männern dagegen $^4/_{10}$ zur ärztlichen Behandlung. Häufig wurden bei den weiblichen Personen erst gelegentlich anderer Erkrankungen Fälle von latenter sekundärer Syphilis entdeckt. Besonders zahlreich waren die zu spät behandelten Krankheitsfälle in den höheren Altersklassen, bei den geschiedenen Personen und in den kleineren Gemeinden.

3. Außer diesen vorstehend aufgeführten Bestandserhebungen verfügen wir noch über einige fortlaufende Bewegungsermittelungen, die sich jedoch nur, — wie schon kurz angedeutet — auf bestimmte, ausgewählte — einer genauen Beobachtung zugängliche — Bestandsmassen der Bevölkerung erstrecken.

a) Es handelt sich hierbei zunächst um die bis vor wenigen Jahren in den Bänden der „Statistik des Deutschen Reichs" (vgl. „Ursachen der Sterbefälle und Ergebnisse der Heilanstaltsstatistik") veröffentlichte Statistik über die „Krankenbewegung in den allgemeinen Krankenhäusern im Deutschen Reich", deren Bearbeitung vom Jahre 1930 ab eingestellt worden ist. Ihre Ergebnisse lassen bei allen drei Erscheinungsformen der Geschlechtskrankheiten in der Nachkriegszeit einen mehr oder weniger starken Rückgang erkennen.

In der Zeit von 1920/22 (Durchschnitt) bis 1929, dem letzten Berichtsjahr, verminderte sich der Jahreszugang von Kranken an Syphilis von 52893 um 53,5% auf 24616, an weichem Schanker von 5563 um 45,1% auf 3055, an Gonorrhöe von 51812 um allerdings nur 4,9% auf 49265. Der Anteil der weiblichen Kranken betrug 1929 bei Syphilis 48,1% gegen 53,4% beispielsweise im Jahre 1923, bei weichem Schanker 21,5% (1923 29,0) und bei Gonorrhöe 45,9% (1923: 58,0%).

Bei diesen Zahlen ist jedoch vor allem zu berücksichtigen, daß nur ein ziemlich begrenzter Teil der Geschlechtskrankheiten in die Krankenhausbehandlung tritt. Bei der Zählung von 1927 wurden nur 14,4% der Krankheitsfälle aus Krankenanstalten gemeldet. Es ist daher bei Rückschlüssen aus den Ergebnissen dieser Krankenhausstatistik auf die Verbreitung der Geschlechtskrankheiten bei der allgemeinen Bevölkerung größte Vorsicht geboten. (Bezüglich weiterer zu beachtender Umstände bei Wertung dieser Zahlen s. Hanauer, a. a. O., S. 7.)

b) Wichtige Aufschlüsse über den Umfang insbesondere der Syphilis gibt die Statistik über die „Krankenbewegung in den Anstalten für Geisteskranke, Epileptiker usw.", die ebenfalls seit 1930 nicht mehr bearbeitet wird. Die Ergebnisse wurden gleichfalls in den im vorigen Abschnitt angeführten Quellen veröffentlicht.

Es betrug die Zahl der verpflegten Kranken (Bestand zu Beginn und Zugang im Laufe der einzelnen Jahre) im letzten Erhebungsjahr 1929 insgesamt 13250 gegen 6655 im Durchschnitt 1920/22. Das bedeutet fast eine Verdoppelung. Dagegen hat sich der Anteil der Todesfälle in dem gleichen Zeitraum von 27,3% auf 13,4% vermindert.

Das starke Anschwellen der Paralysenaufnahmen in den letzten Jahrzehnten beruht nach der Ansicht von Hanauer (a. a. O., S. 7) nicht nur auf äußeren Gründen, wie erleichterter Aufnahme, Verbesserung der Irrenfürsorge und der Behandlung, sondern hängt auch zweifellos mit der Zunahme der Lues zusammen.

c) Wiederholt ist auch die Krankenkassenstatistik namentlich früher herangezogen worden, so z. B. von Blaschko u. a. in einer Untersuchung „Die Verbreitung der Geschlechtskrankheiten" (Mitteilungen der Gesellschaft zur Bekämpfung der Geschlechtskrankheiten, Jahrg. 1, 1902, S. 10ff.). Die Ergebnisse dieser Statistik sind jedoch nach Prinzing (a. a. O., S. 309) nur äußerst kritisch zu betrachten, da die Geschlechtskrankheiten hauptsächlich früher unter allgemeinen Bezeichnungen wie Hautleiden, Blasenkatarrh usw. verborgen wurden, und außerdem wegen der meist langen Krankheitsdauer und wegen des damit häufig verbundenen Wechsels in der ärztlichen Behandlung vielfach doppelte und dreifache Zählungen vorkommen.

d) Weitere Beiträge zur Erkenntnis über die fortlaufende Gestaltung der Verbreitung venerischer Krankheiten liefern die Sanitätsberichte der Wehrmacht, deren Geschlechtskrankenstatistik deswegen besonders wertvoll ist, weil sie sich durch eine besondere Vollständigkeit und Exaktheit auszeichnet. Allerdings gibt die Zahl der Geschlechtskranken bei den Heeren — worauf Prinzing (a. a. O., S. 310) besonders hinweist — keinen Maßstab für die allgemeine Häufigkeit dieser Erkrankungen in den betreffenden Ländern. Nach dem „Sanitätsbericht über das Reichsheer für das Jahr 1931" (Berlin 1934, S. 29) betrug in v. T. der Iststärke des Reichsheeres der Zugang an Geschlechtskrankheiten:

Jahre	Tripper	Schanker	Syphilis	Insgesamt
1908/13	13,3	1,8	5,2	20,4
1921/25	41,4	3,3	18,8	65,9
1926	31,7	0,7	14,9	47,3
1927	32,9	0,6	13,8	47,3
1928	33,1	0,7	9,5	43,3
1929	32,4	0,6	8,4	41,4
1930	31,1	0,7	7,8	39,6
1931	27,2	0,2	6,5	33,9

Zum Vergleich mit anderen größeren Armeen (in v. T.) ist dem oben genannten Bericht folgende Übersicht beigegeben:

Bezeichnung	1926	1927	1928	1929	1930	1931
Reichsheer .	47,3	47,3	43,3	41,4	39,6	33,9
Reichsmarine	74,2	64,4	59,3	55,8	57,0	44,7
Armee U.S.A.	50,0	49,7	48,2	48,3	47,7	45,6
Engl. Gesamtarmee .	41,1	49,1	35,0	35,0	34,5	32,2
Engl. Heimattruppen	21,4	21,4	17,7	17,3	16,4	11,6
Engl. Truppen a. Rhein	42,9	25,7	28,8	28,9	—	—

Bei der Marine sind die Geschlechtskrankheiten wegen der unhygienischen Verhältnisse der Prostitution in den Hafenstädten allgemein wesentlich stärker als bei dem Landheer und im Ausland noch weit mehr als im Inland.

Nach den einzelnen Jahresausweisen des „Sanitätsberichts über die Deutsche Reichsmarine" betrugen die Zugänge an Geschlechtskrankheiten auf 1000 der Kopfstärke bei

Jahre	Tripper	Schanker	Syphilis	Insgesamt
1921/25	63,1	6,3	31,2	113,8
1926	54,1	2,9	14,8	74,2
1927	45,9	4,7	12,2	64,4
1928	47,5	2,1	10,0	59,3
1929	45,2	2,5	9,1	56,9
1930	46,7	2,6	7,7	57,0

Wie beim Heer so ist auch bei der Marine in den letzten Jahren erfreulicherweise ein stetiges Absinken in der Frequenz der Geschlechtskrankheiten festzustellen. Die Infektion erfolgte — so heißt es im Bericht — im Inland hauptsächlich in freier Liebe, im Ausland vorwiegend in Bordellen.

Die Häufigkeit der Geschlechtskrankheiten (Zahl der Zugänge) auf 1000 der Kopfstärke in den Jahren 1921—1927 und — soweit Zahlen vorliegen — im Reichsheer, in der preußischen Schutzpolizei und in einigen fremden Marinen zeigt die folgende, im „Sanitätsbericht über die Deutsche Reichsmarine für den Zeitraum vom 1. I. bis 31. XII. 1927" (Berlin 1929, S. 50) veröffentlichte Übersicht:

Bezeichnung	1921	1922	1923	1924	1925	1926	1927
Deutschland							
Marine	113,3	133,3	122,2	79,8	70,6	74,2	64,4
Heer	65,2	79,0	83,6	.	53,6	47,3	47,3
Preuß. Schutzpolizei .	62	53	48	35	23	19	19
Marine							
Ver. Staaten v. Amerika	120,1	127,4	123,4	137,6	126,6	118,8	.
England	113,0	103,4	93,1	81,9	71,7	67,9	.
Japan	91,5	89,6	98,2	83,0	82,4	.	.
Niederlande	176,1	164,2	137,6	129,4	108,3	111,2	114,8

e) Von besonderer Bedeutung im Rahmen dieses Beitrages sind erklärlicherweise die statistischen Ergebnisse über die Verbreitung der Geschlechtskrankheiten unter den Prostituierten. Die zahlenmäßigen Ermittelungen in dieser Hinsicht erstrecken sich zumeist sowohl auf die polizeiärztlichen Untersuchungen der eingeschriebenen Prostituierten als auch auf die zwangsweise zur ärztlichen Untersuchung vorgeführten weiblichen Personen und die hierbei festgestellten Krankheitsformen. Bei einem etwaigen Vergleich der Ergebnisse dieser beiden Kategorieen ist allerdings nicht zu vergessen, worauf Prinzing besonders aufmerksam macht (a. a. O., S. 321), daß hierbei ganz verschiedene Verhältnisse vorliegen. An den Kontrollmädchen werden im Laufe des Jahres zahlreiche Untersuchungen vorgenommen, während bei den puellae clandestinae die Personen sehr häufig wechseln. Man darf daher nicht die Zahl der Untersuchungen bei der Berechnung der Verhältnisziffern zu Grunde legen. Nimmt man andererseits die Zahl der Untersuchten, so erscheinen die nicht kontrollierten Mädchen mit zu kleinen Prozentzahlen, da sie nur im Augenblick der Aufgreifung einmal oder höchstens einige Male im Jahre zur Untersuchung gelangen.

Aus der Fülle der statistischen Unterlagen, die über die geschlechtlichen Erkrankungen der Prostituierten aus dem Inlande wie aus dem Auslande vorliegen, können hier nur einige wenige Beispiele angeführt werden.

Bis zum Jahre 1926 enthielten die in den einzelnen Bänden der „Veröffentlichungen aus dem Gebiete der Medizinalverwaltung" (Berlin) erschienenen Berichte über das „Gesundheitswesen des Preußischen Staates" eingehende statistische Nachweisungen über die Ausdehnung und Verbreitung der Prostitution in Preußen unter besonderer Berücksichtigung der bei der sittenärztlichen Überwachung festgestellten Geschlechtskrankheiten der kontrollierten sowie der aufgegriffenen Dirnen. Danach zeigen namentlich die festgestellten syphilitischen Erkrankungen sowohl für die Kontrolldirnen als auch für die aufgegriffenen Dirnen eine ständige Abnahme, wie sich aus der folgenden Zahlenreihe ergibt:

Jahre	Kontroll-dirnen	aufgegriffene Dirnen
1922	1520	2533
1923	1269	1857
1924	1308	1797
1925	1079	1477
1926	746	1054

Über die Zahl der Dirnen, die während der beiden letzten Jahre 1925 und 1926 vor dem Inkrafttreten des Gesetzes zur Bekämpfung der Geschlechtskrankheiten in den einzelnen preußischen Regierungsbezirken unter Kontrolle standen und aufgegriffen wurden, sowie über die polizeiärztlich festgestellten Krankheitsformen unterrichtet ausführlich die Tabelle 4 S. 430.

Aufschlußreich sind weiterhin die vom Berliner Polizeipräsidium zusammengestellten Angaben, die die dort veranlaßten ärztlichen Untersuchungen von Prostituierten und deren Ergebnisse zum Gegenstande haben. Sie schließen wie die entsprechenden statistischen Beobachtungen in anderen deutschen Teilgebieten oder Städten im Jahre 1926 ab, da im Jahre 1927 das Reichsgesetz zur Bekämpfung der Geschlechtskrankheiten in Kraft trat, durch das die Reglementierung der Prostitution aufgehoben und damit auch jede statistische Aufzeichnung hierüber unmöglich gemacht würde. Das nachstehend wiedergegebene Datenmaterial ist der Untersuchung „Die eingeschriebenen Prostituierten in Berlin 1925" (Mitteilungen des Statistischen Amts der Stadt Berlin, Nr. 5, Heft 7, August 1929) entnommen. Für seine richtige Bewertung ist zunächst Folgendes zu bemerken.

Zur dauernden gesundheitlichen Überwachung der Kontrollmädchen wurden diese in 3 Gefahrenklassen eingeteilt, wobei man das Alter gewissermaßen als die Gefahrengrundlage gewählt hat. Die erste Klasse umfaßte einmal alle Prostituierten bis zum 24. Lebensjahr, ferner alle diejenigen — ohne Rücksicht auf ihr Alter —, die noch nicht länger als 1 Jahr unter Aufsicht standen, und schließlich alle Syphilitikerinnen, bei denen noch nicht 3 Jahre seit dem ersten Ausbruch der Krankheit vergangen waren. Da bei diesen Puellen die Ansteckungsgefahr relativ am größten ist, wurden sie zweimal wöchentlich untersucht. Zur zweiten Klasse gehörten die Prostituierten vom beginnenden 25. bis zum vollendeten 34. Lebensjahr. Sie hatten sich einmal wöchentlich zur Untersuchung einzufinden. Die in der dritten Klasse einbegriffenen über 34 Jahre alten Prostituierten wurden nur alle 2 Wochen einmal untersucht (vgl. P. Martell, Polizei und Sittenkontrolle. Archiv für Soziale Hygiene und Demographie. N. F. Bd. II, 1926/27, S. 467).

Die Besetzung der 3 Gefahrenklassen war naturgemäß meist sehr verschieden. Sie betrug für die Zahl der in Alt-Berlin eingeschriebenen Prostituierten, die jedoch mit der Zahl der daselbst Untersuchten nicht gleichbedeutend war,

für die Gefahrenklasse	am 1. Januar 1923 %	am 1. Januar 1924 %	am 1. Januar 1925 %	am 1. Juli 1925 %
I.	57,6	57,2	46,8	40,9
II.	29,0	29,1	35,9	38,8
III.	13,4	13,7	17,3	20,3
	100,0	100,0	100,0	100,0

In Tabelle 5 ist die absolute Zahl der vorgenommenen Untersuchungen, sowie Zahl und Art der dabei festgestellten geschlechtlichen Erkrankungen dargestellt, während aus Tabelle 6 die daraus abgeleiteten Verhältnisziffern ersichtlich sind.

Die Ergebnisse lassen keine Schlüsse zu aus einer Gegenüberstellung der Zahl der vorgenommenen Untersuchungen und der Zahl der dadurch ermittelten Erkrankungen einerseits sowie aus einem in dieser Richtung angestellten Vergleich zwischen den eingeschriebenen Prostituierten und den der Prostitution Verdächtigen andererseits. Ein Versuch der ersteren Art wäre nach den Ausführungen des Statistischen Amtes der Stadt Berlin (a. a. O. S. 23) deshalb verfehlt, weil vom Polizeipräsidium Berlin nur die Zahl der eingeschriebenen Prostituierten, nicht auch die Zahl der zur ärztlichen Untersuchung Er-

4. Die sittenärztliche Überwachung der Prostitution in den preußischen Regierungsbezirken[1]).

Regierungsbezirke	Zahl der unter Kontrollestehenden Dirnen		davon erkrankten an						Zahl der untersuchten aufgegriffenen Dirnen		davon waren krank an					
			Syphilis		Tripper		Schanker				Syphilis		Tripper		Schanker	
	1925	1926	1925	1926	1925	1926	1925	1926	1925	1926	1925	1926	1925	1926	1925	1926
Königsberg i. Pr.	345	306	11	7	191	173	4	2	201	255	13	12	37	71	1	—
Gumbinnen	55	53	5	4	13	18	—	—	205	148	19	7	58	38	—	2
Allenstein	30	20	1	1	5	4	1	—	56	50	1	1	5	13	—	—
Marienwerder	29	25	6	15	2	7	—	—	16	34	5	1	6	7	—	—
Potsdam	75	78	2	2	13	9	—	2	42	15	1	2	2	2	—	—
Frankfurt a. O.	112	105	12	6	26	24	—	—	12	20	—	4	10	4	—	—
Berlin	7783	7111	379	278	2238	1978	122	90	4359	3038	180	139	677	513	27	19
Stettin	242	210	15	17	149	112	3	4	61	20	1	—	20	11	—	1
Stralsund	14	14	1	1	3	4	—	—	—	30	—	5	—	14	—	—
Schneidemühl	[2])	5	[2])	1	[2])	—	[2])	—	[2])	63	[2])	8	[2])	14	[2])	—
Breslau	595	476	42	24	292	269	8	7	666	551	5	30	8	51	2	7
Liegnitz	58	62	14	12	17	26	—	—	168	146	27	17	52	38	—	—
Oppeln	189	230	17	31	61	57	3	1	82	61	9	2	36	19	3	2
Magdeburg	540	599	70	63	259	217	14	1	300	262	19	15	61	56	3	—
Merseburg	247	265	33	12	135	111	3	—	259	538	31	75	46	177	—	—
Erfurt	106	135	13	10	22	19	—	—	302	281	18	17	54	43	—	1
Schleswig	436	397	181	16	359	501	169	1	1683	1243	301	72	526	386	2	—
Hannover	308	308	44	45	63	46	8	2	2622	1907	75	34	70	41	2	—
Hildesheim	25	47	3	2	13	1	—	—	21	7	6	1	9	1	—	—
Lüneburg	40	45	4	1	21	34	1	1	77	41	10	2	13	14	1	—
Stade	18	44	2	2	3	6	—	—	35	55	2	4	11	13	—	—
Osnabrück	25	25	2	8	3	5	1	—	30	40	4	6	9	10	—	—
Aurich	122	101	5	4	27	23	—	—	104	91	6	8	24	11	—	—
Münster	20	7	1	2	2	7	—	—	28	23	4	2	8	4	—	—
Minden	22	9	1	1	5	3	—	—	111	101	23	4	16	28	—	—
Arnsberg	391	327	90	51	573	469	5	1	1700	1331	175	192	291	222	4	2
Kassel	104	120	8	6	39	26	—	—	66	66	5	17	24	10	—	—
Wiesbaden	340	318	29	15	213	141	3	1	2490	3518	272	184	198	520	1	—
Koblenz	61	51	2	—	2	1	—	—	272	260	20	12	50	61	—	—
Düsseldorf	536	893	36	80	114	400	1	3	3040	3201	141	128	513	686	6	4
Köln	679	644	35	13	140	79	7	4	1741	1321	70	43	323	201	6	1
Trier	27	32	14	5	22	27	—	—	52	20	11	5	26	15	—	—
Aachen	150	162	1	11	19	29	—	—	143	114	3	5	20	25	—	—
Preußen insgesamt	13724	13224	1079	746	5044	4826	353	120	20944	18851	1477	1054	3203	3319	58	39

[1]) Aus den Regierungsbezirken Köslin und Sigmaringen fehlen Angaben. — [2]) Angaben fehlen.

5. Geschlechtliche Erkrankungen Prostituierter in Berlin in den Jahren 1922—1926.

Jahre	Untersuchungen	Geschlechtliche Erkrankungen					insgesamt
		Syphilis			Tripper	weicher Schanker	
		frisch	rückfällig	zusammen			
		Eingeschriebene Prostituierte.					
1922	152126	12	573	585	2275	138	2998
1923	134518	37	475	512	2471	165	3148
1924	150677	22	410	432	2241	159	2832
1925	149416	12	249	261	1756	116	2133
1926	134312	12	137	149	1646	80	1875
		Zwangsweise zur ärztlichen Untersuchung vorgeführte Frauenspersonen.					
1922	4754	24	129	153	1419	57	1629
1923	8467	32	396	428	1296	69	1793
1924	5198	26	312	338	923	38	1299
1925	3461	12	132	144	558	22	724
1926	2646	7	103	110	459	15	584

schienenen fortgeschrieben wurde, und weil die vorstehend schon erwähnte wechselnde Besetzung der 3 Gefahrenklassen, die die Zahl der ermittelten Krankheitsfälle stark beeinflussen mußte, naturgemäß nur für die kontrollierten Mädchen unterschieden werden konnte. Bei einem Versuch der zweiten Art kommt hinzu, daß es sich bei den eingeschriebenen Prostituierten um Untersuchungsfälle handelt, während die Untersuchungen der nur der Prostitution Verdächtigen in der Hauptsache ebensoviel verschiedene Personen betreffen dürfte.

Unter Berücksichtigung dieser Momente sind nach der Tabelle 5 folgende weiteren Verhältnisziffern berechnet worden:

Krankheitsform	Auf 1000 untersuchte der Prostitution Verdächtige entfielen Krankheiten					
	1922	1923	1924	1925	1926	1922/26
Frische Syphilis	5,1	3,8	5,0	3,5	2,6	4,1
Rückfällige Syphilis	27,1	46,8	60,0	38,1	38,9	43,7
Syphilis überhaupt	32,2	50,6	65,0	41,6	41,5	47,8
Tripper	298,5	153,1	177,6	161,2	173,5	189,8
Weicher Schanker	12,0	8,1	7,3	6,4	5,7	8,2
Insgesamt	342,7	211,8	249,9	209,2	220,7	245,8

Danach würde von den weiblichen Personen, die in den Jahren 1922—1926 wegen Verdachts gewerbsmäßiger Unzucht von der Polizei aufgegriffen und zwangsweise einer ärztlichen Untersuchung unterzogen worden sind, durchschnittlich fast jede vierte geschlechtskrank gewesen sein, im besonderen jede fünfte Tripper und jede einundzwanzigste Syphilis gehabt haben.

Da sich entsprechende Verhältnisziffern für die in den Jahren 1922—1926 eingeschriebenen Prostituierten aus den vorstehend dargelegten Gründen nicht errechnen lassen, verbleibt für einen zahlenmäßigen Vergleich der geschlechtlichen Erkrankungen der eingeschriebenen Prostituierten und der Aufgegriffenen nur der eine Weg, die Zahl der für beide Kategorien festgestellten Krankheitsformen zur Zahl aller geschlechtlichen Erkrankungen in Beziehung zu setzen, wie es in Tabelle 6 geschehen ist.

6. Geschlechtliche Erkrankungen Prostituierter in Berlin im Durchschnitt der Jahre 1922/26.
(*Verhältniszahlen*).

Krankheitsform	Auf 100 geschlechtliche Erkrankungen	
	eingeschriebener Prostituierter	zwangsweise zur Untersuchung vorgeführter Frauenspersonen
	entfielen Krankheiten	
Frische Syphilis	0,7	1,7
Rückfälle Syphilis	14,2	17,8
Syphilis überhaupt	14,9	19,5
Tripper	80,0	77,2
Weicher Schanker	5,1	3,3

Sie zeigt, daß im Durchschnitt der Jahre 1922/26 die Aufgegriffenen an Tripper und weichem Schanker in relativ geringerem Umfange erkrankt waren als die kontrollierten Mädchen, während Syphilis das umgekehrte Bild aufweist. Eine absolut sichere Diagnose war jedoch mitunter nur sehr schwer möglich, „woraus zu folgern ist, daß die Zahl der geschlechtlichen Erkrankungen eingeschriebener Prostituierter in Wirklichkeit größer war, als sie in den von uns mitgeteilten amtlich notierten Zahlen zum Ausdruck kommt. Dessenungeachtet", so heißt es abschließend in den amtlichen Erörterungen über diese Frage, „scheinen uns die hier veröffentlichten Untersuchungsergebnisse zu der Auffassung zu berechtigen, daß vor dem am 1. X. 1927 in Kraft getretenen Reichsgesetz die sogenannte freie Prostitution in gesundheitlicher Beziehung eine größere Gefahrenquelle bedeutet hat als die eingeschriebenen Prostituierten, deren fortlaufende ärztliche Überwachung die Verbreitung geschlechtlicher Erkrankungen zwar gewiß nicht hat verhindern können, aber doch dazu angetan war, dieser früher Grenzen zu ziehen, als es bei gänzlich unbeaufsichtigter Ausübung der gewerblichen Unzucht oder bei einer der polizeilichen Kontrolle zum mindesten nicht gleichwertigen Art der Kontrolle möglich gewesen wäre" (a. a. O. S. 24).

Die Jahrbücher der Bundes-Polizeidirektion in Wien enthalten regelmäßig statistisches Material insbesondere über die von der Abteilung für Bekämpfung des Mädchenhandels und der Geschlechtskrankheiten sowie von den Bezirkspolizeikommissariaten auf Grund des § 5 Abs. 1 des G. vom 24. V. 1885 in der österreichischen Hauptstadt angehaltenen und als geschlechtskrank befundenen Personen, das auszugsweise in der Tabelle 7 zusammengestellt ist. Es fällt hierbei besonders der ziemlich hohe Prozentsatz der jugendlichen Clandestinen auf.

7. Die geschlechtlichen Erkrankungen der Prostituierten in Wien 1925—1931.

Jahre	Gesamtzahl der wegen heimlicher Prostitution Angehaltenen	davon als geschlechtskrank der Heilanstalt[1]) übergeben		Angehaltene Jugendliche		davon als geschlechtskrank der Heilanstalt[1]) übergeben	
		insgesamt	%	insgesamt	% der in Spalte 1 nachgewiesenen Personen	insgesamt	% der in Spalte 4 nachgewiesenen Personen
	1	2	3	4	5	6	7
1925	4453	768	17,2	387	8,6	119	30,7
1926	4319	731	16,9	304	7,0	114	37,5
1927	3786	512	13,5	380	10,0	89	23,4
1928	3756	678	18,1	479	12,8	113	23,6
1929	3470	706	20,3	511	14,7	114	22,3
1930	3883	623	16,0	482	12,4	113	23,4
1931	3750	717	19,0	383	10,2	105	27,4

[1]) Klosterneuburg.

Die Abteilung für Bekämpfung der Geschlechtskrankheiten usw. allein schritt im Jahre 1931 (1930) gegen 1675 (1771) weibliche Personen wegen geheimer Prostitution ein, von denen 1128 (1162) die Fürsorge beschäftigten. Die Erhebungen bei diesen Frauen ergab u. a., daß 317 (331) oder 28,1 % (28,5 %) schon vorher geschlechtskrank waren.

Die vorstehend genannte Veröffentlichung unterrichtet bis zum Jahre 1930 auch über die Zahl der in dem jeweiligen Berichtsjahr neu unter Kontrolle getretenen Prostituierten, die vor ihrer Einschreibung als geschlechtskrank in Krankenhausbehandlung gestanden hatten:

Bezeichnung	1927	1928	1929	1930
Neu unter Kontrolle getretene Prostituierte	69	70	44	56
Davon früher als Geschlechtskranke in Spitalsbehandlung:				
insgesamt	39	51	34	42
in %	56	73	77	75

Eine weitere Zusammenstellung gibt Aufschluß über die erbliche Belastung der wegen gewerblicher Unzucht angehaltenen weiblichen Personen, der zu entnehmen ist, daß Geistes- oder Geschlechtskrankheit der Eltern in den Jahren 1928 bei 111 oder 7,5% der Befragten, 1929 bei 105 oder 10,9%, 1930 bei 38 oder 3,2% festgestellt wurden.

Reiches Zahlenmaterial über Prostitution und Geschlechtskrankheiten in Japan haben Prof. Seigo Minami und Loewenstein zusammengetragen und in den Mitteilungen der Deutschen Gesellschaft zur Bekämpfung der Geschlechtskrankheiten (Jahrg. 1927, Bd. 25, Nr. 5, S. 41) veröffentlicht. Wir entnehmen diesen Ausführungen, daß im Lande der aufgehenden Sonne der Prostitution staatlicherseits große Aufmerksamkeit entgegengebracht wird. Im Jahre 1900 wurde ein Gesetz eingeführt, das die Prostitution einer staatsrechtlich umschriebenen Beaufsichtigung unterstellt. Kennzeichnend für die Prostitutionsüberwachung in Japan ist die Absonderung oder mit anderen Worten die Zentralisierung der Absteigequartiere in einzig und allein dem Vergnügen und der Liebe dienenden Vierteln, von denen das von Tokio unter dem Namen Yoshiwara wohl das berühmteste ist. Die geheime Prostitution, die sich aus Kellnerinnen und Sängerinnen (Geishas) rekrutiert, ist zwar verboten, aber sehr häufig.

Im Jahre 1923 wurden in ganz Japan (ausschl. Besitzungen) 548 Bordellviertel, 11254 Bordellhäuser und 45326 Prostituierte gezählt. Bei den Untersuchungen von konzessionierten öffentlichen Prostituierten während eines 13jährigen Zeitraums (1907/19) wurden bei einer täglichen Durchschnittszahl von 48867 Prostituierten und einer Jahresdurchschnittszahl von 2,999 Mill. Untersuchungen auf 1000 der letzteren folgende Geschlechtskrankheiten gefunden: Syphilis 1,6, Gonorrhöe 12,4, Ulcus molle 7,3, Exkoriation 2,5, insgesamt 22,1. Bei einem im Jahre 1920 unternommenen Versuch, alle verfolgten und erfaßten heimlichen Prostituierten im ganzen eigentlichen Japan auf Geschlechtskrankheiten zu untersuchen, ergab sich nachstehendes Resultat: Die Zahl der heimlichen Prostituierten betrug 5876, die der erkrankten Personen 1232, der intakten Personen 4615, der Anteilssatz der Geschlechtskrankheiten 21,07%. Die Verbreitung der Geschlechtskrankheiten ist bei heimlichen Prostituierten also zehnmal so groß wie bei den öffentlich Konzessionierten. Schon von den Frauen, die die öffentliche Konzessionierung als Prostituierte nachsuchen, sind viele geschlechtskrank. So in Osaka 17,0 % (1906/15), in Tokio 21,8 % (1916/20) der untersuchten Frauen. Demnach finden sich bei diesen Mädchen die Geschlechtskrankheiten 8—10 mal so häufig wie bei den bereits konzessionierten Prostituierten, deren Prozentsatz 2,2% beträgt. Also sind die Geschlechtskrankheiten schon vor dem Eintritt in die öffentliche Prostitution stark verbreitet.

f) Einer ständigen ärztlichen und damit auch statistischen Kontrolle unterstehen schließlich die Insassen von Strafanstalten. Über die Zahl der Fälle von Geschlechtskrankheiten, die in den Strafanstalten behandelt wurden, orientiert beispielsweise die „Statistik über die Gefangenenanstalten der Justizverwaltung in Preußen". Von den dort im Durchschnitt der Jahre 1925/26 bis 1929/30 inhaftierten 312060 Gefangenen wurden durchschnittlich 4428 = 1,4% wegen Geschlechtskrankheiten ärztlich behandelt (s. a. d. Art. Strafvollzugsstatistik).

Zu derselben Frage berichtet Herwart Fischer auf Grund von umfassenden, planmäßigen serologischen und klinischen Durchuntersuchungen, die sich in den Jahren 1920 bis 1925 zunächst auf einige ausgewählte, später auf sämtliche größeren deutschen Gefängnisse erstreckten und deren Ergebnisse in einer umfangreichen Arbeit „Die ärztliche Versorgung geschlechtskranker Untersuchungs- und Strafgefangener" (a. a. O. S. 570) niedergelegt sind, daß in Deutschland jährlich wahrscheinlich etwa 145000 syphiliskranker Gefangener zu jener Zeit der Behandlung bedurften, von denen rund 120000 nicht behandelt wurden. „Heute", sagt dieser Verfasser wenige Jahre später (1928), „würden diese erschreckend hohen Zahlen in gleicher Höhe nicht zu errechnen sein, da sowohl allgemein ein Rückgang der Syphilis in der Bevölkerung inzwischen wissenschaftlich sichergestellt, und da auch ohne Zweifel seitdem in den Gefängnissen das Interesse für die Behandlung geschlechtskranker Gefangener vielseitig und in weit größerem Maße als früher zu Tage getreten ist" (vgl. H. Fischer, Gesundheitsfürsorge in den Gefangenenanstalten. Deutsches Gefängniswesen. Ein Handbuch. Herausgegeben von E. Bumke, Berlin 1928, S. 210).

Untersuchungen von P. Kasius: „Veneral disease aspects of delinquency" (vgl. Social Pathology, 1926, Bd. 1, Nr. 8) bei in Haft genommenen jugendlichen Personen ergaben einen hohen Prozentsatz geschlechtlicher Erkrankungen; so einmal 24,6% positive Wassermann-Reaktion bei 236 jugendlichen Mädchen. An anderer Stelle konnte ziemlich gleichbleibend ein Anteil von 20% festgestellt werden. Seine Beobachtungen an 15000 jugendlichen Kriminellen führten außerdem zu dem Ergebnis, daß über die Hälfte bereits vor dem 17. Lebensjahr Geschlechtsverkehr ausgeübt hatte.

4. Auch im Ausland haben wiederholt — teilweise über ziemlich lange Zeitstrecken — Ermittelungen über die Zahl der Geschlechtskranken stattgefunden. So wurde nach dem Kriege in Österreich für den Zeitraum vom

15. X. bis zum 14. XII. 1920 eine Zählung der Geschlechtskranken vorgenommen, die eine Beteiligung von 63% der befragten Stellen erbrachte.

Es ergab sich hierbei eine Gesamtzahl von 20572 Geschlechtskranken, von denen 49,2% auf Syphilis, 48,2% auf Gonorrhöe und 2,6% auf Schanker entfielen. Die männlichen und weiblichen Personen waren beteiligt: an den Geschlechtskrankheiten insgesamt im Verhältnis von 1,9:1,0, an Syphilis wie 3:2, an Gonorrhöe wie 7:2 und am Schanker wie 6:1. Weiteres Material bietet Schroetter in dem Aufsatz „Zur Kenntnis der Frequenz der Geschlechtskrankheiten in Österreich" (Mitteilungen des Volksgesundheitsamtes, Sonderbeilage, Wien 1926), dem auch die vorstehenden Zahlen entnommen sind.

In der Schweiz wurde eine Zählung der in der Zeit vom 1. X. 1920 bis 30. IX. 1921 in ärztlicher Behandlung befindlichen Geschlechtskranken veranstaltet, die wohl als die vollständigste unter den auf diesem Gebiete bekannt gewordenen Erhebungen bezeichnet werden kann, da sich von den Ärzten 75%, von den Fachärzten für Geschlechtskrankheiten 95% und sämtliche Krankenanstalten hieran beteiligt hatten.

Es betrug die Zahl der im Laufe des Erhebungsjahres ermittelten Geschlechtskranken insgesamt 15607 oder 4,02 je 1000 Einwohner. Hierunter befanden sich 9018 = 57,8 %Kranke mit Gonorrhöe, 6409 = 41,1%, mit Syphilis und nur 180 = 1,1% mit weichem Schanker. Die Gesamtzahl derjenigen Personen, die im Verlauf der Beobachtungszeit sich eine Geschlechtskrankheit zugezogen haben, belief sich auf 6707 = 52% von 12707 durch Einzelkarten gemeldeten Geschlechtskranken. Hinzukommen noch 2900 durch Sammelkarten ermittelte Geschlechtskranke. Hieraus ergibt sich eine Jahreserkrankungsziffer (Zugangsziffer) von 2,1 und eine Tageserkrankungsziffer (Bestandsziffer) von 1,9 und dementsprechend eine Erkrankungsziffer von 4,0 je 1000 Einwohner (vgl. Jäger, Schrifttum).

Ferner wurde im Februar 1926 in der Tschechoslowakei eine Erhebung der Geschlechtskranken veranstaltet, die im gleichen Monat des Jahres 1931 wiederholt wurde.

Hierbei wurden von 85% (1926: 93%) der Ärzte mit Zivilpraxis insgesamt 4415 (3448) nicht ausländische Personen gemeldet, die im Erhebungsmonat erstmalig wegen akuter Geschlechtskrankheiten behandelt wurden und zwar 1303 = 29,5% (771 = 22,4%) wegen Syphilis, 2875 = 65,1% (2511 = 72,8%) wegen Tripper und 237 = 5,4% (166 = 4,8%) wegen weichem Schanker (vgl. Mitteilungen des Statistischen Amts der Tschechoslowakischen Republik, Jahrg. 1932, Nr. 170).

Wie schon eingangs gesagt und im besonderen der Arbeit von I. Breger über die „Bekämpfung der Geschlechtskrankheiten in den skandinavischen Ländern" (vgl. Reichsgesundheitsblatt, Berlin 1928, 3. Jahrg. S. 433ff.) zu entnehmen ist, haben die nordischen Staaten allgemein gesetzliche Grundlagen für den Aufbau einer fortlaufenden Statistik der geschlechtlichen Erkrankungen geschaffen. Die Ärzte sind dort verpflichtet, jeden Einzelfall (ohne Namensnennung) der behördlichen Stelle zu melden. Es kann daher in diesen Ländern besser als in irgend einem anderen Staate der zeitliche Verlauf der Geschlechtskrankheiten beobachtet werden. Wir entnehmen über ihre Verbreitung in den skandinavischen Hauptstädten dieser Arbeit folgende Tabelle:

8. Die Geschlechtskrankheiten in Stockholm, Kopenhagen und Oslo.

Jahre	Stockholm		Kopenhagen		Oslo	
	Syphilis	Gonorrhöe	Syphilis	Gonorrhöe	Syphilis	Gonorrhöe
	bei Männern		bei beiden Geschlechtern			
	auf je 10000 Lebende					
1917	34	255	42	135	51	129
1918	50	326	42	158	39	117
1919	55	247	53	159	56	146
1920	30	179	49	130	42	130
1921	24	176	42	117	36	147
1922	17	151	26	106	47	144
1923	9	153	22	108	43	141
1924	8	148	20	103	42	191
1925	5	159	21	106	34	189
1926	10	160	26	114	28	137

Entsprechende Zahlenunterlagen für weitere europäische wie auch außereuropäische Staaten bietet Haustein in seiner Untersuchung: „Ergebnisse der internationalen Statistik der Geschlechtskrankheiten" (s. Schrifttum).

5. Wie andere Massenerscheinungen der negativen Moralität, insbesondere die Krimi-

nalität, der Alkoholismus und die Selbstmorde, so zeigt auch die Häufigkeit der geschlechtlichen Erkrankungen in ihrer Intensität eine starke Abhängigkeit von der jeweiligen Wirtschaftslage (s. a. d. Art.). Das läßt mit großer Deutlichkeit folgende von Prinzing (a. a. O. S. 316) mitgeteilte Tabelle erkennen, die sich wieder auf sehr eingehendes statistisches Material stützt, das Haustein (a. a. O. S. 624) über die sozialen Ursachen der Geschlechtskrankheiten zusammengestellt hat.

In Norwegen sind auf 10000 Lebende an frischer Syphilis erkrankt:

Jahresdurchschnitt	Oslo	Norwegen insgesamt	Wirtschaftliche Vorgänge
1877/79	32	8,6	von 1879 an großer wirtschaftlicher Aufschwung,
1880/83	38	10,3	Gipfel 1882
1884/89	23	7,3	1887—1888 Krise
1890/95	35	9,9	
1896/1901	36	9,9	1895—1900 wirtschaftlicher Aufschwung
1902/08	23	7,2	1900—1903 schwere Krise
1909/15	23	6,8	
1916/19	34	8,7	Hochkonjunktur während des Krieges
1920/22	28	6,8	

Ebenso zeigt sich in Schweden während der Hochkonjunktur des Weltkrieges nach Prinzing (a. a. O. S. 317) eine ganz bedeutende Zunahme der Infektionsziffern, die allerdings etwas niedriger sind als die entsprechenden von Breger mitgeteilten Ziffern (s. o. S. 434). In Stockholm kamen auf 10000 Lebende Erkrankungen an Syphilis:

Zeitraum	männlich	weiblich	zusammen
1913/14	38,5	17,9	28,0
1915/16	42,5	20,0	30,1
1917	40,8	15,0	26,6
1918	58,0	19,3	36,6
1919	59,8	28,4	42,2
1920/22	26,0	10,7	17,5

Nächst den wirtschaftlichen Verhältnissen übt der Alkoholismus auf die Infektionshäufigkeit einen ausschlaggebenden Einfluß aus.

Langstein stellte fest, daß von 169 Männern 74 = 43,8% zur Zeit des ansteckenden Geschlechtsverkehrs unter dem Einfluß des Alkohols standen, ebenso Forel (Schweiz), daß von 182 geschlechtskranken Männern 139 = 76,4% bei der Infektion alkoholisiert waren. Nach den Beobachtungen von Lomholt (Kopenhagen) standen unter 455 geschlechtskranken Männern 48% unter dem Einfluß des Alkohols. Magnus Möller fand unter den von ihm Untersuchten, daß sich 67,7% unter dem Einfluß des Alkohols infiziert hatten, desgleichen stellte v. Notthafft (München) bei 1225 Geschlechtskranken in 30% der Fälle die Möglichkeit der Alkoholbeeinflussung fest. Unter 1000 Geschlechtskranken, die von Hecht (Prag) befragt wurden, hatten von 673 Arbeitern, Handwerkern u. dgl. 304 = 42,7% und von 299 Studenten, Beamten u. dgl. 134 = 54% zur Zeit der Ansteckung mehr getrunken als sonst. Von 75 Ehemännern behaupteten 45 = 60% unter alkoholischem Einfluß zu dem ansteckenden außerehelichen Geschlechtsverkehr gekommen zu sein (a. a. O. II, S. 19).

Der fördernde Einfluß des Alkoholkonsums auf die Erwerbung von Geschlechtskrankheiten läßt sich ferner aus Beobachtungen anderer Art erkennen, indem man den Wochentag untersucht, an dem die Infektion stattgefunden hat. Hecht (a. a. O. II, S. 20) konnte bei 222 Geschlechtskranken genau den Tag der Ansteckung feststellen, wobei sich folgende wöchentliche Verteilung der Infektionsfälle ergab:

Sonn- und Feiertag . .	32,7%
Montag	8,5 „
Dienstag	10,8 „
Mittwoch	8,5 „
Donnerstag	8,5 „
Freitag	11,2 „
Sonnabend	19,8 „
insgesamt	100,0%

Danach infizierte sich mehr als die Hälfte an den Sonnabenden, Sonn- und Feiertagen, also an Tagen, die erfahrungsgemäß den größten Alkoholverbrauch aufzuweisen haben. Den gleichen Wochenrhythmus zeigen auch die vorwiegend unter alkoholischem Einfluß begangenen Roheitsdelikte, der in dem Art. Jahreszeiten (Bd. I dieses Werkes, S. 705ff.) auch bildlich eingehend dargestellt ist. Damit dürfte einwandfrei bewiesen sein, daß der Alkohol zu den wesentlichen Förderern des außerehelichen Geschlechtsverkehrs und infolgedessen zu den auslösenden Ursachen für die Verbreitung der Geschlechtskrankheiten gehört.

Weitere soziale Ursachen der Geschlechtskrankheiten liegen in der Verteilung der Bevölkerung auf Stadt und Land, ihrem Alters- und beruflichen Aufbau, über die sich an Hand von sehr eingehendem statistischen Material m. W. am ausführlichsten Haustein (s. Schrifttum) geäußert hat.

6. Zum Abschluß dieser Arbeit erscheint es angebracht, noch ein zahlenmäßiges Bild von den Verstößen gegen die Gesetzgebung

zur Bekämpfung der Geschlechtskrankheiten zu geben und damit auch die forensische Bedeutung der Geschlechtskrankenstatistik zu dokumentieren. Nach den einzelnen Jahrgängen der Kriminalstatistik des Deutschen Reichs zeigte die Zahl der Personen, die wegen Ausübung des Beischlafs durch Geschlechtskranke (Vergehen gegen § 3 der Verordnung zur Bekämpfung der Geschlechtskrankheiten vom 11. XII. 1918 ersetzt durch den § 5 des Gesetzes zur Bekämpfung der Geschlechtskrankheiten vom 18. II. 1927) von den ordentlichen Gerichten des Deutschen Reichs (ohne Saargebiet) rechtskräftig abgeurteilt worden sind, seit Inkrafttreten dieser gesetzlichen Bestimmung, folgende Entwicklung:

9. Die Verurteilungen wegen Ausübung des Beischlafs durch Geschlechtskranke im Deutschen Reich 1919—1932.

Jahre	Angeklagte insgesamt	davon Verurteilte		Von den Verurteilten waren			
		insgesamt	auf 1 Mill. der strafmündigen Bevölkerung	weiblich		jugendlich	
				insgesamt	%	insgesamt	%
1919	182	151	3,19	133	88,1	9	6,0
1920	478	378	7,97	306	81,0	15	4,0
1921	927	653	13,56	542	83,0	35	5,4
1922	930	696	14,49	554	79,6	33	4,7
1923	879	689	14,15	547	79,4	47	6,8
1924	816	652	13,98	502	77,0	36	5,5
1925	808	636	13,44	458	72,0	32	5,0
1926	777	613	12,77	458	74,7	25	4,1
1927	638	448	9,19	309	69,0	17	3,8
1928	292	215	4,36	155	72,1	14	6,5
1929	249	186	3,72	132	71,0	8	4,3
1930	257	212	4,23	144	67,9	8	3,8
1931	241	193	3,84	138	71,5	17	8,8
1932	206	172	3,43	119	69,2	13	7,6

Der verhältnismäßig hohe Anteil der straffälligen weiblichen Personen mit rund ¾ dürfte in der Hauptsache dadurch zu erklären sein, daß einmal die angezeigten Prostituierten leichter zu erfassen sind und daß außerdem ein Mann viel leichter zur Erstattung einer Anzeige in der Lage ist, weil er eher die Symptome einer venerischen Infektion bei sich erkennen kann. Im übrigen verweise ich auf die interessante und lehrreiche Arbeit „Kriminalstatistik betr. das RGBG." von Pohlen (a. a. O. S. 88).

Schrifttum:

A. Blaschko, Die Verbreitung der Geschlechtskrankheiten, Mitt. d. deutsch. Ges. zur Bekämpfung d. Geschlechtskrankh., Berlin 1902, 1, 10. — Forel, Alkohol und venerische Krankheiten, Bericht über den 8. Internationalen Kongreß gegen den Alkoholismus in Wien 1901, Wien 1902. — v. Dühring, Prostitution und Geschlechtskrankheiten, Preuß. Jahrb., 164. Jg., Berlin 1916, H. 3. — G. v. Mayr, Statistik und Gesellschaftslehre. 3. Bd. Moralstatistik mit Einschluß der Kriminalstatistik, Tübingen 1917; insbes. S. 43—45, 179/80, 870. — E. Roesle, Kritische Bemerkungen zu der Statistik der Geschlechtskrankheiten, Arch. f. soz. Hyg. 13, 1919/20, 295. — H. Hecht, I. Verbreitung der Geschlechtskrankheiten an den Mittelschulen, Leipzig 1908. — Derselbe, II. Hütet Euch vor Geschlechtskrankheiten, Flugschriften d. deutsch. Ges. zur Bekämpfung d. Geschlechtskrankh., Leipzig 1920, H. 25. — A. Elster, Sozialbiologie, Berlin und Leipzig 1923, Vierter Teil, 3. Geschlechtskrankheiten. — H. Jäger, Die Geschlechtskrankheiten in der Schweiz, Beilage zu Nr. 22 des Bulletin des Eidgenössischen Gesundheitsamts, Bern 1923. — A. Fischer, Art. Geschlechtskrankheiten, Handwörterb. der Staatswissenschaften, 4. Aufl., Jena 1924. — Pieper, Über die Verbreitung der Geschlechtskrankheiten nach Stadt und Land unter besonderer Berücksichtigung der Verhältnisse der Stadt Rostock und des Staates Mecklenburg, Arch. f. soz. Hyg. 1924, S. 166. — Südhoff, Art. Geschlechtskrankheiten, Handwörterb. d. Sexualwissensch., 2. Aufl., Bonn 1925. — P. Vollenweider, Zur Verbreitung der Geschlechtskrankheiten im Kanton Basel-Stadt in den Jahren 1881 und 1920/21, Schweiz. med. Wochenschr. 1925, Nr. 51. — J. Breger, I. Was lehrt uns die Statistik der Geschlechtskrankheiten? 1. Beiheft zu

Nr. 1 v. 6. I. 1926 des Reichsgesundheitsblattes. — Derselbe, II. Die soziale Bedeutung der Geschlechtskrankheiten, 3. Beiheft zu Nr. 15 v. 14. IV. 1926 des Reichsgesundheitsblattes. — H. Fischer, Die ärztliche Versorgung geschlechtskranker Untersuchungs- und Strafgefangener, Zeitschr. f. d. gerichtl. Med. 1926, 8, 570. — H. Haustein, I. Die Geschlechtskrankheiten einschließlich der Prostitution (mit sehr ausführlichem Literaturnachweis), Handb. der sozialen Hygiene und Gesundheitsfürsorge, herausg. von A. Gottstein, A. Schloßmann, L. Teleky, Berlin 1926, 3, 551ff. — Derselbe, II. Ergebnisse der internationalen Statistik der Geschlechtskrankheiten, Arch. f. soz. Hyg. u. Demographie, Berlin 1928, N. F., 3, 535. — H. Hecht und H. Haustein, Soziologie, Statistik im Handb. d. Haut- und Geschlechtskrankheiten, Bd. 22, 1927. — L. Kocks, Art. Geschlechtskrankheiten, Staatslexikon, 5. Aufl., Freiburg i. B. 1927. — E. Zurhelle, Alkohol und Geschlechtskrankheiten, Mitt. d. deutsch. Ges. zur Bekämpfung d. Geschlechtskrankh., Berlin 1927, 25, 23. — W. Hanauer, Die Methodologie der Geschlechtskrankenstatistik, Monatsschr. f. Harnkrankheiten u. sexuelle Hygiene, Stuttgart 1928, Januarheft. — F. Prinzing, Handbuch der medizinischen Statistik, 2. Aufl., Jena 1931, 3. Teil, 7. Kap., Statistik der Geschlechtskrankheiten. — K. Pohlen, Kriminalstatistik betr. des RGBG., Mitt. der deutsch. Ges. zur Bekämpfung d. Geschlechtskrankh., Berlin 1933, 31, Nr. 5/6, 88ff.

Ernst Roesner.

Protokollierungstechnik s. Vernehmungstechnik.

Provokation.

1. Die Übersetzung mit „Herausforderung" gibt keine Erklärung des kriminologischen Begriffs „Provokation". Das RStGB. gebraucht die Bezeichnung „Herausforderung" nur bei den Strafdrohungen gegen den Zweikampf (§§ 201—204) in der duelltechnischen Bedeutung der Aufforderung an einen Anderen, sich mit dem Herausforderer auf einen Zweikampf einzulassen.

Einen dieser „Herausforderung", aber andererseits auch der eigentlichen „Provokation" ähnlichen Sachverhalt haben die §§ 199, 233 und 213 RStGB. im Auge. Die vorausgehende Beleidigung oder Körperverletzung gibt den Anreiz zu strafbarer Betätigung des Verletzten. Diese Wirkung ist aber von dem Urheber des Anreizes nicht gewollt und hierin liegt der Unterschied gegenüber der Provokation. Eine echte Provokation ist dagegen in § 210 RStGB. unter Strafdrohung gestellt; der Täter nach § 210 will mit den dort bezeichneten Mitteln in einem anderen den Entschluß zum Zweikampf mit einem Dritten hervorrufen.

Nächstes Ziel der Provokation ist demnach eine strafbare Handlung eines Anderen, aber weder eine solche, die sich gegen den Provokateur richtet, noch eine solche, an der der Provokateur als Täter oder Gehilfe sich beteiligen will. Der Provokateur setzt oder verstärkt lediglich das Motiv. Immer aber verfolgt er damit einen weiteren Endzweck, der jenseits des Zweckes des Anderen liegt und diesem regelmäßig verborgen bleibt; die Handlung des Anderen und deren unmittelbare Folgen sind ihm nur Mittel zu jenem Endzweck, der Andere nur Werkzeug, das um so zuverlässiger funktioniert, je weniger sich der Andere seiner vom Standpunkt des Provakateurs untergeordneten Stellung bewußt ist. Der Provokateur selbst kann bei seinem Tun einen zwiefachen Zweck verfolgen:

entweder er erstrebt ein Ziel, das zwar mit dem von dem Anderen verfolgten Zweck nicht identisch ist, aber in der gleichen Richtung liegt;

oder der spezifische Erfolg der strafbaren Handlung des Anderen ist ihm völlig gleichgültig, ja sogar unerwünscht; es kommt ihm lediglich darauf an, daß der Andere sich in einem bestimmten Mindestmaß strafbar macht, dessen Strafbarkeit oder — richtiger — Bestrafung ist sein — dem Interesse und dem Zwecke des Andern diametral zuwiderlaufender — Endzweck.

Ein literarischer Typus der ersten Art ist Antonius im „Julius Caesar", der mit der Leichenrede die römischen Bürger an der auch von ihm, wenn auch nur als Mittel für seine persönlichen Ziele, gewünschten Rache an den Verschwörern aufpeitscht. Klassische Typen der zweiten Art sind Jago, der dem Othello das Motiv zur Ermordnung der Desdemona eingibt, um sich an ihm zu rächen, und Mephisto, wenn er darauf ausgeht, Faust durch Sünde und Verbrechen der Verdammnis anheim fallen zu lassen.

2. Zur Erreichung seiner Zwecke stehen dem Provokateur alle Mittel seelischer Beeinflussung zur Verfügung. Was in dem Anderen ein Gefühl der Unzufriedenheit mit einem gegebenen Zustand, die Vorstellung von einem an dessen Stelle durch ein bestimmtes Verhalten erreichbaren, befriedigenderen Zustand hervorruft, ist geeignet. Verhältnismäßig selten wird der Provokateur zur direkten Aufforderung greifen, also zu einer Einwirkung, bei der er zu erkennen

geben muß, daß er von dem Anderen ein bestimmtes Verhalten wünscht, und welcher Art dieses Verhalten ist. Der geschickte Provokateur wird sich so verhalten, daß sein Beeinflussungswille nicht oder wenigstens nicht greifbar hervortritt, daß man daraus auch keinen Schluß auf das zu ziehen vermag, was er eigentlich erwartet, ja daß der Andere glaubt oder wenigstens glauben kann, ganz aus eigenem freien Entschluß zu handeln. Die einfache Darstellung gegenwärtiger Zustände, die änderungsbedürftig sein sollen, und der durch ein entsprechendes Eingreifen des Anderen zu erzielenden Erfolge, der Hinweis auf frühere bessere Zustände, frühere ähnliche Fälle und deren Folgen, die Verherrlichung früherer Verbrechen, die Inschutznahme der Täter können die gewünschte Wirkung ebensowohl erzeugen wie das Prahlen mit eigenen Taten oder Erlebnissen, die ironische Anzweiflung des Mutes des Anderen, das Anbieten einer Wette oder eigener Mitwirkung, die Drohung mit eigener Ausführung an Stelle des Anderen und ohne dessen Beteiligung am Erfolg, u. dgl.; der Provokateur kann die Unlustgefühle dadurch hervorrufen, daß er dem Anderen von wirklichen oder erfundenen Unbilden Kenntnis gibt, die diesem zugefügt wurden oder drohen, und so dessen Leidenschaften weckt, er kann dabei unter Umständen sein Verhalten so einrichten, daß er selbst völlig im Dunkeln bleibt oder alsbald nachdem er das Seine getan hat, wieder im Dunkel der Anonymität untertaucht (Provokation durch namenlose Briefe, Fernanruf unter falschem Namen u. ä.). Als eine Art Provokation oder mindestens als ihr nahe verwandt ist wohl auch das „F a l l e n s t e l l e n“ anzusehen; dem Andern wird dabei eine Situation vorgespiegelt, die zu strafbarem Tun verführen soll, Hindernisse werden scheinbar aus dem Wege geräumt, ein unmittelbar greifbarer Erfolg, eine lockende Beute vor die Augen des Opfers gerückt, ohne daß es ahnt, welchen Zwecken und wessen Einfluß es dienstbar gemacht werden soll.

In besonders gemeingefährlicher E r s c h e i n u n g s f o r m tritt die Provokation in politisch erregten Zeiten auf; in solchen dient die agitatorische „Ausschlachtung“ bestimmter Ereignisse, wirklicher oder angeblicher Mißstände in der Tagespresse, in Flugblättern und Versammlungen, mit Plakaten, Transparenten, Sprechchören u. ä. häufig nur scheinbar der Beeinflussung der Massen im Sinne der Geltendmachung ihrer gesetzlichen Rechte, in Wirklichkeit vielmehr ihrer Aufpeitschung zu illegalem Tun. Nicht selten wird dieselbe Wirkung indirekt auch dadurch erzielt, daß dem politischen Gegner Taten unterschoben werden oder der politische Gegner mit provokatorischen Mitteln zu Taten verführt wird, durch die sich dann die eigenen Anhänger des Provokateurs zu strafbarem Vorgehen hinreißen lassen sollen; wobei freilich nicht außer acht gelassen werden darf, daß die Schutzbehauptung von Exzedenten, sie seien provoziert worden, vielfach genauerer Nachprüfung nicht standhält. Auf derartige Massenprovokation trifft recht eigentlich der von Endemann (in der Schrift „Hetze als Gefährdungsproblem“) geprägte, nach seiner Ansicht allgemein unter Strafdrohung zu stellende Begriff der „Hetze“ zu; denn ihr Endziel ist es in der Tat, die Achtung vor der grundsätzlichen Verbindlichkeit der Rechtsordnung zu untergraben und so in der Masse die innere Bereitschaft zu strafbarem Tun oder Lassen zu erzeugen.

Eine nicht minder verwerfliche Rolle spielt der Provokateur, wenn er darauf ausgeht, einen Anderen in strafrechtliche Schuld zu verstricken, um diese nachher zu Erpressungen auszunützen; solche Fälle sind namentlich im Bereich der Sexualdelikte, so der Vergehen nach § 175 RStGB., häufig. Diesem Verfahren nahe steht die von gewissenlosen Privatdetektiven gehandhabte Methode, Ehescheidungen dadurch zu erleichtern, daß sie einen Eheteil zum Ehebruch oder anderen Ehewidrigkeiten verleiten oder wenigstens in verfängliche Situationen bringen; es kommt auch vor, daß in anderen Prozessen eine Partei unbequeme Zeugen durch Verleitung zu unsittlichen oder gar strafbaren Handlungen zu entwerten und damit auszuschalten versucht.

Einer sogenannten „Falle“ bedienen sich wohl manchmal auch die staatlichen Sicherheitsorgane. Werden immer wieder Straftaten verübt, deren Begehungsweise auf den gleichen Täter schließen läßt, und stehen andere Mittel, seiner habhaft zu werden, nicht mehr zur Verfügung, so mag dieser Erfolg u. U. durch entsprechende Herrichtung des Tatorts, verlockende Aufmachung oder unsichtbare Kennzeichnung der Beute, durch geeignete den Täter kennzeichnende Vorrichtungen (festhaftende Farbstoffe), bei Diebstählen in Beförderungsanstalten durch sogenannte „Fangsendungen“ erzielt werden.

3. Dem Zwecke nach dem „Fallensteller“, der Methode nach am ehesten dem geschilderten Privatdetektiv verwandt ist der „a g e n t p r o v o c a t e u r“ (a. p.), ein Typus, mit dessen Darstellung und strafrechtlichen Würdigung sich, soweit zu übersehen, die wissenschaftliche Behandlung der Provokation bisher im Wesentlichen erschöpft hat. Vielfach wird statt der französischen Be-

zeichnung die deutsche, „Lockspitzel", gebraucht; mit Unrecht, da der Begriff „Lockspitzel" auch den „Fallensteller" umfaßt, der nicht als a. p. im eigentlichen Sinne tätig wird. Der a. p. geht darauf aus, in einem Anderen einen verbrecherischen Entschluß zu erzeugen und ihn so zu einer strafbaren Handlung zu bringen, damit er strafgerichtlich zur Verantwortung gezogen werden kann; er handelt dabei („agent") im Auftrag oder wenigstens in dem von ihm unterstellten Interesse einer Strafverfolgungs-, in der Regel der Polizeibehörde. Das Interesse des a. p. erschöpft sich in der Herbeiführung eines Tatbestandes, der die Bestrafung des Anderen ermöglicht, der eigentliche, deliktische Erfolg der provozierten Tat ist ihm unerwünscht, er ist deshalb bestrebt, den Anderen gerade nur soweit gelangen zu lassen, daß er strafrechtlich faßbar ist, ohne daß ein weiterer Schaden angerichtet wird. Der a. p. wird dementsprechend dem Anderen regelmäßig eine Tat ansinnen, die im Versuchsstadium stecken bleiben muß, sei es daß Mittel oder Objekt von vorn herein untauglich sind, sei es, daß der a. p. den Eintritt des Erfolges nachträglich abzuwenden vermag; äußerstenfalls sinnt er dem Anderen eine Tat an, die schon als Vorbereitungs- oder Versuchshandlung mit besonderer Strafe bedroht oder bereits mit der Gefährdung eines Rechtsgutes vollendet ist, so daß er auch im Fall der juristischen Vollendung in der Lage bleibt, den drohenden Schaden zu verhindern (vgl. z. B. §§ 49a, 82, 86 RStGB. §§ 3, 5 Spionage-G., § 369 Nr. 1 RStGB. und zahlreiche andere Übertretungstatbestände, Gewerbedelikte u. ä.).

Entstehungsgeschichtlich ist der a. p. ein Erzeugnis des Polizeistaats. Politisch erregte Zeiten, in denen die Inhaber der Staatsgewalt und ihre Organe von dem Gefühl beherrscht sind, daß die Ordnung von innen oder außen her unterhöhlt zu werden droht, geben den Polizeibehörden einen besonderen Anreiz, im Kampfe gegen die im Dunkeln arbeitenden, feindlichen oder revolutionären Mächte kein erfolgversprechendes Mittel zu verschmähen, mag es auch gemessen mit dem Maßstab der Sittlichkeit, ja sogar des Rechts noch so bedenklich sein. Auf solchem Mutterboden gedeiht zuerst das Denunziantentum, vom Denunzianten zum a. p. ist aber nur ein Schritt; denn was liegt näher, als daß die Polizei, wenn es auf andere Weise nicht gelingen will, an einen gefährlich erscheinenden Menschen heranzukommen, versucht, ihn in unmittelbar greifbare, strafrechtliche Schuld zu verstricken und so unschädlich zu machen. Man hat die Zuziehung solcher mehr oder weniger dunkler Persönlichkeiten als einwandfrei oder wenigstens als notwendiges Übel hinstellen wollen (vgl. Kohler, Studien aus dem Strafrecht I, 122, Kern im Gerichtssaal 92, 148, Katzenstein in der Zeitschr. f. d. ges. StRW. 21, 375). Es wird von dieser Seite darauf hingewiesen, daß das Verbrechertum heute so fein und durchdacht vorgehe, so gut mit allen technischen Mitteln ausgerüstet sei, daß der Staat sich jedes „irgendwie probaten" Mittels bedienen müsse, um „den Werken der Finsternis beizukommen"; der Staat könne nicht zusehen, wenn er die Aussicht habe, einer Falschmünzerbande oder einer Bande von Mordgesellen mit Hilfe eines geschickten „Agenten mit Provokationsvollmacht" auf die Spur zu kommen (so Kohler), vor allem könne die Tätigkeit eines a. p. zur Überführung eines Landesverräters oder Spions „unentbehrlich und sittlich durchaus einwandfrei" sein (so Kern). Demgegenüber darf, auch wenn man die Kritik Endemanns (a. a. O., S. 141: „stark pharisäerhaft anmutendes Gerede") als zu scharf ablehnt, doch nicht verschwiegen werden, daß polizeiliche Praktiken solch zweifelhafter Art in den Händen von sittlich nicht absolut gefestigten Beamten sehr leicht zu schlimmster Korruption führen, weil ihr Mißbrauch zur Beseitigung an sich nicht krimineller, aber irgendwie mißliebiger Persönlichkeiten sehr nahe liegt. Vor allem aber muß im Auge behalten werden, daß der a. p. auf Grund eines bloßen Verdachts eingesetzt wird — sonst wäre er ja gar nicht nötig —, und daß sich im weiteren Verlauf auch die Unbegründetheit des Verdachts herausstellen kann; dann hat der a. p. in einem zum mindesten präsumtiv Unschuldigen die Bereitschaft zu strafbarem Verhalten erzeugt und ihm strafrechtliche Schuld aufgebürdet, ein geradezu unerträgliches Ergebnis, das die grundsätzliche Ablehnung der Verwendung des a. p. ohne weiteres zu rechtfertigen vermag. Dementsprechend haben deutsche amtliche Stellen in Verfügungen an die unterstellten Beamten und bei Gelegenheit parlamentarischer Verhandlungen immer wieder betont, daß sie nicht gewillt seien, die Verwendung von a. p. zu decken. Auch wenn man übrigens diese Haltung angesichts der tatsächlichen Verhältnisse für nicht praktikabel und deshalb den Einsatz von a. p. unter Umständen für unvermeidlich ansieht, so wird man doch verlangen müssen, daß er nur besonders bewährten Beamten unter der Voraussetzung dringendsten Verdachts, schwerster Gemeingefahr und äußersten Notfalles gestattet wird; die Ermittlungen müssen dem Beamten die wohlbegründete Überzeugung erbracht haben, daß der Verdächtige, obwohl das Material zur gerichtlichen Schuldfeststellung noch nicht ausreicht, schuldig ist, es darf sich nicht um unbedeutende oder nur die Rechtssphäre Einzelner verletzende Straftaten (etwa Gewerbevergehen, kleine Diebereien u. ä.) handeln, es müssen vielmehr Tatbestände vorliegen, die die Sicherheit und Ordnung des Staates nach innen oder außen, die Grundlagen des Wirtschaftslebens, die persönliche Sicherheit weiterer Kreise schwer gefährden, und schließlich muß der a. p. das letzte und einzige Mittel sein, das noch zur Verfügung steht. Diese Voraussetzungen werden noch am ehesten zutreffen (vgl. Kern, a. a. O.) in Landesverrats- oder Spionagesachen; hier ist die allseitige Erfassung des Materials im Wege normaler Ermittlungen oft deshalb unmöglich, weil diese sich nicht auf das Ausland erstrecken können (vgl. hierzu auch Endemann, a. a. O. S. 141). Andererseits kann der Fall aber auch so liegen (Endemann ebenda), daß es dem Ermittlungsbeamten mit unbedenklichen Mitteln gelingt, festzustellen, daß er nur noch eine Person braucht, die sich zur Auskunfterteilung, zur Entgegennahme oder zur Weiterleitung des geheimen Materials scheinbar herbeiläßt; wenn der Beamte dann selbst in dieser Rolle an den Verdächtigen herantritt oder einen Gehilfen an ihn herantreten läßt und damit die Tat zum Abschluß bringt, so kann man nicht sagen, daß der Beamte die innere Bereitschaft zu delinquieren erst erzeugt habe, er ist in solchem Falle kein a. p. im strengsten Sinne, sondern eher ein dem „Fallensteller" verwandter Typus. Dieser selbst ist ohne Zweifel kein a. p.; denn er will keinen irgendwie bestimmenden Einfluß auf den Verdächtigen ausüben, er überläßt es völlig dessen freiem Willen, ob er die scheinbare Gelegenheit benutzen will oder nicht. Man darf deshalb die rechtliche Zulässigkeit solchen Verfahrens bejahen, muß sich freilich darüber klar sein, daß die Grenze nach dem a. p. hin nicht immer leicht zu ziehen ist. Noch weniger bedenklich ist natürlich das Verhalten des Polizeibeamten, der ein von ihm nicht irgendwie angeregtes, aber in den noch nicht strafbaren Anfängen beobachtetes Delikt zu einer gewissen Reife, etwa in das Versuchsstadium gelangen läßt, um den Täter um so sicherer zu überführen und zu wirksamer Bestrafung zu bringen.

4. Für die strafrechtliche Subsumtion der Provokation steht im deutschen Strafrecht ein den Begriff erschöpfender gesetzlicher Tatbestand nicht zur Verfügung. Die Art, wie sich der Provokateur betätigt, sein Ziel und der Erfolg sind die Momente, aus denen sich im einzelnen Fall das anzuwendende Strafgesetz ergibt. Hat der Provokateur im Sinne des § 48 RStGB. den Andern zu der begangenen strafbaren Handlung vorsätzlich, d. h. mit dem Willen, daß sie ausgeführt und vollendet werde, bestimmt, so ist er Anstifter; hat er ernstlich, aber erfolglos aufgefordert, so greift u. U. § 49a RStGB. Platz; auch die Voraussetzungen der §§ 85, 102, 110, 111, 159, 357 RStGB., des § 10 Abs. 1 SprengstoffG., des § 78 MilStGB. u. a. können gegeben sein. In allen diesen Strafdrohungen ist unter „bestimmen", „auffordern", „verleiten" nur die unverhüllte Einwirkung auf den Willensentschluß des Anderen zu verstehen; der Anstifter usw. muß zu erkennen gegeben haben, daß und welche strafbare Handlung er von dem Anderen erwartet. Geht der Provokateur so vor, daß das Ziel der Einwirkung dem Anderen verborgen bleiben soll, oder hat er eine bestimmte, von dem Anderen zu begehende Tat gar nicht ins Auge gefaßt, kommt es ihm lediglich darauf an, in dem Anderen die seelische Bereitschaft zu erzeugen, aus der heraus dieser kraft eigenen Entschlusses zu einem bestimmten oder zu irgend einem strafbaren Verhalten gelangen soll, so trifft keiner der genannten Tatbestände zu (vgl. RGSt. 47, 413). Wo auch solche Einwirkung „auf Schleichwegen" strafrechtlich erfaßt werden soll, gebrauchen die Gesetze den Ausdruck „anreizen". Für diese Methode sind aber im RStGB. und den älteren Nebengesetzen nur unter bestimmten verhältnismäßig engen Voraussetzungen Strafen angedroht (vgl. z. B. §§ 112, 130, 210 RStGB., §§ 99, 100 MilStGB., § 10 Abs. 2 SprengstoffG., wo auch die Glorifizierung als Reizmittel erwähnt ist); erst die Nachkriegs-, vor allem die Notgesetzgebung verwendet den Begriff regelmäßig alternativ neben der „Aufforderung", namentlich für den Sonderfall der Provokation zu „Gewalttätigkeiten" (vgl. § 5 Ziff. 4 RepSchG. mit Strafdrohung auch gegen die Glorifizierung, VO.en d. Reichspräsidenten vom 15. IX. 1923 RGBl. I, 879 §§ 1, 2, vom 14. VI. 1932 RGBl. I, 297 § 11, vom 4. II. 1933 RGBl. I, 35 § 15, vom 28. II. 1933 RGBl. I, 83 § 4). Aufgabe der Strafrechtsreform wird es sein, diese Erweiterung in stärkerem Maße eintreten zu lassen, als das in den bisherigen Entwürfen geschehen ist.

Die strafrechtliche Würdigung der Tätigkeit des eigentlichen a. p. hängt von den Anforderungen ab, die man an den Vorsatz des Anstifters stellt. Soll der Wille genügen, daß die Tat in das Versuchsstadium gelangt, so ist der a. p. gegebenenfalls wegen Anstiftung zum Versuch zu bestrafen (so Olshausen im Kommentar zum StGB. Note 4, 21 zu § 48 u. a.). Wird zur Strafbarkeit des Anstifters wie oben der Vorsatz verlangt, daß die Tat vollendet werde, so scheidet der Gesichtspunkt der Anstiftung aus, wenn der a. p. lediglich zu einem Versuch anstiften wollte (so u. a. das Reichsgericht RGSt. 4, 368; 15, 315; 20, 12; 56, 172); auch wo er den Erfolg durch eigene Tätigkeit abgewendet hat, braucht nicht auf § 46 RStGB. zurückgegriffen zu werden. Es liegt natürlich nahe, da, wo § 48 versagt, den § 49a heranzuziehen, allein auch mit ihm gelangt man unmittelbar nicht zur Strafbarkeit des a. p., da die Aufforderung i. S. des § 49a ernstlich gemeint sein muß; diese Voraussetzung trifft aber gerade dann nicht zu, wenn der a. p. nur einen Versuch provozieren wollte. Vereinzelt (so Heilborn, Der agent provocateur) ist der Gedanke aufgetaucht, der a. p. sei, wenn seine Aufforderung nur zu einer aus § 49a strafbaren „Annahme" geführt habe, einer Anstiftung zu dieser von ihm ernstlich gewollten Annahme schuldig; der Gesichtspunkt verdient eingehendere Würdigung, als sie in diesem Rahmen möglich ist, man kann allerdings zweifelhaft sein, ob eine solche Konstruktion noch der ratio legis des § 49a entspricht, dies besonders deshalb, weil man so zur Bestrafung der Aufforderung auch dann gelangt, wenn sie weder schriftlich erfolgte noch an Vorteile geknüpft war. — Hat der a. p. gewollt, daß die Tat im Rechtssinn vollendet wird, so ist an sich § 48 RStGB. anwendbar, gleichviel ob tatbestandlich zur Vollendung der Tat eine Rechtsgutsverletzung gefordert wird oder schon eine — konkrete oder gar abstrakte — Gefährdung genügt. Eine Ausnahme gilt für die Anstiftung zur Brandstiftung; im Fall ihrer Vollendung sichert sich auch der a. p. Straflosigkeit, wenn er unter den Voraussetzungen des § 310 RStGB. den Brand löscht. Handelt der a. p. im amtlichen Auftrag, so wird er u. U. zu seiner Verteidigung geltend machen, er habe sich wegen dieses Auftrags nicht für strafbar gehalten, er habe geglaubt, durch den Auftrag gedeckt zu sein, er habe sich für verpflichtet gehalten, den ihm gewordenen Auftrag auszuführen, oder sein Vorgehen sei nicht rechtswidrig, weil doch der Gefährdete oder Verletzte mit seiner Handlung und deren Folgen einverstanden gewesen sei. Von diesen Annahmen sind die ersten beiden unzweifelhaft strafrechtlicher Natur und deshalb unbeachtlich; die Annahme einer Verpflichtung zur Ausführung des Auftrags kann als außerstrafrechtlicher Rechtsirrtum beachtlich sein; der Annahme einer Einwilligung ist, auch wo sie nicht im Hinblick auf das geschützte Rechtsgut ohne weiteres abzulehnen wäre, mit dem Reichsgericht (RGSt. 53, 338) entgegenzuhalten, daß die zum Zwecke der Überführung und strafrechtlichen Abfassung des Täters erfolgende Duldung einer Rechtsverletzung (oder -gefährdung) keine Einwilligung ist. — Hat der a. p. zu einer Straftat provoziert, die mit dem Abschluß eines Vertrags, insbesondere eines Kaufvertrags durch den Verkäufer vollendet ist, wie dies auf zahlreiche nebengesetzliche Strafdrohungen, z. B. der Lebensmittel- und der Sozialgesetzgebung (Ladenschluß, Sonntagsruhe) zutrifft, so hat er nach herrschender Rechtsansicht (vgl. RGSt. 61, 314) durch sein Auftreten als Käufer nur dann Anstiftung begangen, wenn er mehr getan hat, als zur Erfüllung des Tatbestandsmerkmals des „Verkaufens" unbedingt erforderlich ist, wenn er also etwa durch ein Überpreisangebot, durch Täuschung oder Drohung, durch Mißbrauch eines Abhängigkeitsverhältnisses oder auf ähnliche Weise einen Widerstand des Verkäufers überwunden hat.

Was schließlich den bloßen „Lockspitzel" im engeren Sinne, den „Fallensteller" anlangt, so ist er nicht Anstifter oder nach § 49a RStGB. strafbar, weil er den Entschluß des Täters nicht hervorgerufen, ihn nicht bestimmt, auch nicht aufgefordert hat. Seine Handlung kann, äußerlich betrachtet, Beihilfe sein; es fehlt aber offenbar der zur Bestrafung wegen Beihilfe erforderliche Gehilfenvorsatz.

Schrifttum:

Heilborn, Der Agent Provocateur, Berlin 1901. — Singewald, Der agent provocateur, Breslau 1908. — Katzenstein, in Zeitschr. f. d. ges. Strafrechtswissensch. 21, 430. — Endemann, Hetze als Gefährdungsproblem, Mannheim 1924. — Lindman, in Deutsche Strafrechts-Ztg. 1918, Sp. 284. — Weingart, in Arch. f. Krim.-Anthropol. u. Kriminalistik 7, 213. — Schneickert, Kriminaltaktik und Kriminaltechnik, Lübeck-Berlin 1933.

Carl Hafner.

Pseudologie s. Pathologisches Lügen.

Psychoanalyse.

1. Ihrer Entstehungsgeschichte nach ist die Psychoanalyse eine Untersuchungs- und Behandlungsmethode für nervöse Störungen. Insofern würde sie also nicht in das Stoffgebiet der Kriminologie gehören. Im Laufe der Zeit ist sie jedoch immer mehr zu einer umfassenden Erkenntnislehre für das Seelenleben überhaupt ausgebaut worden; insbesondere haben einzelne Anhänger der psychoanalytischen Theorieen auch versucht, diese für die Verbrecherkunde nutzbar zu machen. Aus diesem Grunde muß auch ein

Handwörterbuch der Kriminologie sich mit der psychoanalytischen Lehre und ihrer speziellen Anwendung auf die Kriminalpsychologie aus einander setzen. Dazu ist es jedoch nötig, ganz kurz auf die wesentlichen theoretischen Grundlagen der Psychoanalyse einzugehen.

Breuer und Freud gingen davon aus, daß nervöse Erscheinungen (neurotische Symptome) wie hysterische Lähmungen, Zwangsideen und Zwangsantriebe, Angstvorstellungen u. dgl. einen sinnvollen Ersatz für andere unterbliebene seelische Akte darstellten. Von „psychischen Traumen" sollen nach ihrer Annahme unerledigte Reminiszenzen und eingeklemmte Affekte zurückbleiben, welche im Unterbewußtsein fortwirken und gelegentlich nach außen in veränderter Form und symbolhaftem Inhalt durchbrechen, so daß auf diese Weise seelische Störungen entstehen. Ein Wiederbewußtmachen des Ausgangserlebnisses (des psychischen Traumas) führt zum Ausgleich der zurückgebliebenen seelischen Spannungen, zur Erledigung der abschlußunfähigen Gedankenreihen und damit zur Heilung. Diesem Zweck dient die Katharsis, d. h. jene Untersuchungs- und Behandlungsmethode, bei welcher der Kranke unter Leitung des Arztes sich ganz seinen freien Einfällen bei völlig entspannter Aufmerksamkeit hingibt. Das so gewonnene Assoziationsmaterial wird vom Psychoanalytiker unter Mitverwertung des Inhalts bzw. der Form der nervösen Erscheinungen gedeutet, wobei auch der Arzt das Unbewußte des Patienten mit dem eigenen Unterbewußtsein auffangen soll, also selbst möglichst ohne bewußte Geistestätigkeit, ohne bestimmte Erwartungen bei gleich schwebender Aufmerksamkeit die spontanen Einfälle des Kranken in sich aufnimmt. Auf diese Weise soll es gelingen, die geheimen Untergründe bestimmter seelischer Verknüpfungen und Triebkräfte in das Licht des Bewußtseins zu heben und dadurch zum Ausgleich zu bringen.

Gegenstand der Psychoanalyse sind nicht nur neurotische Phänomene, sondern auch die Fehlleistungen und Zufallshandlungen des normalen psychischen Geschehens, wie zeitweiliges Vergessen von Namen und Vorsätzen, Versprechen, Verschreiben, Verlieren und Verlegen von Gegenständen. Irrtümer oder gedankenlose Handlungen. All diese Entgleisungen und Versehen, wie sie auch beim gesunden Menschen vorkommen, werden nach Freud durch die Psychoanalyse ihrem tieferen Sinn und ihrer Entstehungsart nach aufgeklärt. Sehr aufschlußreich sollen in dieser Beziehung auch die Träume sein, weil sie die Fortführung unabgeschlossener Gedankenreihen oder unbefriedigter seelischer Tendenzen aus dem Wachzustande darstellen, allerdings entstellt durch die im Unterbewußtsein arbeitenden Triebkräfte. Durch letztere werden die eigentlichen Traumgedanken (der „Tagesrest") in archaische Ausdrucksformen überführt und infolge der auch im Schlaf nicht aufgehobenen kritisch ablehnenden und einschränkenden Instanzen des bewußten Ich (Traumzensur) entstellt. Aufgabe der Deutungskunst des Psychoanalytikers ist es, unter Heranziehung der Erfahrung, der Volkskunde, der Mythologie und des Sprachgebrauchs die Traumsymbole so zu übersetzen, daß man daraus das aktuelle Erlebnis herausschälen kann. Es gehört also eine „Deutungskunst" dazu, den manifesten Trauminhalt, der im Wachbewußtsein haftet, zu analysieren.

Ein Grundpfeiler der psychoanalytischen Lehre ist die überragende ätiologische Bedeutung des Sexuallebens für die Entstehung der Neurosen. Das psychische Trauma, von welchem aus seelische Spannungen und daraus entstehende nervöse Erscheinungen ihren Ausgang nehmen, wird von Freud in die Kindheit zurückverlegt. Er faßt den Begriff des Sexuellen viel weiter, als es sonst üblich ist, und steht auf dem Standpunkt, daß die Sexualfunktion gleich nach der Geburt beginne. Allerdings ist sie im Säuglings- und Kindesalter noch nicht auf die Geschlechtsorgane zentriert, besteht vielmehr zunächst in einzelnen mit einander nicht zusammenhängenden Partialtrieben. Diese werden erst im Laufe der Kindheitsentwicklung so zusammengefaßt, daß beim reifen Menschen die Genitalzone das Primat erhält. Bleibt diese Entwicklung an irgend einem Punkte stehen, oder kommt es zur Fixierung einer kindlichen Sexualbetätigung, so entsteht die Disposition zu bestimmten Perversionen. Das Kind ist im Grunde universell pervers.

Eine weitere grundsätzliche Theorie der Psychoanalyse ist die Verdrängungslehre. Danach sind die Neurosen der Ausdruck von Konflikten zwischen dem Ich und solchen Sexualstrebungen, die dem bewußten Ich unerträglich erscheinen und von dessen ethischen Grundsätzen abgelehnt werden. Sucht man die verdrängten Regungen durch Analyse bewußt zu machen, so stößt man auf Widerstände. Aus dem Kompromiß zwischen verdrängten Sexualtrieben und verdrängenden Ichtrieben entsteht als Ersatzbefriedigung das neurotische Symptom oder die Perversion. Danach sind also auch die Triebkräfte der neurotischen Symptombildung sexueller Natur.

2. All diese Theorieen, die im Vorstehenden nur in aller Kürze dargestellt werden

konnten, werden von Freud und seinen Anhängern im weitesten Maße nicht nur auf den einzelnen Kranken, sondern auch auf das Seelenleben des Gesunden, auf das Gemeinschaftsleben, die Staatsordnung und, was uns hier besonders interessiert, auf das Verbrechen als eine soziale Fehlleistung angewandt. Die Psychoanalyse betrachtet das Verbrechen als eine allgemein menschliche Erscheinung, nicht als eine pathologische Abartung im engeren Sinne. Die Bestrebungen der Kriminalbiologie, im Verbrecher einen Entarteten zu sehen, ist nach der psychoanalytischen Anschauung ein Ausfluß des narzistischen Wunsches der Menschheit, den Kriminellen als nicht mehr zu ihrer Art gehörig aus ihrer Gesellschaft auszuschließen. Das Kind und der Primitive sind universell kriminell, während der sozial angepaßte Normalmensch ein Produkt der Erziehung und Zivilisation ist. Die Kriminalität ist danach ein sozialer Anpassungsdefekt, was im übrigen auch mit anderen Betrachtungsweisen der Kriminologie übereinstimmt, nicht erst eine Entdeckung der Psychoanalyse ist.

Zum Verständnis der psychoanalytischen Anschauungen von Verbrechen muß man noch kurz auf die neuerdings von Freud aufgestellten Theorieen vom Persönlichkeitsaufbau (s. d. Art.) eingehen. Nach seiner Ansicht besteht die Psyche aus einer Vielheit von Urkräften, Strebungen, Hemmungsvorrichtungen und Umwandlungsstationen, die zum Teil bewußt, zum Teil unbewußt arbeiten. Innerhalb dieser widerstreitenden seelischen Kräfte gibt es drei Hauptinstanzen, nämlich das Es, das Ich und das Über-Ich. Unter dem Es versteht er das große Kraftreservoir der naturgegebenen Urtriebe, deren Entfaltung durch die Einflüsse der Umwelt (Erziehung, Zwang der Verhältnisse und Autoritätspersonen) von frühester Jugend an gelenkt und gedämpft werden. Der Mensch hat also von der Kindheit an ständig auf Befriedigung bestimmter Triebe Verzicht zu leisten, sei es aus Angst vor Nachteilen, wie Strafe und Liebesverlust, sei es in der Hoffnung auf späteren Lustgewinn. Im Verlauf der Persönlichkeitsentwicklung bildet sich nach dem Vorbild des Erziehers das Über-Ich als eine Identifizierung mit diesem. Dieses Über-Ich kontrolliert die asozialen Triebe und Wünsche des Es und läßt nur diejenigen Tendenzen zum bewußten Ich vordringen, welche nicht von der Zensur des Über-Ich abgelehnt werden. Beim Kinde bedeutet das Über-Ich längere Zeit einen Fremdkörper im Seelenleben, welcher erst später mit der eigenen Persönlichkeit restlos verschmolzen wird, wenn die moralischen Ansprüche seitens der Autoritätsinstanzen völlig mit den eigenen Trieben und Strebungen in Einklang gebracht worden sind. Das bewußte Ich ist jene Komponente der Persönlichkeit, die sowohl die aus dem Es aufsteigenden, vom Über-Ich kontrollierten und modifizierten Wünsche und Vorstellungen als auch die reale Außensituation wahrnimmt und die inneren Strebungen mit ihr ausgleicht. Das Ich ist also im Wesentlichen das Organ, welches die Beziehung mit der Außenwelt herstellt, auf welches Erzieher und Staat auch strafend und lobend, fordernd und gebietend einwirken können.

Die ihrer Natur nach asozialen Urtriebe des Es werden vielfach in der Weise in die soziale Ordnung eingefügt, daß sie „sublimiert“ werden, d. h. dadurch daß die an sich gemeinschädlichen Energieen für die Erhaltung des Staates und Gemeinschaftslebens nutzbar gemacht werden. Diese Assimilierung ist dem Rechtsbrecher nicht völlig gelungen, so daß er mehr oder minder von den Urtrieben des Es beherrscht wird. Bricht einer seiner Urtriebe bei ihm nach außen durch, so kommt es zur Straftat. Auch der Verbrecher leistet, genau wie das heranwachsende Kind, den Verzicht auf Triebbefriedigung nur, um einer stärkeren Unlust zu entgehen oder um für den Verzicht eine Belohnung in Form des Geliebtwerdens einzutauschen. Bleibt diese Belohnung aus, wird sein Gerechtigkeitsgefühl verletzt. Der Kriminelle reagiert darauf mit Empörung gegen die Gesetze der Allgemeinheit, welche auch den Normalen unter besonderen Umständen zur Nichtachtung moralischer Hemmungen treiben kann. Während der Psychoneurotiker einen untragbaren seelischen Konflikt, einen eingeklemmten Affekt in der Form des Krankheitssymptoms nach außen entlädt, entsteht daraus beim Kriminellen die Straftat.

3. Diese Erklärung der Verbrechen nach der psychoanalytischen Lehre trifft im Wesentlichen nur auf die sogenannten neurotischen Kriminellen zu, bei welchen eine Autoritätsinstanz oder das eigene Über-Ich übertrieben hohe Anforderungen an Verzichtleistung auf Lustgewinn stellt, so daß ein Nachgeben gegenüber den asozialen Trieben des Es berechtigt erscheint. Ein Sonderfall des neurotischen Kriminellen ist der Verbrecher aus präexistierendem Schuldgefühl, der eine Tat begeht, weil er infolge irgend einer Gedankensünde oder phantasierten Tat ein quälendes Schuldgefühl hat, das er sühnen möchte. Er begeht dann tatsächlich ein relativ harmloses Vergehen, um auf diese Weise zur Bestrafung und Befriedigung seines Sühnebedürfnisses zu gelangen.

Versucht man aus der psychoanalytischen Literatur die praktisch brauchbaren kriminalpsychologischen Gesichtspunkte herauszuschälen, so könnte man folgende Verbrechertypen aufstellen: Der Gewohnheitsverbrecher ist das Produkt einer fehlgehenden Persönlichkeitsentwicklung vom kindlichen Triebwesen zum disziplinierten, reifen Menschen. Das asoziale Es hat die beherrschende Rolle, die es beim Kinde spielt, beibehalten. In dieser Hinsicht kommt also die psychoanalytische Betrachtungsweise im Grunde zu demselben Ergebnis wie eine entwicklungsbiologische Verbrechertheorie, welche im antisozialen Menschen eine Entwicklungshemmung, eine Sonderform des Infantilismus erblickt. Einen anderen Typ des Gewohnheits- oder Berufverbrechers erblickt die psychoanalytische Lehre in jenem Menschen, bei welchem sich zwar ein Über-Ich entwickelt hat, bei dem sich dieses aber völlig mit der antisozialen Haltung identifiziert hat. Diese Verbrecher besitzen ein kriminelles Über-Ich, das sich an entsprechende Vorbilder hält. Auch diese Vorstellung findet ihr Gegenstück in der Kriminalpsychologie, die in solchen Fällen von Gruppenmoral spricht.

Die Gelegenheits- oder Zufallsverbrecher sind nach psychoanalytischer Anschauung an sich vollwertige Charaktere, die manchmal dadurch eine Straftat im Sinne einer Fehlleistung verüben, daß das bewußte Ich anderweitig so stark in Anspruch genommen wird, daß infolge dessen eine unbewußte kriminelle Tendenz akut zum Durchbruch kommt. Die so zu stande gekommene Straftat wird von der Persönlichkeit im vollen Umfange abgelehnt. Manchmal handelt es sich auch um Verfehlungen, die in einer Ausnahmesituation entstehen, in welcher durch eine akute Affektstauung oder durch eine schwere Verletzung des Gerechtigkeitsgefühls die Herrschaft des sonst gut funktionierenden Über-Ich für einen Augenblick außer Kurs gesetzt wird.

Beim neurotischen Verbrecher, dessen Analysierung das Lieblingsgebiet der Freudschen Lehre ist, tritt an Stelle des neurotischen Symptoms (der hysterischen Erscheinung usw.) der Rechtsbruch als eine Symbolhandlung. Der darin liegende tiefere Sinn ist vom Arzt an Stelle der durch Rationalisierungsvorgänge verfälschten, äußeren Scheinmotive psychoanalytisch zu ermitteln; die Affektspannung wird dadurch beseitigt.

4. Prüft man die Brauchbarkeit der psychoanalytischen Lehre für die Kriminalpsychologie, so muß man notwendigerweise zu ihren Grundtheorieen Stellung nehmen. Zweifellos hat Freud eine Reihe schöpferischer Ideen entwickelt, die für die gesamte Psychologie und Psychiatrie einen dauernden Gewinn darstellen. So dürfte es wohl richtig sein, daß Vorstellungen, welche für den betreffenden Menschen unerträglich sind, zwar verdrängt werden können, daß die dazu gehörigen Affektspannungen aber bestehen bleiben und unsichtbar im Seelenleben fortwirken. Auch eine weitere These Freuds kann man durchaus akzeptieren, nämlich die von der Determinierung alles seelischen Geschehens. Es gibt im Psychischen genau so wenig einen Zufall wie im Physischen. Alles Geschehen hat seine Ursache, jede Vorstellung und jeder Affekt wird durch die Kausalitätsgesetze mit dem Vorhergehenden verbunden. Es ist nur sehr fraglich, ob diese ursächlichen Verknüpfungen sich durch die psychoanalytische Methode des freien Assoziierens und der Deutungskunst besser und zuverlässiger aufdecken lassen als durch die gewöhnlichen psychologischen und psychiatrischen Untersuchungsverfahren. Bei den meisten psychoanalytischen Erklärungen handelt es sich um Plausibilitäten oder dichterische Phantasieprodukte, keineswegs um wissenschaftlich exakte Beweise.

Freud kann jedoch zweifellos das Verdienst für sich in Anspruch nehmen, daß er die Psychologie und Psychopathologie aus den Fesseln des Laboratoriumsexperimentes oder der rein philosophischen Betrachtungsweisen befreit hat. Im Kampf gegen die vor ihm herrschende Lehrmeinung ist er jedoch weit über das Ziel hinausgeschossen. Während die damalige akademische Psychologie sich nur mit den bewußten seelischen Vorgängen beschäftigte, verlegte er die entscheidenden psychischen Kräfte in das Unterbewußtsein, dessen Existenz und Wirken im Sinne Freuds allerdings sehr umstritten ist.

Im Gegensatz zur einstigen Vernachlässigung der Sexualität sprach Freud dem Geschlechtlichen die Vorherrschaft im Seelenleben zu. Während die exakte wissenschaftliche Psychologie durch fein ausgeklügelte Experimente das seelische Geschehen zu erforschen trachtete, verzichtete Freud grundsätzlich darauf und beschritt die Wege, welche geniale Schriftsteller der russischen und französischen Belletristik wie Dostojewski und Maupassant vor ihm mit Erfolg gewandelt waren. Man versteht seine maßlosen Übertreibungen und seine dogmenstarre Unduldsamkeit am besten, wenn man seine Lehre als eine weit über das Ziel hinausschießende Reaktion auf das Vorhergegangene ansieht. Auch die Kriminalpsychologie dankt ihm Manches, im Ganzen aber treffen die Theorieen des neurotischen Verbrechers nur auf seltene Grenzfälle, nicht dagegen auf die

Alltagskriminalität zu. Der praktische Wert psychoanalytischer Verbrecheranalysen ist gering.

Das liegt schon an der Methodik der angewandten Untersuchungsverfahren. Man kann Verbrecher, d. h. also zumeist geistig primitive und tief stehende Menschen, die dem Untersucher ablehnend gegenüberstehen, nicht mit Erfolg monatelang analysieren. Selbst wenn man es könnte, würden die gewonnenen Ergebnisse stets nur Erklärungsmöglichkeiten, aber keine Tatsachen bedeuten. Der Beweis, daß die seelischen Vorgänge beim Verbrecher sich wirklich so abgespielt haben, wie es der psychoanalytische Untersucher sich vorstellt, ist nicht zu erbringen. Im übrigen ist es ja auch beispielsweise für die Frage der Zurechnungsfähigkeit von ganz untergeordneter Bedeutung, ob Jemand eine Straftat begeht, weil er in der Kindheit ein bestimmtes psychisches Trauma erlitten hat. Wer einen Diebstahl begeht, muß deswegen verurteilt werden, auch wenn letzten Endes der Ödipuskomplex die tiefste Ursache seiner strafbaren Handlung darstellen sollte. Die Zurechnungsfähigkeit kann deshalb niemals nach psychoanalytischen Grundsätzen ermittelt werden.

Wenn die psychoanalytische Lehre glaubt, bei der Ermittlung des wahren Sachverhaltes und der Aufdeckung der tatsächlichen, in der Tiefenperson wurzelnden Motive mehr leisten zu können als die exakte Kriminalpsychologie, so ist dem entgegen zu halten, daß das Verhältnis vom Arzt zum Nervösen doch ein wesentlich anderes ist als das des gerichtlichen Sachverständigen zum Verbrecher, den er zu begutachten hat. Freie Assoziationen, Träume und Geständnisse eines Beschuldigten bzw. Angeklagten müssen doch zunächst unter dem Gesichtswinkel betrachtet werden, daß der unter Strafverfolgung stehende Mensch dem Untersucher ein ganz bestimmtes Bild von seiner Persönlichkeit und seiner Tat aufzudrängen versucht, das weder subjektiv noch objektiv wahr zu sein braucht. Vielleicht wird es auch dem erfahrenen Psychoanalytiker auf Grund seiner Menschenkenntnis gelingen, Echtes von Falschem zu unterscheiden und aus den Angaben des Untersuchten die für die analytische Arbeit verwertbaren heraus zu finden. Ob er dann aber zuverlässigeres Material für die Begutachtung gewonnen hat als ein nach erprobten Methoden vorgehender Sachverständiger, muß bezweifelt werden. Er stützt sich doch bestenfalls wesentlich auf die ihm mitgeteilten Einfälle, Träume usw., während der nach den üblichen Grundsätzen vorgehende Untersucher sein Urteil in der Hauptsache auf objektiv nachprüfbaren Tatsachen und Befunden aufbaut.

5. Da die Freudsche Lehre zunächst eine Behandlungsmethode ist, müßte sie für die Besserung des Rechtsbrechers im Spezialfall und für die Verbrechensprophylaxe ganz im allgemeinen besonders viel versprechen. In dieser Hinsicht sind ihre Vertreter vorläufig jedoch noch sehr zurückhaltend gewesen. Sie geben zu, daß die Aufrichtung gesetzlicher Schranken geeignet sei, asoziale Triebbefriedigungen bei den meisten Menschen zu verhüten. Im übrigen wird für den neurotischen Kriminellen kategorisch die Abschaffung jeglicher Strafe und an ihrer Stelle eine psychoanalytische Erziehung und Behandlung gefordert, weil die Bestrafung die erhöhte Spannung zwischen dem Es und dem Über-Ich, welche durch die Tat eben erst beseitigt worden wäre, aufs neue wieder herstelle und verschärfe. Die Bestrafung der Zufallsverbrecher sei überflüssig und zwecklos, da das Ich die Tat im vollen Umfange verwerfe. Die Gewohnheitsverbrecher mit dem kriminellen Über-Ich oder ohne jede kontrollierende höhere Persönlichkeitsinstanz werden in Übereinstimmung mit den herrschenden Anschauungen der Kriminalbiologie als unverbesserlich angesehen. Die Unterscheidung der unverbesserlichen von den besserungsfähigen Rechtsbrechern, ein Problem, um das sich die Kriminalbiologie seit jeher bemüht, erfolgt nach Ansicht der Psychoanalytiker dadurch, daß die ersteren sich als nicht mehr analysierbar erweisen. Der Kriminelle dagegen, welcher die tieferen Motive und Gedankengänge, aus denen heraus er straffällig wurde, erkannt habe, schließe mit der Umwelt und ihrer Ordnung Frieden und passe sich der Rechtsordnung und Gemeinschaft an. Mit der praktischen Erfahrung wird gerade diese These meist im Widerspruch stehen.

Trotz des Aufwandes an Worten, Bildern und Vorstellungen im einzelnen faßt die psychoanalytische Lehre das Problem des Verbrechens viel zu einfach und einförmig auf. Es fehlt vor allem eine Berücksichtigung des konstitutionellen Momentes, das innerhalb der Lehre Freuds überhaupt keinen Platz hat. Eine Kriminalpsychologie aber, die darauf verzichtet, psychopathologische Differenzierungen unter den verschiedenen Verbrechern aufzustellen, kann bestenfalls immer nur eine einzelne Tat dem Verständnis näher bringen, niemals aber die einzelnen Typen der Verbrecher in ihren zahllosen konstitutionellen Variationen erforschen. Eine praktische Anwendbarkeit für die Kriminalpsychologie besitzt die psychoanalytische Lehre im Ganzen nicht. Ihre Bedeutung für die Kriminologie liegt darin, daß sie die Psychologie, Psychopathologie und vor allem unsere Vorstellungen von der Dynamik des seelischen Geschehens durch manche wertvolle und neuartige Gesichtspunkte bereichert hat, die zweifellos einen richtigen Kern besitzen. Es wäre aber gefährlich, wenn die Freudsche Lehre als Ganzes vorbehaltlos in der Rechtspflege und Kriminalpolitik angewandt würde.

Schrifttum:

Alexander und Staub, Der Verbrecher und seine Richter. Intern. Psychoanalyt. Verlag, Wien 1929. — Gotthold Bohne, Psychoanalyse und Strafrecht. ZStW. 47, 439ff. — Derselbe, Die strafrechtliche Verwertbarkeit der Psychoanalyse, in DJurZ. 1927 Sp. 919ff. — Hans Coenen, Strafrecht und Psychoanalyse. Strafrechtl. Abhandlungen Heft 261. — Henrik Egeydi, Die Irrtümer der Psychoanalyse. W. Braumüller, Wien-Leipzig 1933. — Ferdern-Meng, Das psychoanalytische Volksbuch, 2. Aufl. 1928. — Siegmund Freud, Das Ich und das Es. Intern. Psychoanalyt. Verlag, Wien 1923. — Derselbe, Hemmung, Symptom und Angst. Intern. Psychoanalyt. Verlag, Wien 1926. — Friedlaender, Der Fall Angerstein. Zeitschr. f. d. ges. Neurol. u. Psychiatrie 98, 659. — A. Furrer, Der moralische Defekt. Schweiz. päd. Zeitschr. Jahrg. 36, Heft 2 u. 3, referiert von Birnbaum im Zbl. f. d. ges. Neur. u. Psych. 47, 41. — Hans W. Gruhle, Die Psychoanalyse in der Rechtsprechung. MSchrKrPs. 19, 475ff. — Albert Hellwig, Psychoanalyse und Strafrechtspflege. Jur. Rundschau 1930 Nr. 12ff. — Fritz Kleist, „T. Kh." Beitrag usw. i. Zeitschr. f. psychoanalyt. Pädagogik, 2. Jahrg. 1927/28, S. 39ff. — Werner Lippmann, Analyse eines Kriminellen, i. Fortschritte d. Sexualwissensch. u. Psychoanalyse, 1926, S. 288ff. — Hans Lungwitz, Psychoanalyse und Kriminalität, in Groß' Arch. 77, 409ff. — Derselbe, Nochmals Psychoanalyse und Kriminalität, in Groß' Arch. 77, 409ff. — Edmund Mezger, Die Bedeutung der Psychoanalyse für die Rechtspflege, in Prinzhorn, Krisis der Psychoanalyse I, 360ff. Der Neue Geist Verlag, Leipzig 1928. — Müller-Heß u. Wiethold, Psychoanalyse u. Strafrecht, Jahreskurse f. ärztl. Fortbildung, 1930. — Johannes Nohl, Die kriminalpolitische Bedeutung der Psychoanalyse, in Groß' Arch. 77, 306ff. — Hans Prinzhorn, Psychoanalyse und Rechtsprechung, in Deutsche Richterzg. 1926, S. 298ff. — Theodor Reick, Geständniszwang und Strafbedürfnis, 1925. — Paul Schilder, Die Psychoanalyse in der Rechtsprechung, MSchrKrPs. 19, 474. — Schneider, Hat die Psychoanalyse eine praktische forensische Bedeutung?, in MSchrKrPs. 19, 321ff. — Wilhelm Stekel, Die Analyse eines Falles von Homosexualität, in Groß' Arch. 66, 94ff.

Ferdinand Wiethold.

Psychopathie und Psychose.

1. Obwohl sprachlich beide Begriffe nichts Verschiedenes bedeuten, hat sich ihr Sinn doch im Verlaufe der letzten 50 Jahre ganz von einander entfernt. Der württembergische Psychiater J. L. A. Koch schrieb 1891 das erste Buch über die Psychopathie. Seitdem hat man den Begriff und das Studium des Gegenstandes weiter ausgebaut und heute ist der wissenschaftliche Gebrauch des Wortes allgemein so orientiert: Psychopathie ist eine eingeborene seelische Variation.

Die Biologie unterscheidet Abweichungen der Leibesform oder -funktion nach der zu erwartenden Weitervererbung oder nicht Weitervererbung. Im ersten Falle spricht sie von einer Mutation, im zweiten von Aberration oder Variation oder Modifikation. Die Psychopathie gehört also zu letzterer Kategorie. Sie kommt bald in der Aszendenz vor, bald entsteht sie eingeboren neu.

Psychopathie ist also jede von der Norm erheblich abweichende seelische Eigenart.

Damit ist schon gesagt, daß dieses Wort auf keine bestimmte seelische Eigenschaft hinweist; im Gegenteil: die Spielarten der Psychopathie sind unendlich. Man hat den Begriff insofern rein konventionell einzuschränken sich gewöhnt, als die Anomalieen des Verstandes nicht hineinbezogen sind: für den eingeborenen oder früh erworbenen Schwachsinn bedient man sich je nach dem Grade der Ausdrücke Debilität, Imbezillität, Idiotie. So bleiben für die Psychopathie also übrig alle Abnormitäten der Willens- und Gefühlssphäre.

In erster Linie sind darunter die psychopathischen Charaktere zu verstehen. Man ist heute allgemein der Meinung, daß der Charakter keine Summe von Eigenschaften sei, sondern daß diese Charakterzüge zu einander in Wechselwirkung stehen. Ändert sich der eine Zug, so ändert sich die Gesamtheit des Charakters. Man wird also unter einem psychopathischen Charakter eine Persönlichkeit verstehen, die in ihrer Charakterstruktur sich erheblich vom Durchschnitt entfernt, also alle auffallenden, seltsamen, abwegigen Strukturen. Dabei ist keineswegs implicite gemeint — wie der erste Sachbearbeiter J. L. A. Koch noch annahm —, daß sich diese abwegige Struktur kulturell verderblich oder minderwertig auswirken müsse. Die Feststellung der Psychopathie hat mit der Stellung dieses Menschen zur Kultur nichts zu tun. Selbstverständlich gibt es unter den psychopathischen Persönlichkeiten zahlreiche asoziale und antisoziale Persönlichkeiten: gerade weil sich diese Charaktere in das Gewohnte nicht leicht einfügen, geraten sie mit der Gesellschaftsordnung auch besonders leicht in Konflikt. Aber es wäre vollkommen unrichtig, diese Konfliktsbereitschaft mancher Psychopathentypen der Psychopathie als immanente Eigenschaft schlechthin zuzusprechen.

In den letzten 3 Jahrzehnten ist die verminderte Zurechnungsfähigkeit ausgiebig besprochen worden. Im Laufe dieser Erörterung hatte sich die Aufstellung entwickelt: Psychose = unzurechnungsfähig; — Psychopathie = vermindert zurechnungsfähig. Dies ist zweifellos unrichtig. Die im November 1933 in das Strafrecht eingeführte verminderte Zurechnungsfähigkeit muß in jedem Einzelfall erst dann als nachgewiesen gelten, wenn die spezielle Art psychopathischen Wesens mit der speziellen Eigenart der verbrecherischen Tat in sinnvollem Zusammenhang steht. Es wäre ganz verfehlt, wollte man einem Eigentumsverbrecher deshalb, weil er sich durch die Charakterzüge großer Reizbarkeit als Psychopath erweist, verminderte Zurechnungsfähigkeit zubilligen. Es ist aber sicher richtig, einen Leidenschaftsverbrecher, der auf sein Mädchen schoß, dann als vermindert zurechnungsfähig zu erklären, wenn er sich von jeher als maßlos argwöhnisch, eifersüchtig, unbeherrscht und explosiv erwies. Man wird für den Sachverständigen auch die Forderung aufstellen müssen, daß er den Nachweis psychopathischen Charakters nicht nur der Tat und ihren Begleitumständen entnimmt, sondern daß er auch aus dem sonstigen Wesen und Leben des Täters diesen Nachweis führt.

Es kann im Rahmen dieses Handbuches nicht eine Aufzählung aller psychopathischen Charaktere Platz finden, die sich als besonders kriminell erweisen. Zudem könnte eine solche Aufstellung nie vollständig sein. Unter dem Stichwort Charakter ist schon manches erwähnt worden. Bei den kleinen Eigentumsverbrechern finden sich vorzüglich viel Schwachsinnsformen (s. d. Art. Imbezillität), unter den großen Eigentumsverbrechern sind verhältnismäßig wenig Psychopathen. An der Schar der Affektverbrecher hingegen (auch bei den Mördern) zeigen sich viel mehr Psychopathen beteiligt. Besonders viele Psychopathen kommen unter den Gemeinschädlichen (Landstreichern, Prostituierten, Trinkern) vor. In dieser Gruppe stecken auch sehr viele Schwachsinnige. Außer dieser ersten Gruppe der eigentlichen psychopathischen Charaktere gibt es zahlreiche Individuen, deren Charakterstruktur keine besondere Aufmerksamkeit erregt, die aber nebenbei eine Reihe von ungewöhnlichen Symptomen, psychopathischen Zügen haben. Der Laie pflegt diese Menschen als „nervös“ zu bezeichnen, beim praktischen Arzt haben sich unbestimmte Bezeichnungen wie neurasthenisch, neurotisch, hysterisch eingebürgert. Solche Persönlichkeiten — man denke an Schlafgestörte, Magenüberempfindliche, Stuhlhypochonder — haben für den strafrechtlich Interessierten kaum Interesse.

Aber eine dritte Gruppe ist wiederum wichtig: Es gibt viele Persönlichkeiten, die in normalen Zeitläufen und unter normalen Lebensumständen gar nicht auffallen. Ja, der Sachkenner kann aus seiner Erfahrung einzelne anführen, die sogar als besonders unauffällig, durchschnittlich gelten, die aber in ungewöhnlichen Lebenssituationen abnorm reagieren. Solche abnorme Reaktionen werden wohl auch mit Recht als psychopathische Reaktionen bezeichnet. Erst die außergewöhnliche Situation enthüllt die außergewöhnliche Reaktionsbereitschaft. Für den Arzt war natürlich der Krieg eine Quelle großer Erfahrung auf diesem Gebiete. Für den strafrechtlich Interessierten sind jene Fälle wichtiger, in denen ungewöhnliche Lebenssituationen verborgene Leidenschaften entfesseln und dadurch zu Affektdelikten treiben. Das lang hinausgezogene halbe Gewähren, halbe Versagen eines Mädchens kann einen sonst vernünftigen, ruhigen Mann schließlich zu heftigsten Explosionen treiben. Die starke sexuelle Abhängigkeit eines Liebhabers von seiner Geliebten (sog. Hörigkeit, s. d. Art. Masochismus) kann ebenfalls den Mann zu Taten bringen, die ihm hernach vollkommen unverständlich sind. Die lange Qual der Unterdrückung und Peinigung durch eine grausame Stiefmutter kann beim Pubertierenden plötzliche heftigste Racheakte auslösen. Die Pubertät überhaupt bringt manche pathologische Taten hervor, über die unter dem Stichwort Pubertät mehr zu finden ist.

Trotz der Gewaltsamkeit mancher solcher pathologischen Reaktionen und trotz der psychogenen Amnesie, die von manchem derartigen Leidenschaftstäter hinterher glaubhaft angegeben wird, wird man dennoch nur in ganz seltenen Einzelfällen die Voraussetzungen des § 51 in alter Fassung (Ausschluß der freien Willensbestimmung) bejahen können. Sonst würde jeder Leidenschaftstäter bald die Ausrede finden, er sei durch die Stärke seiner Leidenschaft unzurechnungsfähig geworden. Wie sich in dieser Hinsicht die neue Fassung des § 51 (Unfähigkeit, das Unerlaubte der Tat einzusehen oder nach dieser Einsicht zu handeln) auswirken wird, ist noch nicht vorauszusagen. Sicher wird aber die nunmehr eingeführte verminderte Zurechnungsfähigkeit in vielen

Fällen psychopathischer Reaktion bejaht werden müssen.

Eine besondere Komplikation entsteht neuerdings durch die Einfügung des § 330a in das Strafgesetzbuch. Er spricht von der schuldigen Versetzung seiner selbst in den Rausch und bedroht den so Berauschten mit Gefängnis bis zu 2 Jahren, wenn er in diesem Zustande eine mit Strafe bedrohte Handlung begeht und unzurechnungsfähig erscheint. — Jene Fälle, in denen sinnlose Trunkenheit zur Unzurechnungsfähigkeit führt, sind tatsächlich sehr selten. Der sinnlos Berauschte ist ja seiner Glieder und Sinne nicht mächtig, so daß er praktisch kaum ein Verbrechen begehen kann. Häufiger sind die Verbrechen im pathologischen Rausch, also einem dysphorischen Rausch, motiviert durch endogene Verstimmungen, oft auf kleine Alkoholmengen hin, meist mit Verwirrtheit und Amnesie, meist bei Epileptikern oder epileptoiden Psychopathen. Ein pathologischer Rausch ist eine Geistesstörung, die die Voraussetzungen des § 51 ergibt. Insofern wäre ein solcher Fall auch auf den Tatbestand des § 330a zu prüfen. Aber auf jene endogene Verstimmungen trifft gelegentlich des § 51 erster Abschnitt (Unzurechnungsfähigkeit), häufiger der zweite Abschnitt (verminderte Zurechnungsfähigkeit) zu. Daher wäre also auch das neu in das Strafgesetz eingefügte Delikt der Selbstversetzung in Trunkenheit in diesen Fällen die „Tat" eines Unzurechnungsfähigen oder vermindert Zurechnungsfähigen. Daß ein vollkommen normaler Mensch sich selbst schuldhaft so betrunken macht, daß er für ein Delikt unzurechnungsfähig erscheint, wird praktisch ungemein selten vorkommen. Insofern stößt dieser — an sich vortrefflich gemeinte — § 330a etwas ins Leere. Sehr viel wirksamer wäre eine neue Bestimmung geworden, die den gewöhnlichen Rausch (als vom Normalen selbst verschuldet) nicht als Anlaß der Annahme verminderter Zurechnungsfähigkeit noch mildernder Umstände betrachtet.

Den geschilderten drei Formen psychopathischer Anomalieen — psychopathische Charaktere, vereinzelte psychopathische Symptome, psychopathische Reaktionen — steht die Psychose gegenüber als Bezeichnung einer eigentlichen seelischen Erkrankung, eines Leidens, eines neu einsetzenden Krankheitsprozesses. Insofern wäre der Unterschied klar und unzweideutig, wenn es nicht psychopathische Reaktionen gäbe, die sich wiederum als Psychosen äußern. Es sind besonders die abnormen Reaktionen auf die Haft, die zu wirklichen (freilich gutartigen) Psychosen führen: dem sog. Haftknall, der psychogenen (hysterischen) Haftpsychose. Auch außerhalb der Haft kommen gelegentlich einmal pathologische Reaktionen vor, die als psychogene Verwirrtheitszustände (hysterische Dämmerzustände) wahrhafte psychopathische Psychosen sind. Als schwere Schreckfolgen sind z. B. sog. Schockpsychosen bekannt. So wichtig solche Haftpsychosen (s. d.) für den Strafvollzug und seine Beamten sein mögen, für den Richter kommen sie nur insofern in Betracht, als er aus der Tatsache der Haftpsychose keine Schlüsse auf die Zurechnungsfähigkeit des Täters zur Zeit der Tat ziehen darf.

2. Die Bedeutung der eigentlichen Psychosen für die Kriminalität ist gering. Zuweilen kommt es im Beginn einer Schizophrenie zu plötzlichen schweren Gewalttaten, Mordtaten. Zuweilen begeht ein expansiver Paralytiker einen groben Unfug oder verleitet durch seine betrügerischen manischen Versprechungen Andere zur Herausgabe von Geld. Häufiger stammen schwere Roheitstaten aus einem epileptischen Ausnahmezustand. Aber im allgemeinen beteiligen sich eigentliche Geisteskranke wenig am Verbrechen, mehr am gemeinschädlichen Verhalten. Besonders die mit Defekt geheilten Schizophrenen enden im Landstreichertum oder in der Prostitution.

Daß die Anfallspsychosen im Anfall unzurechnungsfähig sind und daß die sogenannten großen Psychosen die Verantwortlichkeit aufheben, ist allgemein bekannt. Bisher war es ein Mißstand, daß geisteskranke Verbrecher (siehe d. Art.), die wegen eines Deliktes nicht zur Rechenschaft gezogen werden konnten, zwar in Heil- und Pflegeanstalten durch die Verwaltungsbehörden eingeschafft, dort aber sehr bald wieder entlassen wurden. Die Strafgesetznovelle vom 24. XI. 1933 sieht die Einweisung eines verbrecherisch unzurechnungsfähigen Psychotikers in die geschlossene Anstalt durch das Gericht vor, unbefristet, mit jeweils dreijährlicher Nachprüfung.

Schrifttum:

Schneider, Kurt, Die psychopathischen Persönlichkeiten, 3. Aufl., Leipzig-Wien, Deuticke, 1934. — Birnbaum, Die psychopathischen Verbrecher, 2. Aufl., Leipzig, Thieme, 1926.

Hans W. Gruhle.

Pubertätsdelikte.

1. Bei einer Betrachtung der Pubertätsdelikte soll versucht werden, soweit es möglich ist, die strafbaren Handlungen der Jugendlichen herzuleiten aus der für die Pubertät charakteristischen Psychologie.

Was die erotisch-sexuelle Seite der Persönlichkeit der Jugendlichen anbetrifft, so muß hier besonders hingewiesen werden auf das mit der Reife verbundene Erwachen der sexuellen Neugier und das Verweben der Erotik und der Sexualität mit der Phantasie. Spranger kleidet diese Tatsache in die Worte, daß charakteristisch für die Psyche des jugendlichen Sexuallebens „die Konzentration alles Träumens, Nachdenkens und Begehrens auf die sexuelle Seite" sei (s. Schrifttum, a. a. O. S. 117). In psychologischem Zusammenhang mit dieser Feststellung steht die Beobachtung, daß einmal fein abgestimmte jugendliche Persönlichkeiten in innerseelische Konflikte geraten, weil sie in ihrer Ratlosigkeit das erste Auftreten von Pollution und Menstruation nicht richtig zu deuten wissen und das natürliche Hinlenken der Aufmerksamkeit auf diese Vorgänge für unerlaubt halten. Während so das Skrupulantentum der Jugendlichen entsteht, erwacht bei anderen, namentlich bei Knaben, die Sexualität in Verbindung mit einer einschlägigen Phantasie so stark und stürmisch, daß sie sich in brutalen Handlungen entlädt. In Frage käme hier die Unzucht mit Gewalt an Willenlosen und Kindern (§ 176 RStrGB.), die Notzucht (§ 177) und auch die tätliche Beleidigung (§ 185). Diese tätliche Beleidigung wird z. B. von Knaben nicht selten in Badeanstalten und Internaten ausgeführt. Die öffentliche Vornahme unzüchtiger Handlungen gemäß § 183 habe ich in einzelnen Fällen durch Jugendliche in Form des Exhibitionismus ausführen sehen. Dieses Delikt wird namentlich von pathologisch veranlagten Jugendlichen wie Epileptikern und Psychopathen begangen. Weiterhin ist bekannt, daß in der Pubertät mitunter auch eine passagere homosexuelle Triebrichtung in die Erscheinung treten kann, die gelegentlich zu Handlungen gemäß § 175 führt. Dabei ist aber zu betonen, daß die echte Homosexualität, wie Villinger überzeugend darlegt, im Jugendalter überaus selten vorkommt. Ich schließe mich rückhaltlos auf Grund eigener Erfahrung der Meinung dieses feinsinnigen Jugendkenners an, wenn er sagt: „Die sogenannte Geschlechtsnot unserer Jugend ist großenteils, die jugendliche Homosexualität und ihr Anschwellen fast ausschließlich das Werk einer großartigen, aus sehr verschiedenen Quellen gespeisten Einzel- und Massensuggestion". In seltenen Fällen habe ich auch gemäß § 175 Unzucht jugendlicher Menschen an Tieren beobachtet, die meistens von psychisch angekränkelten oder geisteskranken Persönlichkeiten ausgeführt wird. So erinnere ich mich lebhaft der einschlägigen Straftat eines jungen Mädchens aus bester Familie, das sich im Alter von 16 Jahren mit einem Hunde vergangen hatte.

Das brutale Erwachen des Sexualtriebes, der häufig keine Schranken kennt, kann auch zu dem Verbrechen der Tötung führen, und zwar zum Totschlag sowohl als auch zum Morde. In meiner Arbeit „Über jugendliche Mörder und Totschläger" (s. Schrifttum) habe ich das erschütternde und überzeugende Beispiel eines jungen Mannes angeführt, der ein Menschenleben vernichtete, um Geld zu bekommen, damit er sich in der Großstadt mit Dirnen befriedigen könne. Bei den Tötungsverbrechen Jugendlicher sind die Eigentümlichkeiten der Pubertät häufig die Ursache für die entferntere Tatbereitschaft, während die nähere Tatbereitschaft meistens zu suchen ist in den äußeren Anlässen zur Tat. In der eben genannten Arbeit erwähnte ich als besonders lehrreich die Tat eines jugendlichen Einbrechers. Er drang in ein Haus ein, war bestürzt über die unerwartete Gegenwart eines 12jährigen Knaben, nahm ihn kurzerhand mit in den Keller und ergriff ein zufällig dort liegendes Beil — er selbst hatte keine Waffe mitgebracht — und schlug den Jungen nieder, offenbar in der auftauchenden Idee, daß er ihn bei Ausführung des Diebstahls stören und später verraten würde. Ich wies damals darauf hin, daß die entferntere Tatbereitschaft zu erblicken war in der Neigung zu Kurzschlüssen der Gedankengänge. Die nähere Tatbereitschaft wurde durch die unerwartete Gegenwart des Knaben und das zufällig da liegende Beil geschaffen. Der allernächste Anlaß zur Tat wurde die auftauchende Idee, daß der Junge dem Täter bei der Ausführung des Diebstahls hinderlich sein könnte.

Tatpsychologisch bedeutungsvoll ist für die Pubertät naturgemäß auch die geistige Unfertigkeit der Jugend. Wenn z. B. ein junger Mensch von 16½ Jahren aus Ärger über eine erfolgte Kündigung seinen Meister tötet oder, um ein Fahrrad zu bekommen, ein Menschenleben opfert, so sind das Gegensätze zwischen Motiv und Tat, die nur im Gehirn eines geistig Unfertigen zu stande kommen können. Mit dieser Diskrepanz zwischen Motiv und Tat geht oft ein hoher Grad von Verantwortungslosigkeit und ein ausgesprochener Mangel an Ehrfurcht vor der Unantastbarkeit und dem Wert eines Menschenlebens einher, Eigenschaften, die beide in hohem Maße nicht nur tatfördernd wirken, sondern auch gleichzeitig die große Gefährlichkeit dieser Jugendlichen kennzeichnen, denen, wie Spranger sich im Krantz-Prozeß ausgedrückt hat, „die Begriffe der Majestät der Moral und der Majestät des Staates" fehlen.

Bei den Verbrechen wider das Leben spielt auch nicht selten eine starke Phantasie, eine ausgesprochene Abenteuersucht, ein Erlebnishunger und ein Nachahmungstrieb der Jugendlichen eine Rolle. Diese Eigenschaften waren tatpsychologisch ausschlaggebend bei einem jugendlichen westfälischen Mörder. Bei ihm wurde die Lektüre des Romans von Bulwer „Alexa oder das Drama von Montheron“ insofern verhängnisvoll, als das Abhacken des Fußes des Opfers an das in dem erwähnten Roman geschilderte Ohrabschneiden anklang. Für diesen Täter war auch charakteristisch eine starke Gefühlsstumpfheit, die mit in das Motivbündel einzuflechten wäre. In meiner Arbeit „Über jugendliche Mörder und Totschläger“ habe ich darauf hingewiesen, daß schon Baer diese Eigenschaft bei der Beobachtung jugendlicher Mörder und Totschläger aufgefallen ist und daß Kretschmer bei Schilderung des schizoiden Temperamentes von einer gähnenden Gemütsleere und kältesten Seelenlosigkeit spricht. Diese eisige Gemütskälte, die in ambivalenter Form sich an eine kurz vorher sich geltend machende heftige Erregung anschloß, zeigte sich mir sehr überzeugend als tatfördernde Triebkraft bei einem jungen Menschen, der, am Ausgang der Pubertät stehend, seinen Vater, der ihn im Schlaf gestört hatte, in einen Brunnen warf und ihn dann, ohne auch nur eine leiseste Gemütsbewegung zu verraten, solange untertauchte, bis er ertrunken war. Hinterher nahm er dann der Leiche in aller Gemütsruhe die Papiere und die Wertsachen ab. Auch das Gefühl der Unterlegenheit und Lebensuntauglichkeit, das Bjerre als das „instinktive Bewußtsein der Lebensuntauglichkeit“ bezeichnet, kann, vielleicht in Verbindung mit dem von W. Stern als für die Pubertät charakteristisch genannten Konflikt zwischen „dem Ich-Wert und den Welt-Werten“ verhängnisvoll werden. Jedenfalls wurde eine derartige Gedankeneinstellung der agent provocateur bei einem 16jährigen, von mir beobachteten Mörder, der ein ihm gänzlich unbekanntes Mädchen erwürgte. Das ihm zufällig begegnende Kind hatte ihn ahnungslos gebeten, es nach Hause zu begleiten. Ein ausgesprochenes Minderwertigkeitsgefühl hatte diesen Täter veranlaßt, sich längere Zeit vorher auf die Eisenbahnschienen zu werfen. Nach der erfolgten Heilung ließ ihm im Sinne der entfernteren Tatbereitschaft das intensive Streben, das Unterlegenheitsgefühl durch eine wüste Tat zu verdrängen, keine Ruhe. Das zufällige Zusammentreffen mit einem Kinde führte die nähere Tatbereitschaft herbei.

Als Vorstufe der Tötungsdelikte wird in der Pubertät nicht selten eine sogenannte Raufboldsucht beobachtet, die für die Flegeljahre charakteristisch ist und im Trotzalter zu leichten und schweren Körperverletzungen (§§ 223 und 224 RStGB.) führen kann. Tatpsychologisch sind auch hier bedeutungsvoll der Kurzschluß der Gedankengänge, die Trotzeinstellung der Jugendlichen, das gesteigerte Kraftgefühl, das Geltungsbedürfnis und der Gegensatz der Generationen. Auslösendes Moment ist hier besonders der Alkohol.

2. Das häufigste Vergehen der Jugendlichen bildet nach W. Hoffmann (s. Schrifttum, a. a. O. S. 23) der Diebstahl, was er daraus erklärt, „daß die kindliche Wunschregung des Begehrens stark ausgeprägt und häufigen Anreizen ausgesetzt ist“. Die kindlichen Wunschregungen werden meiner Auffassung nach häufiger mit in die Pubertät hinübergenommen. Die Industriejugend betätigt sich, wie ich früher (Zeitschr. f. gerichtl. Med. 13, Heft 3) ausgeführt habe, infolge der Aufsichtslosigkeit nach den bei der Staatsanwaltschaft Essen gemachten Erfahrungen nach zwei Richtungen hin, die durch das Industriemilieu gegeben sind. In erster Linie ist zu erwähnen der Diebstahl von Altmetall, Metallbruch, Eisen, Stahl, Kupfer und anderen unedlen Metallen. Diese Gegenstände sind in großen Mengen auf den Höfen der Fabriken und Eisenbahnbetriebe und Zechen leicht zu bekommen und werden besonders gern für wenig Geld veräußert. Der Umfang dieser Diebstähle ist trotz des geringen Wertes der Sachen im Einzelfalle sehr groß. Mit diesen Metalldiebstählen, die zu einer außerordentlichen Schädigung der industriellen Betriebe geführt haben, steht die gewohnheits- und berufsmäßige Hehlerei an gestohlenen Metallen, die ebenfalls nach juristischem Urteil als charakteristisch für das Industriemilieu anzusehen ist, in ursächlichem Zusammenhang. Daß kriminalpsychologisch neben der Aufsichtslosigkeit für diese Diebstähle eine laxe Auffassung vom Eigentumsbegriff mit herangezogen werden muß, ist selbstverständlich.

Nicht selten werden im Pubertätsalter Brandstiftungen ausgeführt. Hier kann das Heimweh die treibende Kraft werden. Diese Nostalgie macht sich, wie ich an anderer Stelle (Beiträge zur Psychologie, s. Schrifttum) ausgeführt habe, oft in so sinnloser Weise geltend, daß sich die an sich edle Heimatsliebe in dem Verbrechen der Brandstiftung Luft macht. Dieser Widerspruch zwischen Beweggrund und Tat erscheint uns nur dann verständlich, wenn wir den mißleiteten Heimatsdrang auf Störungen der Pubertät zurückführen. So zündete eine

Dienstmagd in der Pubertät die Scheune ihrer Dienstherrschaft an, um zu ihrer Mutter zurückkehren zu können. Aus nostalgischen Motiven begehen Fürsorgezöglinge eine Brandstiftung, um auf diese Weise aus der ihnen verhaßten Anstalt entweichen zu können. Bei weiblichen Pubertierenden können auch menstruelle Vorgänge mit Brandstiftungen ursächlich zusammenhängen, wenngleich die Motive keineswegs immer restlos aufgeklärt werden können.

Auch falsche Anschuldigungen und Meineide kommen in der Pubertät nicht selten vor. Ich bin jedoch der Auffassung, daß hier tatpsychologisch weniger das Pubertätsalter als solches, sondern vielmehr die Tatsache in Betracht zu ziehen ist, daß selbstverständlich auch die Psychopathen mit ihrem Mangel an Aussagetreue die Pubertät durchlaufen (s. d. Art. Psychopathie und Psychose).

Wenn Pubertierende an Gefährdung von Eisenbahntransporten sich beteiligen, so mag hier die Abenteuersucht und der Drang, von sich reden zu machen, ursächlich mit herangezogen werden.

Schließlich sei noch der Tatsache gedacht, daß bei der Entstehung krimineller Handlungen in der Pubertät krankhafte Gedankengänge von Bedeutung sind, wie sie bei der im Jugendalter auftretenden Geistestörung der Schizophrenie und deren Folgezuständen eine Rolle spielen.

Aber nicht nur die Persönlichkeitsartung und die charakteristische geistige Struktur des gesunden und kranken Pubertierenden ist kriminalpsychologisch in Rechnung zu stellen, sondern auch das Milieu, das auf die unfertigen, flexiblen Jugendlichen trotz der vorherrschenden Bedeutung der Anlage nicht selten im Sinne der Verführung eine starke flexive Kraft ausübt.

Schrifttum:

E. Spranger, Psychologie des Jugendalters, Leipzig 1924. — W. Villinger, Zur Frage der Homosexualität Jugendlicher. Mitteilungen der forensisch-psychologischen Gesellschaft zu Hamburg, Jahrg. 1928/29, Nr. 4. — H. Többen, Über jugendliche Mörder und Totschläger. Bericht über den 5. Kongreß für Heilpädagogik, München 1931. — E. Baer, Über jugendliche Mörder und Totschläger. Archiv für Kriminal-Anthropologie und Kriminalistik, Leipzig 1903, 11. Jahrgang, S. 103—170. — E. Kretschmer, Körperbau und Charakter, Berlin 1925. — A. Bjerre, Zur Psychologie des Mordes, Heidelberg 1925. — W. Stern, Grundlinien des jugendlichen Seelenbildes. In: Erziehungsprobleme der Reifezeit, Leipzig 1925. — W. Hoffmann, Psychologie der straffälligen Jugend, Leipzig 1919. — Többen, H. Gefährdung und Schutz der Jugend des Rheinisch-Westfälischen Industriebezirks. Deutsche Zeitschr. f. d. ges. gerichtl. Med., 13. Bd., 3. Heft 1929. — H. Többen, Beiträge zur Psychologie und Psychopathologie der Brandstifter, Berlin 1917.

Heinrich Többen.

Q.

Querulanten.

1. Unter Querulieren versteht man ganz allgemein eine äußere Verhaltungsweise, für die die übermäßige Verfechtung von irgend welchen — berechtigten, vor allem aber unberechtigten — Ansprüchen bezeichnend ist. Im besonderen meint man damit allerdings Rechtsansprüche, und so gilt als Charakteristikum des Querulanten, daß sich sein Vorgehen um rechtliche Dinge bewegt und aggressiv in die Rechtssphäre eindringt und eingreift; dieses Kennzeichen ist es zugleich auch, das den Querulanten speziell im Bereich des Strafrechts und der Strafrechtspflege bedeutungsvoll heraushebt.

Die Form des Querulierens, die äußere Art, wie der Rechtsstandpunkt vertreten und die Rechtsansprüche verfochten und durchgekämpft werden, variiert selbstverständlich in Qualität wie Intensität je nach den Besonderheiten der Einzelfälle; demgemäß ist auch ihre praktische Bedeutung verschieden. In jedem Falle ist aber ein Querulant ohne ein aktives nach außen gerichtetes Vorgehen nicht denkbar. Er begnügt sich in den harmloseren Fällen mit den milderen Formen bloßer rechtlicher Auseinandersetzungen, mit Eingaben unter immer erneuter Darlegung der vermeintlichen Rechtslage, mit stets wiederkehrenden Anträgen zur Realisierung des darauf aufgebauten Rechtsanspruchs. In den krasseren Fällen greift er auch zu beleidigenden Ausfälligkeiten und schriftlichen Bedrohungen gegenüber jedem, der seinem Rechtsstandpunkt und Rechtsforderungen nicht beipflichtet oder ihnen gar entgegenarbeitet. In den schwersten Fällen endlich kommt es zu einem maßlosen, rücksichtslos alle Widerstände überrennenden und selbst vor schwersten Angriffen gegen Leib und Leben nicht zurückschreckenden Treiben, das trotz seiner offenkundigen Rechtswidrigkeit vom Querulanten selbst als berechtigter Ausdruck eines Kampfes ums Recht vertreten wird. Der berühmte historische Musterfall hierfür ist Hans Kohlhase (Heinrich von Kleists Michael Kohlhaas), der nach einem vermeintlich ihm zugefügten Unrecht und nach vermeintlichem Versagen der Gerichte nun Jahre lang um 1540 herum brandschatzend, raubend und mordend sein Recht zu erkämpfen suchte. Solche Fälle schwerster Kriminalität auf dem Boden der Querulanz in Form von schweren Körperverletzungen und Totschlägen sind auch der gegenwärtigen Strafrechtspraxis nicht fremd. In der großen Masse der Fälle beschränkt sich freilich die Kriminalität der Querulanten auf Beleidigungen, Verleumdungen, Falschbeschuldigungen u. dgl., die aus nahe liegenden Gründen vorwiegend gegen die Funktionäre des Rechts gerichtet sind.

Psychologisch läßt sich die Entwicklung zum Querulanten meist eindeutig ableiten und verfolgen. Den Anstoß zum Querulieren pflegt der ungünstige Ausgang irgend eines Prozesses: eines privatrechtlichen Streites, eines Rentenverfahrens, die Ablehnung irgendwelcher Forderungen an Versicherungsämter, Wohlfahrtsämter (in der letzten Zeit auch Wohnungsämter) und schließlich nicht zum wenigsten auch der ungünstige Ablauf eines Strafverfahrens abzugeben. Charakteristischen Querulanten begegnet man daher u. a. unter Untersuchungs- und Strafgefangenen, unter Unterstützungsempfängern, unter Renten- und Unfallneurotikern, kurz überall da, wo die Bedingungen für einen Rechtskonflikt besonders günstig sind. Die im Anschluß an diesen Konflikt erlittene Rechtskränkung erweckt das Gefühl verletzten Rechtsempfindens und die Überzeugung erlittenen Unrechts, und diese seelischen Triebkräfte mobilisieren dann die querulatorische Erregung, den Rechtskampf des Querulanten, der um eben jenes vermeintliche Unrecht sich bewegt.

Natürlich gehört das Querulieren an sich, die affektvolle Verfechtung des eigenen Rechtsstandpunkts und die ebenso affektvolle Abwehr vermeintlichen Unrechts zu den natürlichen Reaktionen eines jeden Menschen und zumal des Kulturmenschen, dem eine verfeinerte Empfindlichkeit gegenüber jeder Verletzung hoher ethischer und sozialethischer Normen eigen ist. Doch weisen gewisse Auffälligkeiten in der Entstehung des Querulierens und im Verhalten des Querulanten, die besonders prägnant gerade in den charakteristischen Fällen hervortreten: so insbesondere die Maßlosigkeit des querulatorischen Treibens, die keinerlei Hemmungen mehr kennt, die Sinnlosigkeit des Vorgehens, das im krassen Mißverhältnis zu dem äußeren Anlaß steht, und das letzten Endes nicht sowohl (oder nicht nur) den vermeintlichen Urheber der Rechtsschädigung trifft, sondern auch den Querulanten selbst materiell, sozial und selbst gesundheitlich aufs schwerste schädigt: schon diese Auffälligkeiten, sage ich, weisen darauf hin, daß die an sich fließende Grenze gegenüber dem Pathologischen vom Querulanten leicht und oft überschritten wird. Noch deutlicher wird dieser fließende Übergang in den zahlreichen Fällen, wo aus dem verletzten Rechtsgefühl und der Überzeugung erlittenen Unrechts sich die Neigung zu entsprechender subjektiv gefärbter und verfälschter Auffassung und Verarbeitung aller sich anschließenden Vorkommnisse entwickelt und es so auf dem Wege der wahnhaften Mißdeutung speziell der rechtlichen Maßnahmen und Entscheidungen zum Wahn der rechtlichen Beeinträchtigung: zum Querulantenwahn kommt. So geht man denn nicht zu weit mit der Anschauung, daß das Querulieren, wenn es auch an sich nicht grundsätzlich pathologischer Natur ist, in praxi doch tatsächlich vorwiegend als pathologische Äußerung, als psychopathische Reaktionsweise bewertet werden muß.

Eine wesentliche Bestätigung dafür gibt auch schon die seelische Eigenart der Personen, die vorzugsweise zu querulatorischen Reaktionen neigen. Zum Querulieren sind ganz bestimmte Charaktertypen disponiert, die vor allem gekennzeichnet sind durch persönliche Überempfindlichkeit, gesteigertes Selbstgefühl, anspruchsvolles Wesen und Neigung zur Rechthaberei, weiter durch mißtrauische Neigung und Tendenz zu unbeherrschten Affektreaktionen. Solche Wesenszüge finden sich naturgemäß mit Vorliebe auf dem Boden psychopathischer Charakterveranlagungen, daher man im Querulanten eine charakteristische soziologische Erscheinungsform bestimmter Psychopathenspielarten wiederfindet. Speziell sind es einmal die Hypomanischen, die mit ihrem gesteigerten Selbstgefühl und Geltungsbedürfnis, ihrer erhöhten Aktivität und Vielgeschäftigkeit und ihrer kampfeslustigen expansiven Grundstimmung die Vorzugsvertreter für ein querulatorisches Treiben abgeben, und auf der anderen Seite die Hysterischen, bei denen eine starke Überempfindlichkeit und vielfach übersteigerte Affektivität sowie die Neigung zur

Überbetonung des eigenen Ich und seiner Ansprüche sich in ähnlichem Sinne auswirkt. Zu erwähnen wäre noch weiter ein einseitig verbohrter, fanatischer Psychopathentyp, der Schizoide, den seine Unfähigkeit, über persönliche Verletzungen jedweder Art hinwegzukommen, mit den Kränkungen seines Rechtsgefühls fertig zu werden, in der gleichen querulatorischen Richtung vorwärts treibt. Daneben gibt es auch ein „symptomatisches" Querulieren auf dem Boden bestimmter ausgesprochener Psychosen, besonders beginnender schizophrener und paranoischer, wo die aus dem Krankheitsprozeß hervorgehenden psychischen Wesensveränderungen insbesondere das pathologische Mißtrauen, die Überempfindlichkeit usw. unter den gleichen Bedingungen wie beim Psychopathen zu querulatorischen Reaktionen führen können.

2. Die praktische Stellungnahme gegenüber dem Querulanten — die juristische wie die ärztliche — ist von vorn herein durch die Eigenart seines Wesens sowie durch die Besonderheiten seiner Reaktivität in den Grundlinien vorgezeichnet, doch sind diese Richtlinien nicht immer einfach zu verfolgen. Juristisch ist Folgendes von Belang: Die Behörden selbst werden durch die ständigen querulatorischen Schriftsätze, Eingaben und Anträge unnütz und erheblich in ihrer Tätigkeit belastet, und sie regen umgekehrt durch die Verpflichtung zu rechtlicher Stellungnahme, durch Beantwortung und sonstige Erledigung der querulatorischen Schreibereien den Querulanten immer von neuem zu weiterem querulatorischen Vorgehen an, ja sie geben eventuell durch die Art der rechtlichen Erledigung direkt den Anstoß zur Entwicklung eines Querulantenwahns und stete Nahrung für sein weiteres Fortschreiten. Wäre es möglich solche querulatorischen Eingaben einfach unerledigt zu lassen oder wenigstens die an sie geknüpften unfruchtbaren rechtlichen Auseinandersetzungen angemessen einzuschränken, so wäre damit nicht nur den Interessen der Rechtspflege gedient, sondern auch denen des Querulanten selbst, der erst zur Ruhe kommt, wenn auch von außen her keine neuen Reizquellen sich auftun und die alten nicht mehr fließen.

Auch auf ärztlicher Seite ist zu berücksichtigen, daß es vor allem gilt durch Ausschaltung der äußeren Reize dem Querulanten Beruhigung zu bringen. Der Arzt handelt daher durchaus nicht zweckmäßig, wenn er durch weitgehende Eingriffe in persönliche Rechtsgüter, insbesondere durch Entmündigung und Anstaltsinternierung dem querulatorischen Treiben entgegenzuwirken sucht. Erreicht wird vielfach das Gegenteil: eine Steigerung der querulatorischen Erregung und des Querulantenwahns. Gelegentlich kann allerdings die Androhung solcher schwerwiegender Eingriffe günstig wirken, indem sie den Querulanten zur Selbstbesinnung und Selbstzügelung anregt und damit die inneren Vorbedingungen für ein maßvolles Verhalten herbeiführt. Auch sonstige ärztliche Stellungnahmen, die Abstempelung des Querulanten vor Gericht als Geisteskranken, als geistig Minderwertigen u. dgl. können seiner querulatorischen Tendenz und insbesondere seinen wahnhaften rechtlichen Beeinträchtigungsideen neue Nahrung geben. Im übrigen ist darauf hinzuweisen, daß es nicht angeht, wie es früher öfter geschah, daß man den Querulanten und auch den mit Querulantenwahn Behafteten, summarisch und ein für allemal als unzurechnungsfähig hinstellt. Damit wird man den Tatsachen nicht gerecht, denn auch der Querulant und der Querulantenwahn sind besserungsfähig und tatsächlich sieht man oft genug bei entsprechend zweckmäßigem Vorgehen und günstigen Milieubedingungen die krankhaften Erscheinungen mehr oder weniger weit zurückgehen. Eine individuelle Behandlung des Einzelfalls durch den Arzt und insbesondere durch den Gerichtsarzt gehört daher zu den praktischen Forderungen, die im Interesse dieser in der Rechtssphäre so aufdringlich und bedenklich hervortretenden und zugleich von dieser Rechtssphäre so bedenklich bedrohten Persönlichkeitstypen zu stellen sind.

Schrifttum:

Aschaffenburg, Querulanten und Pseudoquerulanten, Münch. med. Wochenschr. 1904. — Birnbaum, Der gegenwärtige Stand der Lehre vom Querulantenwahn, Ärztl. Sachverständ.-Ztg. 1930. — Derselbe, Die psychopathischen Verbrecher, 2. Aufl., Leipzig 1926. — Frese, Der Querulant und seine Entmündigung, Jur.-Psych. Grenzfragen 1909. — Hitzig, Über den Querulantenwahnsinn, Leipzig 1895. — Kolle, Die Querulanten, Arch. f. Psych. 1931. — Raecke, Der Querulantenwahn, München 1926. — Straßmann, Rezidivierender Querulantenwahn, Vierteljahrsschr. f. gerichtl. Med. 1900.

Karl Birnbaum.

R.

Rasse.

I. Einer Zeit, die, anstatt weiterhin den Eigenheiten des einzelnen Volksgenossen äußerste Beachtung zu schenken, sich auf die Besonderheiten besonnen hat, welche das Wesen einer natürlich gewachsenen Volksgemeinschaft ausmachen und kennzeichnen, bedeutet es eine Selbstverständlichkeit, daß das Recht — in der weitesten Bedeutung des Wortes als Ausfluß der gesamten Lebensart und Lebensführung eines Volkes — einen deutlich sichtbaren Teil dieser Wesensmerkmale ausmacht und daher in seinem Inhalt und in seiner Gestaltung den Stempel völkischer Eigenart tragen muß. Diesem Ursprung des Rechts nachzugehen, die Notwendigkeit dieser natürlichen Einheit zu beweisen und die günstigen Folgen ihres Bestehens wie die verhängnisvollen ihres Fehlens im einzelnen darzutun, ist hier nicht der Ort. Im Rahmen dieses Handwörterbuches kann es sich nur umgekehrt darum handeln, zu erörtern, ob und inwieweit der Einzelne als Teil einer bestimmten Menschengruppe Wesenszüge besitzt, infolge deren er sich dem Rechte, unter dem er lebt, mehr oder weniger erfolgreich einzuordnen und anzupassen vermag. Mit anderen Worten: es gilt vorwiegend, die Zugehörigkeit zu einer bestimmten Rasse oder Rassenmischung als kriminalaetiologischen Faktor zu betrachten und die sich daraus ergebenden Folgerungen zu ziehen.

Die kriminalbiologische Betrachtungsweise der Täterpersönlichkeit (vgl. d. Art. Persönlichkeitsaufbau) kann ebenso wie es, wenn auch nicht mit derselben Entschiedenheit, schon die ältere Persönlichkeitsforschung (s. d. Art.) tat, keinen Zweifel darüber bestehen lassen, daß die Rassenzugehörigkeit, eben weil sie die Persönlichkeit körperlich wie seelisch entscheidend bestimmt, immer einer der wichtigsten, in der Regel, d. h. sofern keine Fälle von schwerer körperlicher oder geistiger Normabweichung oder Erkrankung vorliegen, sogar der wichtigste Faktor für das Vorhandensein oder Zustandekommen kriminogener Dispositionen einer Persönlichkeit ist. Das ist schicksalhaft zwingend für den Einzelnen und folgt aus dem Begriff Rasse, worunter wir mit Eugen Fischer nach der frühen (1900), heute noch gültigen Definition von Grosse verstehen: „eine größere Gruppe von Menschen, die durch den hereditären (erblichen) Gemeinbesitz eines bestimmten, angeborenen, körperlichen und geistigen Habitus (Verfassung) unter einander verbunden und von anderen derartigen Gruppen getrennt sind"; oder mit Hans F. K. Günther (1924) „eine Rasse stellt sich dar in einer Menschengruppe, die sich durch die ihr eignende Vereinigung leiblicher Merkmale und seelischer Eigenschaften von jeder anderen Menschengruppe unterscheidet und immer wieder nur ihresgleichen zeugt"; oder mit einer moderneren Formulierung, die vor allem dialektische Vorzüge hat: „Rasse ist eine Gruppe von ausgelesenen Erbeigenschaften" (W. Scheidt).

Ausschlaggebend ist also, daß es sich um erbliche Merkmale, und nur um solche, handelt. Dabei verschlägt es nichts, daß sich im einzelnen Falle oft schwer erkennen läßt, ob ein bestimmtes Merkmal, sei es einer Gruppe, sei es eines Individuums, erblich ist oder nicht. Jede erbliche Anlage, die sich in einer bestimmten Eigenschaft äußert, ist „dauernden modelnden Einflüssen ausgesetzt, die das Einzelindividuum von der ersten Entwicklung an treffen: das fertige Merkmal, das wir vor uns sehen und erkennen, stellt das Endergebnis von Erbanlage und jenen Einflüssen dar". Bei dem Versuch, diese beiden Faktoren von einander zu trennen, gelangt man, wiederum mit Eugen Fischer, zu folgendem Ergebnis: „Was den Rassebegriff ausmacht, was die Rassen kennzeichnet und die Zugehörigkeit eines Individuums zu einer bestimmten Rasse festlegt, sind erblich übertragene, unveräußerliche körperliche, anatomische, physiologische und psychologische Merkmale. Rasseneigenschaften sind also unveräußerlich und unablegbar. Verloren gehen können Rassenmerkmale einer Gruppe einzig und allein dadurch, daß die Träger bestimmter Einzelmerkmale innerhalb einer Rasse jeweils vor der Fortpflanzung ausgemerzt werden, mithin also nur durch außerordentlich langsame, Jahrhunderte brauchende Auslese- und Züchtungsvorgänge." Danach gehören, weil nicht verwertbar, zu den Rassenmerkmalen nicht alle diejenigen Merkmale, die durch unmittelbare Einflüsse der Umwelt bedingt sind, selbst dann nicht, wenn sie sich in gleicher Weise bei einer größeren Gruppe von Menschen finden. Hier erheben sich aber sogleich die Schwierigkeiten, in welcher Weise die „Gruppen" mehreren Einzelpersonen gegenüber begrenzt werden sollen, und welche Eigenschaften in ihren wesentlichen Bestandteilen jedenfalls als so von Umwelteinwirkungen unabhängig erkennbar bleiben, daß sie in dem verbleibenden Rest als rassenmäßig angesprochen werden können; denn Eigenschaften, die völlig unabhängig von Umwelteinwirkungen sind, gibt es sicherlich nicht.

II. Die Aufzählung von Rassenmerkmalen, welche diesen Anforderungen genügen, interessiert hier nicht. Es sollte durch die bei näherer Betrachtung der Begriffsbestimmung Rasse sich ergebende Notwendigkeit einer feineren Unterscheidung von Wechselwirkungen und damit einer stärkeren Verengerung der Wortdeutung hingeführt werden zu zwei gegensätzlichen oder sich trotz häufiger Unterscheidungen doch jedenfalls nicht deckenden Begriffen, in denen sich der Widerstreit zwischen der Konstanz der Rasseneigenschaften und der allmählich modelnden Kraft der Umwelteinwirkungen spiegelt: zu dem Gegensatz zwischen den Begriffen Rasse und Volk. „Völker sind Gruppen von Menschen mit Gemeinsamkeit nicht erblicher Kulturgüter. Wer immer ganz und von allerfrühester Jugend an einer völkischen Kultur völlig teilhaftig ist, also mit seinen Volksgenossen Sprache, Sitte, Recht, Glaube, Tradition usw. teilt, gehört zu dem betreffenden Volk, einerlei welcher Rasse er ist. Die Zugehörigkeit zu einem Volk wird also erworben und kann aufgegeben werden; sie ist niemals vererblich. — So scharf die beiden Begriffe sich als solche von einander abgrenzen lassen: die Lebenserscheinungen von Rasse und Volk sind aufs engste mit einander verknüpft, weil eben jedes Volk zumeist aus Individuen einer bestimmten Rasse oder Rassenmischung besteht und umgekehrt jedes Individuum einer Rasse oder Rassenmischung (von gewissen Ausnahmen abgesehen) zu einem Volke gehört" (Eugen Fischer).

In der mehr oder minder großen Schärfe der danach möglichen Gegensätze und in den daraus entspringenden Folgen liegt die Erklärung für die Größe und Bedeutung des Rassegedankens für die Rechtspolitik. Denn daran muß trotz vieler zur Zeit von der Wissenschaft noch ungeklärter Rätsel festgehalten werden, daß die zahlreichen zweifellos starke äußere und innere, d. h. physische und psychische Veränderungen hervorrufenden Umwelteinflüsse „doch nur äußerlich modifizieren, die eigentliche Eigenschaft aber unverändert lassen" und daß demnach „beim Menschen zwar eine Modifizierbarkeit vieler Merkmale durch äußere peristatische Faktoren besteht, daß aber neben all diesen und unter all diesen eine große Menge vererbter rassenmäßiger Merkmale sind, die die einzelnen menschlichen Gruppen — und damit die zu verschiedenen Gruppen gehörenden Einzelindividuen — deutlich von einander unterscheiden". Wie nun das Produkt einer Rassenkreuzung regelmäßig um so gespaltener, in sich uneiniger und unharmonischer ist, je verschiedener und im anthropologischen Sinne von einander entfernter die beiden Rassen sind, denen es seine Entstehung verdankt, so weist auch ein Individuum, das einem Volke angehört, dem es rassemäßig fremd ist, um so stärkere Widerstände gegen eine zivilisatorische, kulturelle, ethische und rechtsanschauliche Eingliederung und Anpassung auf, je größer die Verschiedenheit der Rassen ist, und zwar abgesehen von allen zufälligen individuellen Eigenschaften lediglich infolge des Umstandes der rassemäßigen Fremdheit.

Die sich daraus ergebenden rechtspolitischen Folgerungen liegen klar zu Tage: Rassenschutz nach außen und nach innen zwecks Hebung und Erhaltung der möglichsten Reinheit des Rassebestandes des Staates, da nur ein rassemäßig übereinstimmendes Volk Träger eines lebensfähigen Staates sein kann. Die in Verfolg dieses Gedankens sich bietenden einzelnen Schutzmaßnahmen gegen Vermischung artfremder Rassen sowie der im Innern auf Hebung der Güte der Erbmasse des Gesamtvolkes abzielende Einsatz von Hygiene und Eugenik (s. d. Art.) müssen im einzelnen hier zunächst unerörtert bleiben. Die Ziele und Maßnahmen der Kriminalpolitik können als solche eines Teiles der Rechtspolitik selbstverständlich grundsätzlich nur dieselben sein; doch unterliegen sie gewissen Einschränkungen, welche durch die besondere Natur der Strafrechtsnormen bedingt sind.

III. Die Erforschung der Verbrechensursachen hat immer unter der Verschiedenheit der Fragestellung gelitten, die danach zu treffen ist, ob es sich darum handelt, eine bestimmte Tat eines bestimmten Täters oder die „Kriminalität", d. h. die Vielheit von Verbrechen als eine soziale Erscheinung im Leben einer größeren Gemeinschaft zu erklären (vgl. F. v. Liszt: Die gesellschaftlichen Faktoren der Kriminalität. Strafrechtliche Aufsätze und Verträge, II, 439). Je nach dem eingenommenen Standpunkt verschiebt sich nämlich der Begriff und die Bedeutung der „allgemeinen" und der „individuellen", der „inneren" und der „äußeren" Ursachen des Verbrechens. Das gilt natürlich auch bei Prüfung der Rasse als Kriminalitätsfaktor, doch ist hier zu berücksichtigen, daß gerade dieser Faktor — rein gedanklich jedenfalls — in gleicher Weise den Einzelnen wie die Vielheit umfassender und wirksamer ergreift und beeindruckt als irgend einer der vielen anderen denkbaren Einflüsse. Infolge dessen macht es hier verhältnismäßig wenig aus, ob die Frage vom einen oder vom anderen Standpunkt aus gestellt wird.

Die sich nun bei der Behandlung des Problems der Kriminalaetiologie immer erhebende Streitfrage nach dem Überwiegen der inneren oder der äußeren Ursachen kann durch biologisches Denken im weitesten Umfang überwunden werden. Geht man etwa aus von einem Satz wie dem von L. F. Clauß, daß der Körper der Schauplatz der Seele sei, so eröffnen sich Möglichkeiten, eine Brücke zwischen Umwelt und Innenwelt, zwischen Materiellem und Seelischem, zwischen Naturwissenschaften und Geisteswissenschaften zu schlagen, die bislang gedanklich durch eine weite Kluft von einander getrennt schienen. Es ergibt sich dann, daß nicht eine Vielheit von Faktoren — in innere und äußere getrennt — einzeln und zum Teil gegen einander wirksam sind, sondern daß sie je nach dem Typus der Rasse von der vorhandenen Menge der „ausgelesenen Erbeigenschaften" wie in einem Filter zusammengefaßt werden, der bestimmte Einwirkungen der Umwelt bei allen annähernd Artgleichen in ähnlicher Weise passieren läßt, worauf sie bei rassisch Verbundenen sich regelmäßig auch in einer nur durch individuelle Verschiedenheiten der Konstitution und des Temperamentes bedingten ziemlich übereinstimmenden Weise äußern werden. (Die Konstitutionstypen im Sinne von Kretschmer decken sich nicht mit den Rassetypen, überkreuzen sich vielmehr. Baur-Fischer-Lenz, 3. Aufl., I, 124/5.) Es gewinnt dann der Satz, daß „nicht die vielen Menschen einer Gruppe zusammen die Rasse ‚bilden', sondern daß jeder von ihnen Rasse hat, eine, oder mehrere Teile von verschiedenen" (W. Scheidt), eine neue und besondere Bedeutung, und zwar gerade in Hinsicht auf unsere Erörterung.

Mit Rücksicht auf die demnach weitgehende innere Übereinstimmung erübrigt es sich, auf die einschlägigen Ausführungen Helmut Nicolais über rassengesetzliche Strafrechtstheorie (Rassengesetzliche Rechtslehre, S. 44) einzugehen, um so mehr, als Nicolai selbst seine Äußerung abgeschwächt und zugegeben hat, die Umwelteinflüsse doch vielleicht zu wenig beachtet zu haben („Grundsätzliches über den Zusammenhang von Rasse und Recht", Deutsches Recht 1934, S. 74/77).

Das Problem der Willensfreiheit, mit dem Nicolai in diesem Zusammenhange ringt, löst sich hinsichtlich der Strafrechtstheorie unter Annahme des auch von ihm vertretenen Determinismus durch ein gerade biologisch-rassischem Denken gemäßes Postulat des Staates: „Du kannst, denn du sollst!" Das individuelle Können wird zu einer staatsnotwendigen Fiktion. Der Täter, der den durchschnittlichen, wahrlich nicht allzu hohen Anforderungen, welche die Volksgemeinschaft um der Sicherheit ihres Bestandes willen in ethischer, kultureller und sozialer Hinsicht an ihn stellt, nicht gerecht werden kann, muß dem Gemeinwohl geopfert werden, er hat in dessen Interesse zu leiden (vgl. E. Kohlrausch: Sollen und Können als Grundlagen der strafrechtlichen Zurechnung, Festgabe für Güterbock, 1910).

So ist denn zwar nicht zu leugnen, daß unsere heutige Auffassung von Schuld und Sühne dem Schicksalhaften, dem „du leidest, weil du so bist, wie du bist" nahe kommt. Es kann nicht wunder nehmen, daß dieser Umschwung sich innerhalb der letzten 30 Jahre mit dem langsamen Vertiefen biologischen Denkens gegenüber einem oberflächlichen Verknüpfen grob materialistischer Begriffe vollzogen hat. Das Leben drückt sich in Wahrheit eben nicht in den Eigenheiten eines bestimmten Einzelwesens, sondern in gestalteten Ganzheiten aus, die jeweils mehr bedeuten als eine Anhäufung von Bruchstücken. Folgerichtig ist die Blickrichtung jetzt von der Gruppe zum Individuum eingestellt, nicht umgekehrt. Seine letzte Rechtfertigung in Hinsicht auf das Schuldproblem hat dieser Gedankengang aber erst erfahren mit der Einführung des Rassebegriffs in das Recht und insbesondere in das Staatsrecht, dessen neue Grundlage er geworden ist. Es ist selbstverständlich, daß diesem Gedanken gegenüber die „Umweltlehre" stark zurücktreten muß; es ist gewissermaßen kein Raum mehr für sie und die aus ihr gezogenen Folgerungen vorhanden.

IV. Auf dem Boden dieser grundsätzlichen Auseinandersetzung beantworten sich die anläßlich der Frage der Rassenkriminalität regelmäßig aufgeworfenen Fragen in einem anderen Sinne als bisher.

Zunächst erfahren diejenigen eine Rechtfertigung, die wie E. Rüdin, P. Näcke, H. Fehlinger, R. Weinberg, J. R. B. de Roos u. a. den Einfluß der Rasse auf die Kriminalität besonders betont haben. Dabei darf allerdings nicht übersehen werden, daß wir heute den Begriff Rasse vielfach anders, jedenfalls aber umfassender verstehen als die Gegner der Genannten. Die vorhandene Summe der „ausgelesenen Erbeigenschaften“ ist für uns heute das Primäre. Sie bildet gewissermaßen das Prisma und bestimmt den Winkel, in dem die meisten der gegen das Individuum von außen andrängenden kriminogenen Kräfte und Einflüsse gebrochen, zerlegt und zurückgeworfen werden, so daß die Frage, ob es gerade die Rasse ist, die gewisse Eigenschaften hervorbringt, oder ob nicht vielleicht das Klima, die Ernährung, größerer oder geringerer Alkoholverbrauch u. a. jetzt nebensächlich erscheint.

Ähnliches gilt für die insbesondere hinsichtlich der Kriminalität der Juden aufgeworfene Frage, ob es sich um eine Rassen- oder eine Berufskriminalität handelt. Während diese Frage früher im Gegensatz zu de Roos überwiegend (R. Wassermann, F. v. Liszt) zu Gunsten einer Berufskriminalität beantwortet ist, wird man sich heute auf den Standpunkt stellen müssen, daß schon die Berufswahl maßgebend von rassischen Eigenschaften bestimmt wird, weiter aber die durch den gewählten Beruf geschaffenen besonderen Bedingungen allerdings nicht völlig ohne Wirkung bleiben werden, am wenigsten dann, wenn der Beruf nicht im Einklang mit den Rasseneigenschaften steht, wie z. B. Industriearbeit der Juden in Holland (Diamantschleifereien) oder schwere körperliche Arbeit, wie sie von jüdischen Hafenarbeitern an einzelnen Orten des Mittelmeers geleistet wird. Ausschlaggebend aber wird nach der heutigen Auffassung doch immer sein, wie die Rasseneigenschaften auf die besonderen kriminogenen Gegebenheiten reagieren, was infolge ihres Vorhanden- und Wirksamseins daraus wird. (Vgl. auch d. Art. Religion.)

Für die kriminologischen Folgen des schon oben gestreiften Erfahrungsgrundsatzes, daß je verschiedener die gekreuzten Rassen sind, um so zerspaltener im allgemeinen das Produkt dieser Kreuzung sein wird, sind die allerdings erst in den Anfängen steckenden Untersuchungen über eine Erhöhung der Kriminalität bei Kindern aus arisch-jüdischen Mischehen (M. Marcuse) beachtlich. Auf sie sei in diesem besonderen Zusammenhang hingewiesen. Allgemein aber muß bemerkt werden, daß das mit der Frage der Rassenkreuzung meist in Verbindung gebrachte Rätsel hoher und höchster Kulturleistungen noch in keiner Weise gelöst ist. Während E. Fischer, E. Kretschmer, selbst H. St. Chamberlain (Briefwechsel mit Cosima Wagner) kulturelle Höchstleistungen vorwiegend der Mischung von einander ebenbürtigen oder jedenfalls nicht stark unterlegenen verwandten Rassen zuschreiben, wird ihnen neuerdings insbesondere von jüngeren Forschern widersprochen und dies für Reinrassige in Anspruch genommen.

Es verbietet sich außer aus Gründen des mangelnden eigenen Könnens auch aus denen des Rahmens dieses Handwörterbuches, hier auf die schwierigen Fragen der Entstehung der Rassen wie auf die ihrer Verbreitung einzugehen. Vermerkt werden muß jedoch, daß die in erster Linie interessierenden Mitteleuropäer eines einheitlichen Rassetypus entbehren. Sie sind ein Mischungs- und Mengenprodukt, das sich im Laufe der zahlreichen Wanderbewegungen und Verschiebungen der Völker über den mitteleuropäischen Raum herausbilden mußte. Das gilt im besonderen für Deutschland mit seinen weithin offenen Grenzen und mit seiner geographischen Lage als natürliches Durchzugsland. Trotz aller Fortschritte der Rassenforschung und Vererbungswissenschaft fehlt es unter diesen Umständen nicht nur im Einzelfall, sondern noch viel mehr bei Mengenerhebungen, wie sie die Statistik nötig hat, einstweilen an brauchbaren Merkmalen für eine einigermaßen sichere Annahme der Rassenzugehörigkeit. Meiner persönlichen Überzeugung bitte ich dahin Ausdruck geben zu dürfen, daß wir sie in absehbarer, ja in naher Zeit finden und besitzen werden, wenn die von Heinrich Poll und seinen Schülern eingeschlagene Methode der vergleichend daktyloskopischen Rasseforschung weiter verfolgt wird. Jetzt fehlt uns, wie gesagt, ein solches dringend erforderliches Hilfsmittel. Statistische Erhebungen über Religion und Konfession, über Staatsangehörigkeit, ja auch über den Gebrauch einer bestimmten Sprache als Muttersprache (s. die Tabellen auf S. 458) vermögen nur gewisse Wahrscheinlichkeiten zu eröffnen, nicht aber den festen Boden zu schaffen, der für eine exakte wissenschaftliche Untersuchung notwendig ist. An diesem Mangel kranken auch die zahlreichen vorliegenden Arbeiten über die Rassenkriminalität und die sie betreffenden Einzelfragen, die größtenteils mit Aufbietung einer erstaunlich scharfsinnig erdachten Methodik vorgehen, gleichwohl aber über den Kardinalpunkt der Unsicherheit des Rohmaterials natürlich nicht hinweggelangen können. Zu ihren Ergebnissen im einzelnen Stellung zu nehmen, was ohne ein Eingehen auf die angewandte Methodik nicht möglich ist, verbietet der Raum; es muß unter Vorbehalt der aus Obigem sich ergebenden allgemeinen Einschränkungen auf sie verwiesen werden. — Eine Schilderung der für die Kriminalpsychologie unter Umständen bedeutsamen seelischen Auswirkungen und Äußerungen

Die Reichsbevölkerung nach Muttersprache, Staatsangehörigkeit und Konfession.

Muttersprache	Von den Reichsinländern am 16. VI. 1925 hatten als Muttersprache angegeben	
	Deutsch und die nebenbezeichnete Sprache	nur die nebenbezeichnete Sprache
1. Deutsch	—	60 503 230
2. Polnisch	507 721	214 115
davon im Reg.-Bez. Allenstein	7 385	12 271
„ „ „ Westpreußen	5 895	5 951
in der Provinz Niederschlesien	9 779	2 240
„ „ „ Oberschlesien	384 572	157 162
im Reg.-Bez. Münster, Arnsberg, Düsseldorf	54 308	14 871
3. Masurisch	31 172	49 926
4. Wendisch	9 967	62 462
5. Tschechisch	9 983	10 795
6. Dänisch	2 289	5 222
davon in Preuß.-Schleswig-Holstein	1 881	4 254
7. Litauisch	2 860	2 751
8. Eine andere vorstehend nicht genannte Sprache	12 340	28 681

Staatsangehörigkeit	Von der Wohnbevölkerung am 16. VI. 1925 hatten nebenbezeichn. Staatsangehörigkeit
I. Reichsinländer	61 453 523
II. Reichsausländer	921 900
davon Angehörige folg. Staaten:	
Polen	259 804
Tschechoslowakei	222 512
Österreich	128 859
Niederlande	82 278
Rußland	47 173
Schweiz	42 432
And. europäische Staaten	123 137
Außereuropäische Staaten	15 696
III. Staatenlose	25 227
IV. Personen mit unermittelter Staatsangehörigkeit	9 969
I.—IV. Wohnbevölkerg.	62 410 619

Konfessionsgliederung (auszugsweise)	Zahl 1925	Prozentsatz 1925
Bayern.		
Evangelisch	2 111 886	28,6
Katholisch	4 862 233	70,0
Israelitisch	49 145	0,7
Sonstige	55 339	0,7
Württemberg.		
Evangelisch	1 721 787	66,8
Katholisch	796 598	30,9
Israelitisch	10 827	0,4
Sonstige	50 241	1,9
Hessen.		
Evangelisch	885 370	65,8
Katholisch	415 685	30,8
Israelitisch	20 401	1,5
Sonstige		
a) Sonst. Christen	8 188	0,6
b) Übrige	17 635	1,3
Schaumburg-Lippe.		
Evangelisch	47 002	97,8
Katholisch	624	1,3
Israelitisch	180	0,4
Sonstige		
a) Sonst. Christen	192	0,4
b) Übrige	48	0,1

bestimmter Rasseeigenschaften gehört in das Gebiet der Rassenpsychologie. Auch dort sind die wissenschaftlich genügend unterbauten Forschungen noch im vollen Fluß; die auf Erfahrung, z. B. bezüglich der Zigeuner, beruhenden Erkenntnisse aber sind teilweise tief in das Volk gedrungen und dort mehr oder weniger Gemeingut geworden. So unbegründet und ungerecht ein solches verallgemeinerndes Urteil im Einzelfall sein mag, so ist doch nicht zu leugnen, daß ein gut Teil praktischer Lebenskenntnis dahinter steckt.

V. Von maßgebender Stelle (RMin. Dr. Frick) ist mehrfach mit Nachdruck betont worden, daß die deutsche Rassengesetzgebung kein Urteil fällen wolle über den Wert oder Unwert anderer Völker und Rassen. Es handelt sich bei dem Vorgehen der Regierung des neuen Deutschlands nach dem Worte Adolf Hitlers um „die Äußerung des Selbsterhaltungstriebes" der deutschen Rasse zu ihrer Reinerhaltung.

Es bleiben die dem Strafrecht auf seinem beschränkten Gebiete zur Erledigung zufallenden Aufgaben zu erörtern.

Seit Urzeiten ist der Gedanke der menschlichen Auslese durch Mittel des Strafrechts zum Ausdruck gebracht und in die Wirklichkeit überführt worden. Auslese der sozial Schädlichen zu treffen und sie unschädlich zu machen, den Bestand der Gemeinschaft zu gefährden, ist der eigentliche Strafzweck. Im öffentlichen Recht primitiver Zeiten und Völker, das in seinen Äußerungen immer ein wenig der Notwehr verwandt ist, liegen diese Zusammenhänge offen zu Tage, gerieten aber später, überwuchert von Ideologieen allmählich in Vergessenheit. Erst der zweiten Hälfte des XIX. Jahrhunderts war es infolge der sich durchsetzenden Anwendung naturwissenschaftlicher Forschungsmethoden auch auf Gebiete der Geisteswissenschaft beschieden, wieder klarer zu sehen. Mit der Einsicht, daß das Strafrecht als Instrument sozialer Auslese aufgefaßt und mit den Lehren der Eugenik (s. d. Art.) in Einklang gebracht werden muß, um so auf erfolgversprechenderem Wege als bisher zur Erfüllung der vom Strafrecht verfolgten, aber in immer unzulänglicherer Weise gelösten Aufgabe einer Sicherung des Bestandes der Gemeinschaft, zu einer „Eusymbiotik", zu gelangen, ist es jedoch nicht getan. Die Schwierigkeiten erheben sich mit der Frage, wie dies geschehen soll. Daß mit einer radikalen Unschädlichmachung in allen Fällen nicht nur nichts gewonnen, vielmehr alles verloren wird, versteht sich von selbst. Das eigentliche Problem liegt eben in der Abstufung, in der „Straf"-Zumessung. Hieraus ergibt sich schon, daß mit der Bezeichnung Unschädlichmachung, unter der wir nach Sprachgebrauch gewöhnt sind, den stärksten Grad der Auslesemittel zu verstehen, nicht weiterzukommen ist; man wird sich bemühen müssen, das Wort Auslese in einem weiteren Sinne als bisher zu begreifen und folgerichtig eine „Auslese" auch darin zu erblicken, wenn es gelingt, durch Vollzug einer kürzeren Freiheitsstrafe, ja auch nur durch ihre Androhung, oder durch Verhängung oder Androhung von Geldstrafen den nachhaltigen Erfolg einer Abschreckung von weiteren Straftaten zu erzielen. Auf dem Herrschaftsgebiet des Strafrechts ist für die Gemeinschaft damit dasselbe erreicht wie mit der in einer Verurteilung zu lebenslänglichem Zuchthaus liegenden Unschädlichmachung im eigentlichen Sinne des Wortes.

Wie weit man nun in der Abstufung der Auslesemittel gehen will, ist eine reine Zweckmäßigkeitsfrage. R. Garofalo (Criminologie, S. 279) rechnet auch eine élimination partielle dazu, worunter nicht nur eine Deportation und damit eine, wenigstens zeitweilige, völlige Unschädlichmachung verstanden zu werden braucht, sondern auch die ganze Stufenleiter etwa unserer Nebenstrafen und verwandter Maßnahmen, wie Unfähigkeit zur Bekleidung öffentlicher Ämter, Verlust des Wahlrechts, polizeiliche Versagung eines Gewerbebetriebs, Polizeiaufsicht begriffen werden kann. Daß schließlich die durch das Gesetz gegen gefährliche Gewohnheitsverbrecher usw. vom 24. XI. 1933 (RGBl. I, 995) endlich eingeführten Maßregeln der Sicherung und Besserung echte Auslesemaßnahmen sind, und zwar aller Grade von der Unschädlichmachung durch Sicherungsverwahrung bis zur Untersagung der Berufsausübung, bedarf keiner Erörterung. Zu dem Auslesegedanken, wie er jenseits des Gebiets des Strafrechts durch das Gesetz zur Verhütung erbkranken Nachwuchses vom 14. VII. 1933 (RGBl. I, 529) vertreten wird, bestehen auch für den Strafrichter mancherlei Verbindungsmöglichkeiten, so daß der Kampf zur Erringung des auf dem Rasse- und Vererbungsgedanken beruhenden Ziels, die Volksgemeinschaft durch Schaffung eines gesellschaftserhaltenden, gemeinschaftswilligen und gemeinschaftsfähigen Typus Mensch zu sichern, durch das neue Recht auf breitester Basis in Angriff genommen worden ist. — Angesichts dieser praktisch wichtigsten Maßnahmen ist es verhältnismäßig belanglos, ob man zu ihnen noch Bestimmungen wie strafrechtliche Verbote von Geschlechtsverbindungen, einschränkende Heiratsgesetze, Verhinderung der Einwanderung und Ausweisung Fremdrassiger hinzufügt. Daß neben diesem vorwiegend mit den Mitteln strafrechtlicher Sanktionen geführten Kampfe aber auch der um eine allgemeine Verbesserung der Umweltslage einhergehen muß und einhergeht, darf nicht vergessen werden. So, aus der erst durch rassisch-biologisches Denken ermöglichten engsten Verbindung anstatt eines Neben- oder Gegeneinander der Maßnahmen zur Bekämpfung der „inneren" und „äußeren" Verbrechensursachen heraus verstanden gewinnt der Satz erst wahren Sinn, daß die beste Kriminalpolitik eine gute Sozialpolitik ist.

Schrifttum:

I. Werke über Rassen-, Volks- und Vererbungskunde: Atlas der deutschen Volkskunde (erst im Entstehen). — Baur-Fischer-Lenz, Menschliche Erblichkeitslehre und Rassenhygiene, 2 Bde, 3. Aufl., München 1927 u. 1930. — C. G. Carus, Über die ungleiche Befähigung der verschiedenen Menschheitsstämme für höhere geistige Entwicklung, Leipzig 1849. — L. F. Clauß, Rasse und Seele, 3. Aufl., München 1933. — J. Deniker, Les races et les peuples de la terre, 2. éd., Paris 1926. — H. G. Duncan, Race and population problems, London 1929. — E. v. Eickstedt, Rassenkunde und Rassengeschichte der Menschheit, Stuttgart 1934. Dazu die Besprechung von H. Nicolai, RVerwBl. 55, 278. — E. Fischer, Rasse und Rassenentstehung beim Menschen, Berlin o. J. — Th. Fritsch, Handbuch der Judenfrage, Leipzig. — J. A. Gobineau, Versuch über die Ungleichheit der Menschenrassen, deutsch von L. Schemann, Stuttgart 1908—22. — H. F. K. Günther, Rassenkunde des deutschen Volkes, München 1933. — Derselbe, Rassenkunde Europas, 3. Aufl., München 1929. — Derselbe, Rassenkunde des deutschen Volkes, München 1933. — H. Kirchmair, Daktylographische Rassenmerkmale im Ambimanuar (Aus dem anatomischen Institut der Univ. Hamburg, Direktor Prof. Dr. Heinrich Poll), Zeitschr. f. Morphol. u. Anthropol., 32, 50. — Rasse und Geist. Vier Vorträge von Götz, Kretzchmer, Peters u. Weidenreich, Leipzig 1932. — F. Merkenschlager, Rassensonderung, Rassenmischung, Rassenumwandlung, Berlin 1933. — O. Maull, Deutschland, 3. Aufl., Leipzig 1933. — W. Paßler, Deutsche Volkstumsgeographie, Braunschweig, Berlin, Hamburg 1931. — W. Z. Ripley, Races of Europe. Sociological study, London 1900. — J. J. Rousseau, Essai sur l'inégalité des hommes, 1753. — O. Rutz, Grundlagen einer psychologischen Rassenkunde, Tübingen 1934. — W. Scheidt, Allgemeine Rassenkunde, München 1925. — Derselbe, Rassenforschung, Leipzig 1927. — L. Schemann, Studien zur Geschichte des Rassengedankens, 3 Bde, München 1927—31. — Sprachenatlas der Grenzgebiete des deutschen Reiches nach den Ergebnissen der Volkszählung von 1925. Bearbeitet vom Pr. Stat. Landesamt, herausgegeben von der Reichsstelle für Heimatdienst, Berlin 1929. — M. Staemmler, Rassenpflege im völkischen Staat, 2. Aufl., München 1933. — E. Vatter, Die Rassen und Völker der Erde, Leipzig 1927. — E. Vögelin, Rasse und Staat, Tübingen 1933, dazu Kritik von N. Gürke, RVerwBl 54, 781. — O. Weise, Die deutschen Volksstämme und Landschaften, 5. Aufl., Leipzig 1917. — W. Winkler, Statistisches Handbuch des gesamten Deutschtums, Berlin 1927. — F. Wrede, Deutscher Sprachatlas, Marburg seit 1926.

Zeitschriften: Verwiesen sei vor allem auf die zahlreichen einschlägigen Aufsätze in dem jetzt im 28. Jahrgang erscheinenden Archiv für Rassen- und Gesellschaftsbiologie, J. F. Lehmanns Verlag, München; ferner auf die im selben Verlage herausgegebene Illustrierte Monatsschrift für deutsches Volkstum „Volk und Rasse". Ferner sei auf die von E. Fischer herausgegebene Bücherreihe „Deutsche Rassenkunde", G. Fischers Verlag, Jena, aufmerksam gemacht.

II. Werke, welche die Rassenkriminalität im besonderen betreffen: G. Aschaffenburg, Das Verbrechen, 3. Aufl., Heidelberg 1923. — Blau, Die Kriminalität der deutschen Juden, Berlin 1906.— G. H. A. Feber, de criminaliteit der Katholicken in Nederland, Roermond-Maaseik 1933. — H. Fehlinger, Kriminalität in den Vereinigten Staaten, Groß' Arch. 24, 112. — Derselbe, Die Mendel'schen Vererbungsgesetze und ihre Bedeutung für die Kriminalistik, Groß' Arch. 61, 180. — Frick, Die Rassenfrage in der deutschen Gesetzgebung, DJZ. 1934, S. 1. — J. Fromer, Das Wesen des Judentums, Berlin 1905. — A. Gercke, Das Lebensrecht der biologischen Gemeinschaft, Deutsches Recht 1934, S. 308. — M. H. Göring, Kriminalpsychologie, München o. J. — E. Hacker, Kriminalität und Einwanderung, Mschr. f. Krimpsych. 20, 695. — O. Hartmann, Über die hereditären Verhältnisse bei Verbrechern, Mschr. f. Krimpsychol. 1, 493. — A. Hellwig, Zur Kriminalität und Charakteristik der Zigeuner, Groß' Arch. 58, 1. — H. v. Hentig, Strafrecht und Auslese, Berlin 1914. — H. Herz, Verbrechen und Verbrechertum in Österreich, Tübingen 1908. — H. Hoppe, Kriminalität der Juden und Alkohol, Ztschr. f. Demographie und Statistik 3, 38. — Jörger, Die Familie Zero, Arch. f. Rassen- und Gesellschaftsbiologie 2, 494. — Derselbe, Die Familie Markus, Ztschr. f. d. ges. Neur. u. Psychiatrie 43, 76. — Kleemann, Verbrecherfamilien, Groß' Arch. 48, 74. — P. Kovalevsky, Psychopathologie légale, Paris 1903. — H. Kurella, Naturgeschichte des Verbrechers, Stuttgart 1893. — F. v. Liszt, Das Problem der Kriminalität der Juden, Gießener Festschrift 1907, S. 369. — M. Marcuse, Erhöhte Kriminalität der Kinder aus christlich-jüdischen Ehen? Groß' Arch. 55, 374. — E. Mezger, Kriminalpolitik, Stuttgart 1934. — O. Mönkemöller, Eine Vagabundenfamilie, Mschr. f. Krimpsychol. 4, 529. — Derselbe, Statistische Beiträge zur Naturgeschichte der Korrigenden, Groß' Arch. 30, 297. — P. Näcke, Über Rassenmischung, Groß' Arch. 16, 339. — Derselbe, Rasse und Verbrechen, Groß' Arch. 25, 64. — H. Nicolai, Rasse und Recht, Berlin 1933. — Derselbe, Die rassengesetzliche Rechtslehre. Grundzüge einer nationalsozialistischen Rechtsphilosophie, 3. Aufl., München 1934. — E. Ristow, Kriminalität der Roheitsdelikte. (Strafrechtl. Abhandlungen Heft 314), Breslau 1933. — N. Rodriguez, Mettissage, dégénerescence et crime, Arch. d'anthropol. crim. 14, 477. — E. Roesner, Auslieferungsstatistik, Ztschr. f. g. Strw. 53, 532. — J. R. B. de Roos, Über die Kriminalität der Juden, Mschr. f. Krimpsych. 6, 193. — H. Rosenfeld, Die Frage des Zusammenhanges zwischen Rasse und Verbrechen, Deutsche med. Wochenschr. 1912, S. 124. — W. Schallmeyer, Vererbung und Auslese in ihrer soziologischen und politischen Bedeutung, Jena 1910. — Th. Sellin, The Negro Criminal. A Statistical Note. The Annals of American Academy of Political and Social Science 1928.— R. Sommer, Familienforschung und Vererbungslehre, Leipzig 1907. — G. Stier, Das Recht als Kampfordnung der Rasse, Berlin 1934. — R. Wassermann, Beruf, Konfession und Verbrechen (Statist. und nationalök. Abhandlungen Heft 2, München). — Derselbe, Kriminalität der Juden in Deutschland in den letzten 25 Jahren, Mschr. f. Krimpsychol. 6, 609. — Derselbe, Ist die Kriminalität der Juden Rassenkriminalität? Ztschr. f. Demographie und Statistik 7, 36. — R. Weinberg, Psychische Degeneration, Kriminalität und Rasse, Mschr. f. Krimpsychol. 2, 720. — H. Zangger, Kriminalität der Juden in Amsterdam, Ztschr. f. Demographie und Statistik 3, 190. — Von Artikeln des HdK. sind zu vergleichen Charakterologie, Persönlichkeitsaufbau, Persönlichkeitsforschung, Eugenik, Entartung, Kriminalbiologie, Kastration, Sterilisation, Religion.

Max Hagemann.

Raub.

I. 1. Wenn auch das in seiner Ausführungshandlung so besonders primitive Verbrechen des Raubes sicherlich eine der ältesten Formen des Rechtsbruchs darstellt, so ist doch die juristische Gestaltung des Tatbestandes nicht unerheblichen Wandelungen unterworfen gewesen. Ob man mit v. Liszt-Schmidt sagen kann, der Raub als selbständiger Verbrechensbegriff sei deutschrechtlichen Ursprungs, ist nicht ganz zweifelsfrei. Zutreffend ist, daß im älteren römischen Recht der Raub als eine Art qualifizierten Diebstahls galt, doch wurde später die offene Gewaltanwendung als das Wesentliche des „crimen extraordinarium" der latrones keineswegs verkannt. Auch im älteren deutschen Recht bedeutet Raub im weiteren Sinne jede Anmaßung, die auch in der Wegnahme eines Grundstücks liegen kann, jede Gebrauchsanmaßung, auch an eigener Sache, z. B. Pfandbruch, aber auch sein Gegenteil, die unbefugte Pfändung. Die Anwendung von Gewalt gehört im deutschen Recht ursprünglich nicht zum Begriff des Raubes, doch entwickelte sich wohl aus der immer erforderten Voraussetzung, daß die Anmaßung im Gegensatz zu dem Willen des Gegners erfolge, allmählich eine Verengerung des Handlungsbegriffes. Ausgesprochen deutsch ist nun, daß hierbei das zum Durchbruch gelangte, was wir heute etwa als den Gefährdungsgedanken bezeichnen würden: die Bewertung der Handlungsweise als Ausdruck des verbrecherischen Willens des Täters. Deutsch ist auch, daß die Gefährlichkeit und damit die Strafwürdigkeit dieses sich betätigenden Willens gemessen wurde an dem höchsten Gute der Volksgemeinschaft, an seinem Rechtsfrieden und an der Schwere seiner Störung. Hiermit kreuzt sich allerdings ein anderer Gedanke des ältesten deutschen Rechtes, nämlich der, daß es dem Raube an dem dem Diebstahl eigenen Merkmal der Heimlichkeit fehlt, der Raub daher nicht zu den Neidlingswerken gehört, und daher gegenüber dem Diebstahl vielfach als das leichtere Vergehen angesehen wird, weil er nicht niedriger, gemeiner Gesinnung entsprungen ist. — Stand der Tatbestand des Raubes als die offene gewaltsame Wegnahme einer Sache wohl schon früher fest, so setzte sich doch erst im mittelalterlich-deutschen Recht mit dem Erstarken der Reichszentralgewalt die Anschauung durch, daß von der Rechtsordnung die Gewalt schwerer gewertet werden müsse als die moralisch vielleicht verwerflichere Heimlichkeit. Trotz verschiedener Schwankungen, insbesondere in den Gesetzgebungen der Länder, ist dem gemeinen in Deutschland gültigen peinlichen Rechte Raub die Entwendung durch Gewalttätigkeit an der Person des Besitzers der Sache.

2. Nach geltendem Reichsrechte ist zwar der Raub vom Diebstahl begrifflich scharf unterschieden, es erheben sich jedoch Schwierigkeiten bei der Abgrenzung gegenüber der Erpressung.

a) Raub und Diebstahl haben den im § 242 StGB. formulierten Grundtatbestand gemeinsam. Es tritt jedoch als weiteres Merkmal hinzu die Nötigung in der Form der Anwendung von Gewalt oder von Drohung mit gegenwärtiger Gefahr für Leib oder Leben, und zwar als Mittel zur Wegnahme. Aus der Zusammenfassung dieser Merkmale wird der selbständige Tatbestand des Raubes, in dem die Tatbestandsmerkmale der beiden genannten Delikte aufgehen (RGSt. 6, 243). Demnach wendet sich der Raub sowohl gegen das Rechtsgut der persönlichen Freiheit (infolge des in ihm steckenden Nötigungselementes) als auch gegen das des Vermögens (infolge des in ihm steckenden Wegnahme- = Diebstahlselementes). Daraus folgt: Die bei den Diebstahlsdelikten stattfindenden Unterscheidungen zwischen einfachen (§ 242 StGB.), qualifizierten (§§ 243, 244 StGB.) und privilegierten (§§ 247, 248a, 370 Ziff. 5 StGB., ferner Holz-, Forst- und Felddiebstähle) Formen bleiben hinsichtlich der Begehung des Verbrechens des Raubes unberücksichtigt, sie sind alle in gleicher Weise geeignet, der Voraussetzung des Vorhandenseins des Diebstahlselementes im Raubtatbestande zu genügen. Andererseits aber vermögen sie eben wegen ihres Aufgehens in dem Tatbestand eines selbständigen Delikts nicht mehr, ihre Straferschwerung oder Sonderrecht schaffende Eigenart zur Wirkung zu bringen, so daß folgerichtig Idealkonkurrenz zwischen Raub und jeder Art Diebstahl ausgeschlossen sein muß. (Nicht unbestritten; vgl. RGSt. 60, 380.) — Zur Erfüllung des Diebstahlstatbestandes gehört aber auch als Teil-Tatbestand des Raubes die Wegnahme der Sache. Das setzt voraus, daß der Gewahrsamsinhaber lebt, denn eine nach seinem Tode vollzogene Zueignung ist nicht mehr eine Wegnahme, sondern stellt sich als eine Unterschlagung dar. (Über den sog. Raubmord, der kein juristischer Begriff ist, s. unter I, 3).

b) Als Verbrechen gegen die persönliche Freiheit erfordert der Raub die Anwendung von Gewalt gegen die Person oder von Drohungen mit gegenwärtiger Gefahr für Leib oder Leben. Die Gewalt, d. h. die unter Anwendung körperlicher Kräfte erfolgende Einwirkung auf einen Anderen zur Beseitigung eines tatsächlich geleisteten oder bestimmt erwarteten Widerstandes (RGSt. 64, 115), muß sich gegen eine Person richten. Das wird bei einer unmittelbar gegen Sachen gerichteten Gewalt nur dann angenommen, wenn die Person physisch davon betroffen wird, z. B. Aufdrücken einer zugehaltenen Tür; Anhalten eines Wagens (RGSt. 20, 356). Die Gewalt braucht nicht notwendig gegen den Inhaber der Sache gerichtet zu sein, muß aber immerhin eine Person treffen, welche den Gewahrsam der wegzunehmenden Sache schützt, schützen will, oder zu schützen verpflichtet ist (RGSt. 17, 83). — Wenn auch unter Umständen gegen einen Schlafenden Gewalt verübt werden kann (RGSt. 67, 186), so ist doch das Hilflosmachen durch Einschläfern (Hypnose) oder durch Beibringen von Betäubungsmitteln wider Willen nicht Gewaltausübung, es sei denn, daß die Beibringung gewaltsam erfolgt (RGSt. 56, 87; 58, 98). — Die nicht unwidersprochen gebliebene herrschende Lehre verneint das Vorliegen einer gegen eine Person gerichteten Gewalt, wenn dieser unvermutet Gegenstände vom Körper gerissen werden — der häufige Fall des Handtaschendiebstahls —, weil in derartigen Fällen weder die Freiheit der Willensentschließung noch die der Willensbetätigung des Trägers in Frage gestellt, geschweige denn aufgehoben ist; vielmehr hat schon vorher die gegen die Sache gerichtete Gewaltanwendung ihre Beendigung gefunden. — Der Begriff der Drohung mit gegenwärtiger Gefahr für Leib und Leben ist in § 249 StGB. derselbe wie im § 52 StGB. Doch sagt das Gesetz nicht, gegen wen sich die Drohung noch gegen wen sich das angedrohte Übel richten muß. Aus der erforderten Gegenwärtigkeit der Gefahr ist jedoch zu schließen, daß nicht nur der Gewahrsamsinhaber, sondern auch die im Augenblick zum Schutze Bereiten oder Verpflichteten gemeint sind (RGSt. 56, 23). Ankündigungsempfänger braucht nicht auch der Bedrohte zu sein; erforderlich ist aber, daß auch für ihn das angekündigte Verhalten ein Übel darstellt.

c) Die Verknüpfung der beiden Tatbestands-Elemente: Freiheitsbeschränkung und Vermögensbeschädigung erfolgt dadurch, daß der Täter sich oder einem seiner Mittäter durch das Mittel der Freiheitsbeschränkung die Wegnahme der Sache ermöglicht. Daraus folgt: Wenn erst nach der Wegnahme Gewalt oder Drohung angewendet wird, so liegt nicht Raub vor, wohl aber unter Umständen der Tatbestand des § 252 StGB., d. h. ein Diebstahl, dessen Täter wie ein Räuber bestraft wird („räuberischer Diebstahl"); wird erst nach erfolgter Gewaltanwendung oder Bedrohung der Entschluß zur Wegnahme einer beweglichen Sache gefaßt, so liegt kein Raub vor. — Zwischen der Freiheitsbeschränkung und Vermögensbeschädigung muß ein „Verhältnis zeitlicher Nähe" (Frank § 249 Anm. IV) bestehen; mit anderen Worten: wenn die Nötigung nicht das Mittel zur Wegnahme selbst ist, sondern z. B. zur Angabe des Verstecks, zur Hergabe des Schlüssels, dann aber die Wegnahme ohne Gewaltausübung erfolgt, so liegt kein Raub vor. Diese vom Gesetz erforderte Einheitlichkeit der Handlung muß aus dem Wortlaut „Wegnahme mit Gewalt" gefolgert werden.

3. Während Idealkonkurrenz mit Diebstahl aus den entwickelten Gründen nicht vorliegen kann, ist dies möglich bezüglich der Körperverletzung, und zwar bei Tötung zwecks Beraubung, wenn die Wegnahme durch Gewalt erfolgt und bei letzterer der

Vorsatz auf Tötung gerichtet war = Idealkonkurrenz zwischen §§ 211 bzw. 212 und 249 StGB. Das gilt insbesondere auch dann, wenn die Wegnahme erfolgt, bevor der Tod eingetreten ist, also noch während der Gewahrsamsinnehabung des Vergewaltigten (RGSt. 33, 317). Tritt der Tod infolge der Gewaltanwendung vorher ein, so liegt versuchter Raub mit Todesfolge (§ 251 StGB.) und nachfolgende Unterschlagung vor (RGSt. 44, 223). Sollte jedoch die Tötung die Erlangung der Beute nur vorbereiten, so handelt es sich um Realkonkurrenz zwischen §§ 211 und 246 StGB. (RGBl. 56, 23; 58, 228; 59, 273; 60, 51 vgl. auch oben).

Diese gedanklichen Trennungen sind notwendig, um die Absicht des Gesetzgebers scharf zu erfassen und dementsprechend im Sinne des Gesetzes verfahren zu können. Man muß sich aber darüber klar sein, daß in der Praxis meist nur aus der Gesamtsachlage auf die Einzelheiten des objektiven wie des subjektiven Tatbestandes geschlossen werden kann.

4. Schwierigkeiten erwachsen in der Praxis insbesondere auch aus der Abgrenzung des Raubes zur Erpressung. Beide haben gemeinsam die die Entschließungsfreiheit des Angegriffenen beeinträchtigenden Mittel: Gewalt oder Drohung, unterscheiden sich aber außer durch die Verschiedenheit der Schwere der erforderten Drohung durch das angegriffene Rechtsgut.

Im gemeinen Recht war die Erpressung ein sich nicht nur gegen die persönliche Freiheit, sondern auch gegen das Vermögen wendendes Delikt (Nötigung) (siehe Frank, Vergleichende Darstellung des deutschen und ausländischen Strafrechts, Besonderer Teil S. 5ff.). Das geltende Reichsrecht weicht in § 253 StGB. davon jedoch insofern ab, als es die Vollendung des Delikts schon mit der Nötigung eintreten läßt. Gleichwohl bleibt die Erpressung aus Gründen des subjektiven Tatbestandes auch jetzt Vermögens- und Bereicherungsdelikt. Es wird Frank darin beizupflichten sein, daß über der nicht zu leugnenden Beeinträchtigung des Persönlichkeitsrechts doch die „allein der historischen Entwicklung entsprechende Richtung der Erpressung gegen das Vermögen nicht übersehen werden darf". Bei der im einzelnen nicht völlig klaren gesetzlichen Abgrenzung ist jedenfalls einleuchtend, daß gerade „als Vermögensdelikt die Erpressung eine sonst bestehende Lücke ausfüllt. Denn da das StGB. nur einen Sachraub kennt, so bedarf es eines besonderen Delikts für die Fälle, in denen jemand durch Freiheitsbeschränkung an anderen Vermögensstücken als an Sachen geschädigt wird. Dieses Ergänzungsdelikt ist die Erpressung. Das StGB. kennt aber nicht nur die Vermögenserpressung, sondern auch die Sacherpressung, und zwar namentlich deshalb, weil der Zwang zur Herausgabe von Sachen weder Diebstahl noch Raub ist", sondern — und hier wird, unter Abänderung der sonst erforderten Mittel, das Kompromiß geschlossen zwischen dem Widerstreit der beiden Sätze (Antinomie), daß „der Räuber wegnimmt, der Erpresser aber sich geben läßt" — räuberische Erpressung (§ 255 StGB.). Da dieses Delikt rückfallsbegründend im Sinne der §§ 244, 250 Ziff. 5, 261 StGB. ist und ferner eine die Anwendung des § 258 Ziff. 2 StGB. ermögliche Tat darstellt, so ist im praktischen Ergebnis die Unterscheidung zwischen Raub und räuberischer Erpressung ausgeglichen.

5. Es erübrigt sich in dieser Darstellung, die nur die grundsätzlichen der gesetzlichen Regelung innewohnenden Gedanken herausarbeiten will, auf Einzelheiten der kasuistischen Bestimmungen über das Vorliegen von „schwerem Raub" (§ 250 StGB.), auf die Strafschärfung bei „Raub mit Marterung" (§ 251 StGB.) sowie überhaupt auf die ausgeworfenen Strafandrohungen (s. auch § 256 StGB.) einzugehen.

II. 1. Der Raub ist sicherlich eins der ungeistigsten Verbrechen. Körperkraft, Roheit, Rücksichtslosigkeit: mehr ist im allgemeinen zum Gelingen nicht erforderlich. Eine besondere Vorbereitung ist bei einigermaßen günstigen natürlichen Verhältnissen kaum nötig, stellt aber auch unter erschwerten Umständen keine sonderlichen Anforderungen an die Phantasie oder an die Fähigkeit zum Nachdenken. Etwas Verschlagenheit, Stumpfheit und Geduld im Abwarten einer sich von selbst bietenden Gelegenheit reichen auch in schwierigeren Fällen meist aus. Der Raub stellt also recht eigentlich eine der atavistischen Kriminalitätsformen im Sinne von Lombrosos geborenem Verbrecher dar, die sich zumeist in Gewalttätigkeiten unter brutaler Ausnutzung einer sich bietenden günstigen Gelegenheit äußern. Die fortschreitende Zivilisation, gefestigte staatliche Verhältnisse, verbesserte polizeiliche Methoden, insbesondere des Fahndungsdienstes, politische Erziehung und Aufklärung des Publikums sind geeignet, die gekennzeichneten primitiven Kriminalitätsformen immer mehr zurückzudrängen, sei es, daß es gelingt, durch Verhinderung von Gelegenheiten der Verübung solcher Verbrechen vorzubeugen, sei es, daß eine erfolgreiche Strafverfolgung abschreckt und insbesondere rückfällige und vermutlich weiteren Rückfällen in Zukunft unterliegende Täter auf längere Zeit unschädlich macht. Die Entwicklung vom primitiven Gewaltdelikt zu einem sich zur Erreichung desselben Zieles zivilisierterer, weniger auffälliger, weil undurchsichtigerer Mittel bedienenden Vorgehen ist unverkennbar. Anpassung der Kriminalität an die verfeinerten Lebensformen! Diejenigen Kriminellen, die nicht fähig sind, dieser Entwicklung zu folgen, bleiben auf der Stufe des „atavistischen geborenen Verbrechers" zurück. Sie vermögen sich aus demselben Grunde einer meist auf geistiger Schwäche beruhenden mangelnden sozialen Angleichungsfähigkeit auch weniger gegen die Schwankungen der Wirtschaftslage zu schützen, und sie werden daher von Wirtschaftsdruck und Wirtschaftskrisen an erster Stelle getroffen. Sie suchen dann dem auf ihnen lastenden Druck dadurch auszuweichen, daß sie die ihnen für den Lebenskampf zur Verfügung stehenden Kräfte gemäß ihrer asozialen Gesinnung, oder doch unter Überwindung der bei ihrer geringen sozialen Einsicht sowieso nicht allzu schweren Skrupeln gebrauchen, d. h. daß sie kriminell werden und sich mit Gewalt nehmen, was sie zu ihrem Unterhalt gerade zu bedürfen glauben. Sofern es sich daher, wie beim Raub, um Eigentumsverbrechen handelt, besteht zwischen der jeweiligen Wirtschaftslage und den Taten dieser primitiven Verbrecher ein unmittelbarer, in der Kriminalstatistik deutlich zum Ausdruck kommender Zusammenhang (vgl. die Tabellen A u. B).

2. Dieser enge Zusammenhang zwischen

A. Aburteilungen:

Raub und räuberische Erpressung, auch im Rückfall §§ 249, 250 Nr. 1—5, 251, 252, 255 StGB.

Jahr	Angeklagte und Abgeurteilte insgesamt	Davon						
		Freigesprochene	Verurteilte					
			insgesamt	darunter				
				weiblich	Jugendliche insgesamt	Jugendliche weiblich	Vorbestrafte	Ausländer
1909	770	95	675	12	128	3	462	43
1910	813	118	695	18	146	9	435	59
1911	768	106	662	24	139	9	402	67
1912	782	87	695	15	132	6	444	56
1913	832	76	754	18	136	5	464	54
1919	1125	147	972	29	135	6	372	26
1920	1529	202	1327	27	162	6	555	58
1921	2107	316	1789	57	223	9	840	64
1922	1750	232	1517	46	157	1	719	68
1923	1230	221	999	23	81	2	492	50
1924	1367	210	1155	25	83	2	584	22
1925	1065	199	864	20	56	—	487	13
1926	989	175	811	33	52	2	525	20
1927	856	145	707	13	43	—	472	22
1928	859	175	683	24	64	1	436	11
1929	963	148	811	21	75	—	541	18
1930	1217	188	1028	19	100	1	670	27
1931	1395	188	1197	28	86	3	742	10
1932	1697	224	1471	28	105	—	923	26

Raub und Wirtschaftsnot, die immer auch Volksnot ist, erklärt, insbesondere wenn man sich die natürliche Disposition des geistig primitiven, leicht beeinflußbaren und für Augenblickserregungen empfänglichen Masse-Menschen, wie ihn z. B. der Großstadt-Mob bildet, für Raub und raubähnliche Verbrechen vergegenwärtigt, weshalb von der von gewissenlosen Demagogen betriebenen Hetzpolitik in fast allen politisch erregten Epochen Verbindungsfäden zur Raubkriminalität der Zeit hinüberführen, manchmal fast unsichtbar und im Dunkel, manchmal dagegen ganz offen zu Tage liegend und ausdrücklich betont, weil durch ein Schlagwort scheinbar idealistischer Prägung die wahre Natur der vorsätzlich geweckten verbrecherischen Instinkte verhüllt, dadurch aber die kritiklose Menge um so sicherer verführt werden kann. Mögen im Wandel der Zeiten die Schlagworte und die soziale Schichtung derjenigen, an die sie sich wandten, gewechselt haben, der Zusammenhang zwischen einer gewissen Art verlogener oder im günstigsten Falle verblendeter Politik von Abenteurern oder Desperados auf der einen und Räubereien aller Art auf der anderen Seite ist derselbe geblieben.

3. Mit dieser Erklärung des Raubes als eines den tiefsten Niederungen des Geistes

B. Die der Preußischen Polizei in den Jahren 1928—1931 bekannt gewordenen Raubverbrechen.

Regierungs-bezirke	Raub und räuberische Erpressung			Versuche von Raub und räuberischer Erpressung		
	Gesamtzahl	Aufgeklärt	Von in früheren Jahren unaufgeklärt gebliebenen Fällen Täter ermittelt	Gesamtzahl	Aufgeklärt	Von in früheren Jahren unaufgeklärt gebliebenen Fällen Täter ermittelt
		in Fällen			in Fällen	
Königsberg . .	63	32	13	14	4	—
Gumbinnen .	13	10	—	7	5	—
Allenstein . .	9	6	—	—	—	—
Westpreußen .	9	5	2	3	1	—
Berlin	472	248	—	177	91	—
Potsdam . . .	33	14	1	16	8	—
Frankfurt a. O.	15	11	—	2	—	—
Stettin . . .	32	19	—	11	9	—
Köslin	5	2	—	1	—	—
Stralsund . .	3	3	—	2	1	—
Schneidemühl	11	4	—	—	—	—
Breslau . . .	44	28	—	33	14	—
Liegnitz . . .	22	8	—	5	4	—
Oppeln . . .	102	32	1	18	3	—
Magdeburg . .	32	18	1	4	2	—
Merseburg . .	36	20	—	8	4	—
Erfurt . . .	13	6	1	5	5	—
Schleswig . .	95	34	9	27	4	1
Hannover . .	45	25	—	3	—	—
Hildesheim .	9	4	—	1	—	—
Lüneburg . .	13	5	—	4	—	—
Stade	4	1	—	3	1	—
Osnabrück . .	14	7	—	4	4	—
Aurich	—	—	—	1	—	—
Münster . . .	65	37	2	18	5	2
Minden . . .	12	5	—	1	1	—
Arnsberg . . .	149	65	—	28	7	1
Kassel	11	3	—	6	1	—
Wiesbaden . .	32	15	1	9	1	—
Koblenz . . .	9	4	—	4	1	—
Düsseldorf . .	321	169	9	89	34	2
Köln a. Rh. .	155	93	2	11	4	—
Trier	8	6	—	2	2	—
Aachen . . .	16	9	—	10	7	—
Sigmaringen .	—	—	—	1	—	—
Gesamts. 1931	1872	948	42	528	223	6
Dagegen 1930	1910	1075	58	554	256	8
„ 1929	1955	1241	34	467	228	5
„ 1928	1344	761	59	495	204	14

und der Moral entstammenden Verbrechens will auf den ersten Augenblick nicht recht zusammen stimmen das tief im Volke lebende Bild von dem „edlen Räuber, dem Helfer der Armen und dem Schützer der Unschuld". Es darf jedoch nicht vergessen werden, daß die Legendenbildung immer nur an einige wenige Ausnahmefälle anknüpft, die dann verallgemeinert werden, und zwar in der verklärten, von allen häßlichen Flecken der Wirklichkeit gereinigten Form, wie sie der romantische Sinn des Volkes verlangt. Aber die Legende kennt auch den namenlosen Räuber, der sich in nichts von dem heimatlosen Vagabunden der Landstraße unterscheidet und weit hinter der bewunderten Figur des Räuberhauptmanns zurückbleibt. Das Volkslied singt von ihm, dem „armen Schwartenhals", der wegen Zechprellerei aus dem Wirtshaus in die Scheuer zum Nachtlager hinausverwiesen, von Hagedorn und rauhen Disteln gestochen seines Unglücks selber lachen muß. Aber es ist ein bitteres Lachen und Andere bekommen die Bitterkeit zu spüren:

„Ich nahm mein Schwert wohl in die Hand
Und gürt es an die Seiten,
Ich Armer mußt zu Fuße gehn,
Weil ich nicht hat zu reiten.
Ich hob mich auf und ging davon
Und macht mich auf die Straßen,
Mir kam ein reicher Kaufmannssohn,
Sein Tasch mußt er mir lassen."

Eins der tausend Beispiele der Verbindung von Raub und Landstreichertum, wie sie immer bestanden hat und bestehen wird. (Es wäre kriminalsoziologisch interessant, diesem Zusammenhange näher nachzuspüren. Leider habe ich keine auch nur einigermaßen sichere statistische Unterlagen ausfindig machen können; sie bestehen zur Zeit auch wohl nicht. Im übrigen s. d. Art. Landstreicher.)

4. Demgegenüber stehen die heute noch in vielen Gegenden lebendigen Erzählungen von Störtebecker und Gödche Michael, von Rinaldo Rinaldini, vom Bayrischen Hiesel (Matthias Klostermayer), von Rob Roy, von Johannes Bückler, genannt der Schinderhannes (d. h. der Sohn eines Abdeckers = Schinders; nicht etwa der Menschenschinder), und so vielen Anderen. Schon diese wenigen Namen ergeben, daß die Räuberverherrlichung bei allen Völkern dieselbe ist. Das kann auch nicht wunder nehmen, ist doch der Grund dafür ein allgemein menschlicher: der Räuber, der den wenigen in Reichtum und Überfluß Lebenden die Taschen leert, den Armen, bei dem nichts zu holen ist, auf dessen Unterstützung und Verschwiegenheit er aber unter Umständen angewiesen sein kann, aber ungeschoren läßt, wird von diesem mit der Verehrung der Furcht als ein Werkzeug einer schon auf Erden ausgleichenden Gerechtigkeit angesehen. Verschonung, die deshalb keine ist, weil das Gegenteil sinnlos wäre, mit großer Geste geschenkte Pfennige aus der reichen und doch zur Vergeudung bestimmten Beute werden für edele Großmut angesehen. Rechnet man hinzu die nur heimlich eingestandene neidvolle Bewunderung eines „Kerls", der wagt, gegen Einsatz seiner Person in Freiheit sein eigenes Leben zu leben, sich offen gegen lästigen Ordnungszwang aufzulehnen, so wird auch verständlich, daß fern von den Beschwerlichkeiten eines gehetzten und auf ewiger Flucht verbrachten Lebens, hinter dem warmen Ofen des sicheren Zimmers das trotz seines blutrünstigen Inhaltes so philiströse Lied entstehen konnte:

„Es gibt doch kein schöner Leben
In der ganzen weiten Welt,
Als das Straßenräuberleben,
Morden um das liebe Geld!"

5. Mit dem Namen des Schinderhannes, der „der Rheinische Rebell" beibenannt wird, ist das Thema des „politischen" Räubers angeschnitten. (Auf die sogenannten Raubritter soll hier nicht eingegangen werden. Das würde nicht möglich sein, ohne eine Darlegung der zeitgeschichtlichen Bedingtheit, die sich nicht nur aus Raumgründen verbietet, sondern auch weil, im Gegensatz zu den behandelten Fällen, sich keinerlei Parallelen zu unserer Zeit ergeben.)

Hatte das beginnende 18. Jahrhundert noch den Kampf zu führen gegen die Überreste eines in den Wirren des 30jährigen Krieges und seiner Folgezeit groß gewordenen Verbrechergesindels, das, entstanden aus marodierenden Kriegsknechten, hergelaufenen Abenteurern aus aller Welt, von Haus und Hof vertriebenen und wurzellos gewordenen Bauern, sich zu Räuberbanden zusammengefunden hatte, in denen ein Zerrbild ehemaliger soldatischer Zucht für Disziplin und Morden und Brandschatzen wehrloser Dörfer, für Kriegführen unter Gott weiß welcher Fahne und welchem Vorwande ausgegeben wurde, so sah sich der Ausgang des Jahrhunderts und noch mehr der Beginn des folgenden bis zu den dreißiger Jahren den sozialen Erschütterungen und Umwälzungen gegenüber, welche die französische Revolution hervorgebracht hatte. Die allgemeine furchtbare Verarmung gab den Nährboden für verzweifelte, zu allem entschlossene Existenzen ab; die Lockerung und Verwirrung aller sittlichen und staatlichen Begriffe tat das ihre, um letzte Hemmungen zu beseitigen. Die Koalitionskriege sowie später die willkürlichen Eingriffe Napoleons in die staatlichen Verhältnisse der an den Rhein grenzenden Länder ließen die hin und her gerissene Bevölkerung nicht zur Ruhe kommen und sorgten dadurch für immer neuen Zuzug derjenigen, die auf eigene Faust „Krieg" führten gegen nahezu Wehrlose, welche dazu kaum einen anderen Anlaß gaben als den, daß sie noch besaßen, was jenen mangelte. Selbst wenn man die berechtigte Abneigung des deutschen Volkes gegen die damals Schule machende französische Polizei und ihre Methoden in Rechnung zieht, ein Gegensatz, der auf einer tief inneren, zeitlich weit zurückverfolgbaren Verschiedenheit staatlicher Anschauungen beruht, so muß man doch auf Grund des in zahllosen noch vorhandenen langatmigen Relationen niedergelegten unanfechtbaren Akteninhalts zu der Überzeugung kommen, daß die Taten der Mitglieder der „Räuberbanden an den beyden Ufern des Rheins", der Moselbande, der Bande des Schinderhannes, der Brabantischen, Holländischen, Mersener, Crevelder, Neußer, Neuwieder und Westfälischen Räuberbande ebensowenig wie die des Damian Hessel und seiner Raubgenossen oder die der Räuberbanden an beiden Ufern des Mains, im Spessart (Wilhelm Hauffs idealisierende Erzählungen!), im Odenwalde, am Vogelsberg und in der Wetterau und so vieler, vieler anderer irgend eine andere Entschuldigung beanspruchen können, als daß sie aus der Zeit heraus geboren sind. Aber auch in jener Zeit bedeuten sie Raub, Mord, Schändung, unmenschliche Roheit und unerhörte Gewalttat, für die es nur Verurteilung und Ausmerzung der Schuldigen aus der menschlichen Gesellschaft geben kann. Beim kriminalistischen Studium ergeben sich zahlreiche kriminalaetiologische Einsichten und Vergleiche mit späteren Zeiten, zahllose höchst interessante kriminalpsychologische Einzelheiten, doch von dem romantischen Schimmer und der entschuldigenden Erklärung der Legende bleibt nichts übrig.

III. 1. Vor dem Auftreten von Räuberbanden dieser Art sind wir seitdem in Deutschland glücklicherweise nahezu bewahrt geblieben. Die befestigten staatlichen Verhältnisse haben ihnen ein verdientes unrühmliches Ende bereitet. Lediglich in den Jahren der politischen Aufstände 1920 und 1921 traten militärisch bewaffnete und zu verhältnismäßig disziplinierten Einheiten zusammengefaßte Banden auf, die vorgaben, politische, linksradikale Ziele zu verfechten. Um was es sich in Wahrheit bei diesen aus hoch- und landesverräterischen Unternehmungen, aus Geheimbündelei (§§ 128, 129 StGB.), Bandenbildung (§ 127 StGB.) und Landfriedensbruch (§ 125 StGB.) sich abspaltenden kleineren Gruppen handelte, hat mit besonderer Deutlichkeit das gegen die sogenannte „Plättnerbande" durchgeführte gerichtliche Verfahren gezeigt. Die von Plättner als dem einzigen bei Ausführung der Überfälle Nichtmaskierten mit Entschlossenheit und einem gewissen taktischen Geschick in immerhin bemerkenswerter Disziplin geleitete Bande ging nach genau vorbereitetem Plan unter bis ins einzelne gehender Einteilung der Kräfte vor. Zunächst wurden Lichtleitung und Fernsprechanlage besetzt und zerstört. Alles vollzog sich im tiefsten Stillschweigen, das nur von militärisch kurzen Befehlen Plättners durchbrochen wurde. Angestellten und Arbeitern wurde nichts abgenommen, sondern nur den Leitern größerer Fabriken oder Handelsfirmen, gegen die sich die Überfälle in der Regel richteten. Auf diese Weise sollte das Märchen von dem politisch-sozialen Motiv aufrecht erhalten werden. Als die von Mitteldeutschland nach Norden ziehende Bande schließlich nach einem regelrechten Feuergefecht in Pommern von der Polizei gestellt wurde, ergab eine Nachprüfung der Personalien der Festgenommenen, daß die Mehrzahl von ihnen der Berliner Kriminalpolizei wohlbekannte Schwerverbrecher waren. Die der Verhaftung entgangenen und von der Bande abgesprengten Mitglieder, darunter Plättner, fanden sich nach und nach wieder zusammen und setzten unter veränderter Taktik die Raubüberfälle fort. Der Leiter wurde für jeden Fall besonders bestimmt und ebenso wie die aus den verschiedensten Himmelsgegenden herbeibeorderten Teilnehmer aus einer möglichst weit entfernt gelegenen Stadt geholt. Von den am Ort ansässigen Spießgesellen durfte sich niemand beteiligen. Nur ein Ortskundiger war als Berater zugegen; er mußte sich aber für den Tag der Tat ein sicheres Alibi beschaffen. Die Unschädlichmachung der Bande gelang erst, als eine zentrale Bearbeitung angeordnet wurde, deren Fäden im Polizeipräsidium Berlin zusammenliefen. — Die Berufung auf das angebliche politische Motiv verfing vor Gericht angesichts des klaren Sachverhaltes nicht. Wie berechtigt die Verhängung der im allgemeinen erkannten schweren Zuchthausstrafen war, bewies noch ein Nachspiel. Einer der Räuber war, als er der Polizei mit der Waffe Widerstand leistete, verwundet worden, was die Amputation eines Armes und eines Beines zur Folge hatte. Mit Rücksicht auf seinen körperlichen Zustand erhielt er nach einigen Jahren Strafurlaub. Schon an einem der ersten Tage beging er einen groß angelegten Einbruch in ein Juweliergeschäft und machte erhebliche Beute. Bald darauf konnte er gefaßt werden.

2. Ein wirkliches Räuberbandenwesen kann nur auf Grund besonderer politischer oder sozialer Verhältnisse gedeihen. Andererseits ist aber auch kein Land davor gefeit. Die italienischen Räuberbanden gehören seit längerer Zeit, die letzten korsikanischen erst nach der vor wenigen Jahren mit großen Opfern und Mühen durchgeführten energischen Aktion der französischen Regierung der Vergangenheit an; sie blühen heute noch in einigen Ländern des Balkans, in den vom Bürgerkrieg zerrissenen Gegenden Chinas und — wenn auch in anderer Form — in Amerika.

Es ist für Amerika kennzeichnend, daß die Gangster und Racketeers sich niemals mit einem politischen Mäntelchen drapieren. Sie sind Angehörige eines kleineren oder größeren auf Raub und Erpressung aufgebauten reinen Erwerbsunternehmens und bekennen sich offen zur Führung des privaten Wirtschaftskampfes mittels jeder Form von Verbrechen und Gewalttat. Das Entstehen dieser Verbrecherbanden und -konzerne ist nicht verständlich ohne Kenntnis der besonderen durch die Prohibition-Gesetzgebung geschaffenen Wirtschaftslage (s. d. Art. Verbrechen, organisiertes).

3. In Deutschland unterscheiden wir, wie bei anderen Verbrechen auch, wenn es sich um eine kriminalpsychologische Einteilung handelt, zwischen Räubern, die sich als Gelegenheits- und Berufsverbrecher (s. diese Art.) betätigen. Zahlenmäßig sind die ersteren bei weitem in der Überzahl. Sie rekrutieren sich in ländlichen Gegenden aus den Fahrenden der Landstraße, den Gewohnheitsgästen der niedrigsten Herbergen, aus jener Sorte von Wanderarbeitern, die mit diesen nur den Namen gemein haben, aus umherziehenden Trunkenbolden und Bettlern. In der Großstadt sind es vorwiegend jene im dritten Lebensjahrzehnt stehenden arbeitsscheuen, zu einem gewissen Wohlleben neigenden jungen Leute, die in den Grenz- und Außenbezirken der Prostitution sich bewegen, jene tatbestandsmäßig nicht ganz klare Mischung von Erpresser, Zuhälter und Ausbaldowerer, dem zum Betrüger und Hochstapler die Intelligenz, zum Einbrecher Mut und Nerven fehlen. Ohne daß von einem bandenmäßigen Zusammenarbeiten die Rede sein könnte, treten sie doch aus Gründen der besseren Vorsicht meist zu zweit oder zu dritt auf, lungern in Kneipen herum, beobachten dort den unter der Wirkung des Alkohols stehenden zahlungsfähigen Gast, der auf der Straße oder im Dunkel eines Hausflurs niedergeschlagen und beraubt wird; oder sie tauchen in einsamen von ihnen selbst durch Auslöschen der Laternen verdunkelten Straßen plötzlich vor einem arglosen Spätheimkehrer mit der Frage nach der Tageszeit oder mit der Bitte um Feuer auf, und treten dabei so dicht an ihn heran, daß ihm zu Abwehrbewegungen kein Raum bleibt. Ein fast lautloser Schlag mit dem Totschläger aus Bleirohr, oder mit dem Schlagring erledigen die Angelegenheit meist bevor der Überraschte sich über seine Lage klar geworden ist. Die Rolle der Prostituierten, die insbesondere angetrunkene Männer anhält, mit sich lockt und dann ihren Freunden in die Hände spielt, ist bekannt. — Die Ermittelungen der Kriminalpolizei werden in der Mehrzahl der Fälle dadurch sehr erschwert, daß es den Beraubten nicht möglich ist, auch nur ungefähr den Tatort anzugeben, geschweige denn eine Personenbeschreibung zu liefern. In erstaunlich vielen Fällen kehrt aber die Erinnerung an die Person der Verführerin oder des Täters bei Vorlage des Verbrecheralbums wieder. Leider werden die immer wiederholten Warnungen der Polizei meist sorglos in den Wind geschlagen, bei der Heimkehr von Bierreisen und Ähnlichem in einsamen Gegenden Anbändeleien aus dem Wege zu gehen und möglichst schnell eine Autodroschke zu besteigen — das ist immer noch billiger als das sonst fällige Lehrgeld —, in einsamen Straßen auf der Mitte der Fahrbahn anstatt im Schatten der Häuser zu gehen, bei jeder Anrempelung zunächst einmal ein paar Schritte zurück zu springen, um Distanz zu gewinnen usw.

4. Ganz anders geht der Berufsverbrecher vor, der die Ausführung von Raubüberfällen zu seiner Spezialität erwählt hat. Auch er gehört zwar meist nicht zu den intelligenteren Verbrechern, aber er handelt nicht aus der vom Augenblick gebotenen anscheinend günstigen Gelegenheit heraus, sondern auf Grund eines wohl überlegten und vorbereiteten Planes, der auf genauer Kenntnis der örtlichen Verhältnisse und der Gepflogenheiten des Opfers beruht und bei dem es vor allem auf eine sorgfältige Verteilung der Rollen ankommt. Das kostet Zeit und Geld und ist deshalb nur durchführbar, wenn der oder die Täter über gewisse Mittel verfügen, die es ihnen ermöglichen, eine Zeit lang wenigstens ein unauffälliges, scheinbar gut bürgerliches Leben zu führen. Daß das Auskundschaften vielfach durch vom Täter für seine Zwecke gewonnene Angestellte, Hausangehörige usw. oder durch nur zu diesem Zwecke in solche Stellungen eingetretene Personen erfolgt, ist bekannt. Die überraschende in der Gewaltanwendung liegende Ausführung der Tat erscheint dann vielfach improvisiert, ist es aber in den seltensten Fällen. Auch in den Fällen meist nicht ganz, bei denen es sich um Überfälle auf Geldbriefträger, Bankboten oder Besteller handelt, zu denen man in unbegreiflicher, geradezu zum Verbrechen herausfordernder Sorglosigkeit, manchmal alte, körperlich schwächliche Personen, Frauen oder unerfahrene junge Burschen gemacht hat. — Zu besonderen, zwischen dem „Berufs“- und „Gelegenheitsraub“ stehenden Abarten haben sich in den letzten Jahren in den Großstädten die Überfälle auf die Einkassierer von Wohnungsmieten und auf Autodroschkenschofföre entwickelt. Hierhin gehört auch die moderne Form des alten Wegelagerertums: die sogenannte Autofalle. Durch ein künstlich errichtetes Hindernis, z. B. ein über die Chaussee gespanntes Drahtseil, wird ein Automobilunfall vorsätzlich herbeigeführt und die Verunglückten dann von den in der Nähe im Verborgenen

lauernden Tätern ausgeplündert. Die schwerere Form ist die zu demselben Zwecke herbeigeführte Entgleisung eines Eisenbahnzuges (s. d. Art. Eisenbahnattentate), die leichtere die, in der ein Auto oder ein anderes Fahrzeug unter dem Vorgeben, es sei ein Verunglückter mitzunehmen oder dgl. angehalten und dann überfallen wird. Daß für Verbrechen dieser Art auch andere Motive als räuberische Absichten bestimmend sein können, vermag nichts daran zu ändern, daß letztere die Regel sind. — Die besonders im Jahre 1931 beobachteten Plünderungen von Lebensmittel- und Gebrauchswarengeschäften waren dagegen ausgesprochene Gelegenheitsverbrechen des von politischen Drahtziehern aufgehetzten Straßenpöbels niedrigster Art.

5. Ein wichtiges Kapitel bilden die fingierten Raubverbrechen. Sie werden in den seltensten Fällen in der Absicht einer unmittelbaren Bereicherung begangen; fast immer sollen sie zur Verdeckung anderer strafbarer Handlungen oder grober Fahrlässigkeiten dienen. Der Geschäftsbote, der aus Unachtsamkeit den ihm anvertrauten Betrag verloren, der Angestellte, der fremdes Geld in lustiger Gesellschaft zur Begleichung von Zechschulden angegriffen oder — ein sehr häufiger Fall — verspielt oder verwettet hat, die Hausangestellte, die einen diebischen Freund in die ihrer Obhut anvertraute Wohnung eingelassen hat, sie alle suchen sich aus der kritischen Lage durch Erzählung einer mit mehr oder weniger Phantasie erfundenen „Räubergeschichte" zu befreien. Solche fingierte Raubüberfälle bereiten der Kriminalpolizei oft sehr erhebliche Arbeit und ihre Aufklärung ist ein undankbares Geschäft, weil der Überfallene zunächst meist als ein Muster der Zuverlässigkeit hingestellt wird, der das Mißtrauen der natürlich voreingenommenen Polizei nicht verdiene. Die angesammelte Mißstimmung ist auch trotz des mit Mühe herbeigeführten kläglichen Geständnisses des Musterknaben häufig nicht mehr zu zerstreuen. Der erfahrene Beamte erkennt die fingierten Raubüberfälle meist an gewissen Unwägbarkeiten, an der allzu beflissenen Art der Erzählung, und an anderem, vor allem aber daran, daß gewisse Unstimmigkeiten zwischen den geschilderten und den tatsächlichen, insbesondere den örtlichen Verhältnissen bestehen.

IV. Von den besonderen Abarten des Raubes, die sich nach der Formulierung des Reichsstrafgesetzbuches nicht gegen das Vermögen, sondern nur gegen die persönliche Freiheit richten (§§ 234—239 StGB.), hat der Menschenraub (§ 234 StGB.) für uns fast jede Bedeutung verloren. Nach Nachrichten aus Amerika haben sich dort gerade in letzter Zeit verschiedene Fälle von Menschenraub zwecks Erpressung hoher Lösegelder ereignet. Die Erinnerung an das noch nicht geklärte Verbrechen des an dem Kinde des Ozeanfliegers Charles Lindbergh begangenen Raubes — das Kind wurde entsprechend der Androhung später ermordet aufgefunden — ist noch in aller Erinnerung. — Die Verbrechen des Sklavenraubs und des Sklavenhandels sind durch das ReichsG. vom 28. VII. 1895 (RGBl. S. 425) unter Strafe gestellt. Im Gegensatz zum Verbrechen des § 234 StGB. wird dabei als Täter und Opfer eine Mehrheit von Personen vorausgesetzt. Diese Verbrechen sind für uns heute ebenso wenig von Bedeutung wie die im 18. und 19. Jahrhundert noch sehr gefürchtete Seeräuberei oder Piraterie. (Jetzt ein Teilbestand des § 250 Ziff. 3 StGB.)

V. Es bleibt zum Schluß zusammenfassend noch Weniges zu den statistischen Tabellen (S. 464/65) zu sagen.

Aus der Statistik der gerichtlichen Aburteilungen (Tabelle A) ergibt sich die Abhängigkeit der Raubdelikte von der politischen und wirtschaftlichen Gesamtlage. Dabei ist zu berücksichtigen, daß die Rechtskraft des Erkenntnisses im allgemeinen etwa ein Jahr nach der Verübung der Tat eintritt, die Taten also in der Regel in dem Vorjahr des in der Tabelle als Zeitpunkt der rechtskräftigen Aburteilung angegebenen Jahres begangen sein werden. Die geringe Beteiligung der Frauen ist dadurch bedingt, daß die Raubverbrechen meist unter Anwendung körperlicher Gewalt begangen werden. Die Beteiligung der Jugendlichen ist, wenngleich in der Zunahme begriffen, gegen früher zurückgegangen, die Beteiligung der Vorbestraften stark gestiegen, wohl infolge der unter der allgemeinen Arbeitslosigkeit verschärften Schwierigkeit, als Vorbestrafter in einer Arbeitsstelle unterzukommen. Die Abdrängung dieser Elemente aus der Betrugs-, Unterschlagungs- und Gelegenheitsdiebstahls-Kriminalität in die Gelegenheits-Raub-Kriminalität ist die weitere Folge. Die stärkere Teilnahme von Ausländern in den Jahren hochgehender politischer Erregung 1920—1923 ist bemerkenswert. Die auffällig hohe Beteiligungsziffer der Ausländer in den Vorkriegsjahren dürfte auf den starken Zuzug von auf einer verhältnismäßig niedrigen Kulturstufe stehenden landwirtschaftlichen Saison- und Industriearbeitern aus dem östlichen Ausland zurückzuführen sein.

Die Polizeistatistik (Tabelle B) gibt Aufschluß über die örtliche Verteilung der Raubverbrechen und beweist, daß es sich um ein Delikt der dichtbevölkerten Gegenden handelt. Die Zahl der unaufgeklärt bleibenden Taten weist auf die Schwierigkeiten hin, die sich der polizeilichen Ermittlung gerade beim Raube fast regelmäßig in den Weg stellen: das Überraschende des aus der sich bietenden Gelegenheit heraus handelnden unbekannten Täters, die infolge des Schrecks, vielfach auch infolge der Maskierung des Täters ungenau ausfallende Personalbeschreibung, die Furcht etwaiger Belastungszeugen vor der Rache des gewaltsamen Täters. Der dadurch bedingte Ausfall kann nur durch systematische Nachforschung und Vergleichung aller an bestimmte Zentralstellen (Landeskriminalpolizeistellen) gemeldeten Raubüberfälle — in Preußen vorgeschrieben — einigermaßen wettgemacht werden. — Bezüglich der Höhe der in der Polizeistatistik angegebenen Zahlen ist zu berücksichtigen, daß bei dem zur Zeit der Abgabe der Akten an die Gerichtsbehörden meist erst teilweise aufgeklärten Sachverhalt wohl manche Fälle als Raub und räuberische Erpressung gezählt worden sind, die sich später als wesentlich harmloser herausstellten (Handtaschenraub, Bedrohung, Nötigung usw.).

Schrifttum:

I. Für den juristischen Teil: Die neuesten Auflagen der großen Kommentare zum Strafgesetzbuch und der kleinen kommentierten Handausgaben; die bekannten Lehrbücher des Strafrechts und die dort angegebene reiche Literatur. Ferner: A. Feuerbach, Lehrbuch des gemeinen in Deutschland gültigen peinlichen Rechts. Herausgegeben von C. J. A. Mittermaier. 13. Aufl., Gießen 1840. — Stiel, Der Tatbestand der Piraterie, 1905.

II. Für den geschichtlichen Teil: F. C. B. Avé-Lallemant, Das deutsche Gaunertum. Herausgegeben von Max Bauer, München u. Berlin o. J. — K. v. Amira, Grundriß des germanischen Rechts, 3. Aufl., Straßburg 1913. — C. Elvenspoek, Schinderhannes, Stuttgart 1925. — Derselbe, Rinaldo Rinaldini, Stuttgart 1929. — R. His, Geschichte des deutschen Strafrecht bis zur Karolina, München u. Berlin 1928. — R. Stammler, Deutsches Rechtsleben in alter und neuer Zeit, Bd. I, Berlin-Charlottenburg 1928. — Aus der Zahl der zeitgenössischen aktenmäßigen Darstellungen führe ich von den in meiner Sammlung vorhandenen an: Histoire des Larrons, Rouen 1645. — Lips Tullian, Des bekannten Diebes, Mörders und Räubers Lips Tullians und seiner Complizen Leben und Übelthaten, Dresden 1716. — (S. Hosmann), Fürtreffliches Denkmahl usw. (Raub der goldenen Tafel aus dem Kloster in Lüneburg). Anonym erschienen, Leipzig 1701. — Mause David, Historische Relation von dem Leben und Übelthaten eines verstockten Diebes und Kirchenräubers Johann David Wagners, sonst Mause David genannt, Leipzig 1722. — Aktenmäßige Geschichte der Räuberbanden an den beyden Ufern des Rheins, 2 Bde., Cöln 1804. — Bischoff, Kocheme Waldiwerei der Reußischen Märtine und Gauner, Neustadt 1822. — J. K. v. Train, Chochemer Loschen, Regensburg 1832. — Captain Charles Johnson, History of the Lives and Actions of the most famous Highwaymen, Street-Robbers etc. To wich is added a genuine account of the Voyages and Plunders of the most noted Prirates, Edinburgh 1814.

III. Für den kriminologischen Teil: Dolene, Raub durch Frauen, Groß' Arch., 56, 72. — Metelmann, Raubanfälle in Berlin, Dtsche. Strafrechtsztg., 1916, S. 461. — Derselbe, Erdichtete Raubanfälle, a. a. O., 1921, S. 30. — R. Graßberger, Gewerbs- und Berufsverbrechertum in den Vereinigten Staaten von Amerika, Wien 1933. — W. Pinkerton, Amerikanische Bankräuber, Groß' Arch., 18, 223.

Max Hagemann.

Raubmord s. Mord.

Rauschgifte.

A. Medizinische Beurteilung.

1. Begriff. In der Literatur werden die Bezeichnungen Genußgifte, Rauschgifte Suchtgifte (und in verwandter Weise: Rauschgiftsuchten, Toxikomanieen, Narkomanieen) teils gleichbedeutend verwandt, teils streng geschieden und weiter gegen sedative (beruhigende), hypnotische (einschläfernde), narkotische (Schmerz- und Bewußtlosigkeit erzeugende) und exzitierende (seelisch erregende) Mittel abgegrenzt. Wir halten es für begründet, den kennzeichnenden Namen „Rauschgifte" beizubehalten und ihn auf jene Drogen und ihre Abkömmlinge zu beschränken, die von alters her zwar insgesamt auch als Arzneimittel bekannt sind, darüber hinaus aber, und wahrscheinlich auch schon zuvor als berauschende Stoffe erkannt und absichtlich verwandt wurden. Es sind dies vor allem Opium und seine Abkömmlinge (besonders Morphium, Kodein, Heroin); Kokain; Haschisch; Meskalin. Dagegen ist es schon umstritten, ob man den Alkohol zu dieser Reihe rechnen soll oder nicht. Wenn man ihn meist — wie auch in diesem Handwörterbuch — davon abtrennt, so findet dies seine mehr praktische als wissenschaftliche Rechtfertigung darin, daß der Alkohol bei uns allgemein zugänglich ist und in der Regel als Genuß-, nicht als Rauschmittel dient. Es ist aber mit Recht darauf hingewiesen worden, daß unter den Orientalen der Alkohol eine ähnliche Rolle spielt wie bei uns Opium

und Morphium; und daß es im Orient neben Opiumsüchtigen auch viele gibt, die das Alkaloid in mäßigen Mengen genießen ohne süchtig zu werden, was bei uns ganz ungewöhnlich selten beobachtet wird.

2. Voraussetzungen der Rauschgiftsucht. Man hat gemeint, daß diese gebietsmäßig überwiegend verschiedene Zuwendung zu bestimmten Giften (Opium = Ostasien; Haschisch = die islamitischen Völker; Meskalin und Kokain = Südamerika; Alkohol = Europa) auch rassemäßig bedingt sei. Da es zwischen Klima, Vegetation und Rasse enge Beziehungen gibt, so erscheint diese Annahme nicht unwahrscheinlich. Auch wenn man nicht der Meinung ist, daß der Drang nach Ausschaltung des Bewußtseins eine allgemeine menschliche Haltung und daß deshalb jede grundsätzliche Bekämpfung der Rauschgifte eigentlich naturwidrig sei, so gibt es doch eine Reihe von Persönlichkeiten, die ihrer Anlage nach rauschgiftsüchtig sind. Die Erfahrung hat nun gezeigt, daß von diesen nur bestimmte Drogen genommen oder doch bevorzugt werden, auch dann, wenn die Möglichkeit, an verschiedene Gifte zu gelangen, gleich groß ist. Das ist nicht zu verwundern, wenn man bedenkt, welche zum guten Teil persönlichkeitsbedingten Neigungsunterschiede schon gegenüber Tabaksorten und Rauchmethoden bestehen, also gegenüber demselben „Genußgift" Nikotin.

Die Wirkung der einzelnen Rauschgifte ist aber recht verschieden. Opium und entsprechend Morphium lindern Mißempfindungen und Kummer, beruhigen, lullen ein. Sie stillen Schmerzen und Ungemach: darauf beruht ihre unschätzbare medizinische Wirkung, aber auch ihr verhängnisvoller Reiz als unlustvertreibendes Rauschgift. Das Kokain dagegen hat einen mehr positiv erregenden, euphorisierenden, belebenden Erfolg und ist, wieder im Gegensatz zu dem Morphium, ein „soziales Gift", ähnlich dem Alkohol. Es wird sehr häufig in gemeinschaftlichen Zirkeln genossen, wozu sich die Methode des Schnupfens überdies besonders eignet. Man lädt „zu einer Prise Kokain ein wie zu einer Partie Bridge". Haschisch wiederum erzeugt rauschähnliche Zustände voll visionärer Bilder und freudiger Gehobenheit. Ähnliches gilt vom Meskalingenuß, der jedoch häufig zu einem Erlebnis eigentümlicher Persönlichkeitsspaltung in ein mehr rationales, beobachtendes und ein visionär erlebendes Ich führt.

Meskalin und Haschisch spielen bei uns praktisch keine Rolle; um so genauer sind bei ihnen die Erscheinungen und Erlebnisse in experimentellen Räuschen untersucht worden, übrigens ohne deutliche Übereinstimmung zwischen Persönlichkeit und Rauschgestaltung erkennen zu lassen. Aber es ist verständlich, daß Morphium und Kokain bei der Verschiedenheit ihrer Wirkung von verschieden „gestimmten" Persönlichkeiten bevorzugt werden. Man hat auch versucht, Beziehungen zwischen Morphinisten, Kokainisten, Alkoholisten und den einzelnen Körperbau - Charaktertypen aufzustellen. Trotz feinerer Unterschiede haben die meisten aller echt Giftsüchtigen von Hause aus gewisse seelische Einstellungen gemeinsam; dazu gehört das Verlangen nach Euphorie, nach Rausch (nicht nach Begeisterung), das Ausweichen vor Unannehmlichkeiten, die Flucht in Träume; innere Spannung, Unruhe und Ungeduld, Genäschigkeit, Stimmungslabilität und Lebenshunger sowie Unfähigkeit zu wirklich vorsorgendem Verhalten. Bei der Häufigkeit einzelner oder mehrerer dieser Charakterzüge und ihrer Verstärkung durch ungünstige äußere Einflüsse ist es begreiflich, wie vorsichtig Ärzte mit der Anwendung von Opiaten und Kokain sein müssen. Wie viel mehr Morphinisten etwa es geben würde, wenn dieses Mittel so allgemein zugänglich wäre wie Alkohol, läßt die Tatsache vermuten, daß auf Ärzte, Apotheker usw. in allen Vorkriegsstatistiken ein ungewöhnlich hoher Prozentsatz entfällt (10—50%).

Nach dem Weltkrieg hatte sich in Deutschland die soziale Struktur der Rauschgiftsuchten verschoben; während sie früher vorwiegend eine Krankheit der gebildeten Stände war, wurden nunmehr, wenigstens in den Großstädten, alle Kreise ergriffen. Es hängt das zum Teil mit einer allgemeinen sozialen Umschichtung zusammen, zum Teil damit, daß Kriegsteilnehmer morphinistisch geworden waren (Dansauer und Rieth haben über 647 von 978 amtlich bekannten versorgungsberechtigten Morphinisten berichtet); zum Teil aber auch damit, daß Rauschgifte leichter zu haben waren und besonders von Jugendlichen gesucht wurden. Auch dieses stärkere Ergriffensein der Jugend ist eine Erscheinung der ersten Nachkriegsjahre. (Das Durchschnittsalter des Beginns sank von 32 auf 25 Jahre.) Seit 1925 ist — und zwar gerade auch in Berlin — ein deutliches Abflauen der Giftsuchten (zunächst Kokainismus, dann Morphinismus) zu bemerken; wie weit dies als Folge der Opiumgesetze von 1920, 1924 und 1930 mit den Zusatzbestimmungen vom 1. IV. 1931 zu gelten hat, ist schwer abzuschätzen.

3. Allgemeine Klinik der Rauschgifte. Schon die einmalige Anwendung der einzelnen Rauschgifte zeigt im körper-

lich-seelischen Verhalten sowohl allgemein übereinstimmende wie jeweils kennzeichnend verschiedene Erscheinungen; in fast noch höherem Grad gilt dies für die Symptomatologie des chronischen Mißbrauches. Von besonderer Bedeutung sind dabei Art und Umfang der Gewöhnung an das Mittel; weiter die Erscheinungen aus Giftmangel bei eingetretener Gewöhnung: Abstinenz; ferner der körperlich-seelische Verfall sowie das Auftreten von Psychosen. Gewöhnung und Abstinenz sind am ausgeprägtesten bei dem Morphinismus (bzw. dem Mißbrauch anderer Opiate), während vom Verfall auf die Dauer kein Giftsüchtiger verschont wird; echte Psychosen sehen wir beim Kokainismus, vielleicht auch im Gefolge von chronischem Haschischmißbrauch. Unter Gewöhnung versteht man die Tatsache, daß sich der Organismus so auf die tägliche Giftzufuhr einstellt, daß die — annähernd — gleiche Wirkung nur mehr mit steigend höheren Dosen erreicht werden kann. Es ist dies nicht etwa auf eine Bildung spezifischer Gegenstoffe nach Art einer Immunisierung zurückzuführen, sondern darauf, daß eine Umstellung des vegetativen Systems (autonomes Nervensystem, innere Sekretion, Säure-Basenhaushalt) stattfindet, und daß gleichzeitig die Empfindlichkeitsschwelle der Nervenzellen herabgesetzt wird, die erkranken und degenerieren können. So zeichnet sich die Gewöhnungsperiode beim chronischen Morphinismus durch eine Reihe von körperlich-seelischen Erscheinungen aus, die insgesamt auf einen Zufuhrmangel von Schilddrüsensekret (Hypothyreose) bzw. auf ein Überwiegen des parasympathischen Anteils des vegetativen Nervensystems hinweisen (Vagotonie): die Haut wird trocken, welk, bläulich verfärbt, kühl, der Puls langsam, klein; der Säuregehalt des Magensaftes nimmt ab, der Urin wird spärlicher, es besteht Obstipation; die Libido läßt nach; die Periode wird unregelmäßig; die geistige Beweglichkeit schwindet usw. So kommt es, daß das Morphium allmählich Erscheinungen und subjektive Beschwerden, die der Morphinist zu bekämpfen sucht, erst recht hervorruft. Sowie nämlich die Morphiumzufuhr unterbunden wird, tritt ein ausgesprochenes Verlangen, ein Hunger nach dem gewohnten Gifte auf, und es treten eine Reihe von Erscheinungen ein, deren Gesamtheit man als Abstinenzstadium bezeichnet, und die im Gegensatz zu den Symptomen der Gewöhnung an eine Thyreotoxikose bzw. eine Sympathikotonie erinnern: feuchte, warme Haut, Schweißausbrüche, Durchfälle, Übersäuerung des Magens, Erbrechen, Speichelfluß, Schlaflosigkeit, Unruhe, Getriebenheit.

Bei chronischem Kokainmißbrauch tritt eine Gewöhnung solcher Art nicht ein. Jedenfalls werden Abstinenzerscheinungen nicht beobachtet, und Kokainisten können im Gegensatz zu Morphinisten sich längere Zeit mit einer ausprobierten Dosis eine relativ gleich bleibende Rauschhöhe verschaffen. Immerhin scheint eine gewisse Gewöhnung doch einzutreten, wenn sie auch weniger differenziert ist als beim Morphinismus. So beginnen z. B. Kokainisten nach einer Entziehung in der Regel sogleich wieder mit der früher einmal erlangten hohen Dosis, während ja Morphinisten neuerlich von kleinen Anfangsdosen aus in die Höhe klettern.

Bei dem seelischen Verfall der Giftsüchtigen handelt es sich um eine zunehmende Gleichgültigkeit ja Stumpfheit gegenüber allen Anforderungen sozialer Art; sie werden langsam, träge, urteilslos, und ihre ethische Depravation, ihre immer größere egozentrische Einengung kennt schließlich nur noch das rücksichtslose Verlangen nach dem Rauschmittel, um die quälenden Abstinenzerscheinungen zu beseitigen oder sich doch die seelischen Ausnahmezustände von Erregung, Rausch, Steigerung der sexuellen Appetenz usw. zu verschaffen, wie sie von den „trop fameux troubadours des stupéfiants“ (O. Forel): Baudelaire, Gérard de Nerval, Thomas de Quincey, E. A. Poe u. a. besungen werden.

Geistesstörungen im Sinne echter Psychosen werden bei chronischen Morphinisten nicht beobachtet. Wenn in der Entziehung delirante Bewußtseinstrübungen auftreten, so handelt es sich in der Regel um Delirien infolge eines gleichzeitigen Schlafmittelmißbrauches (häufig Phanodorm; oder Alkohol). Dagegen kommt es bei chronischem Kokainismus zu wahnhaft-deliranten Zuständen von ängstlicher Färbung mit eigentümlichen Sinnestäuschungen, Beeinträchtigungs- und Verfolgungsideen. Nach lange fortgesetztem Haschischmißbrauch sollen gelegentlich auch halluzinoseartige Geistesstörungen von schizophrenem Gepräge beobachtet werden.

4. Behandlung. Man hat bei der Behandlung von Rauschgiftsüchtigen zwischen der — symptomatischen — Entziehung (Entwöhnung) und der — kausalen — Erziehung zu unterscheiden. Die Entziehung (bei den Kokainisten im eigentlichen Sinne nicht nötig) soll grundsätzlich nur in besonders dazu geeigneten Anstalten unter sachverständiger Aufsicht durchgeführt werden: am sichersten in geschlossener, psychiatrisch geleiteter Anstalt.

Ob sofort bei Morphinisten oder allmählich entzogen wird, ist trotz vielen Streitens darüber von keiner grundsätzlichen Bedeutung. Erleichtert werden die offensichtlich sehr quälenden Entziehungserscheinungen, wie sie oben erwähnt wurden, durch einen mehrtägigen Dauerschlaf (Somnifen-Luminal), was nicht ungefährlich ist; oder durch vegetativ umstimmende Mittel (Ephetonin, Atropin, Acetylcholin, Traubenzucker-Insulininfusionen). Diese umstimmenden Mittel stellen bereits eine kausale Therapie der Abstinenz dar und haben jedenfalls den großen Vorteil, daß man nicht Gefahr läuft, die eine Sucht durch eine neue (Schlafmittel-Alkoholsucht) zu „substituieren". Historische Irrtümer dieser Art sind z. B. der Ersatz des Morphiums durch Kokain in den 70er und 80er Jahren; oder seit dem Krieg durch „ungefährliche" Opiate wie Kodein, Eumecon, Trivalin. Die Abstinenzerscheinungen sind bei plötzlichem Entzug in 4—8 Tagen etwa im wesentlichen überwunden. Hunger, Gewichtszunahme, lebhaftere sexuelle Appetenz stellen sich ein. Unruhe und Schlafstörung halten oft noch Monate an; vorzeitige Entlassung erhöht die Gefahr des Rückfalles. Der Streit um die Aufenthaltsdauer in einer Anstalt (ob 6 oder 12 Monate) ist unerheblich gegenüber der Frage, ob es gelingt, die Erziehung bis zur Befreiung von der Suchttendenz zu fördern. Eine besondere Methode, die statt einer seelischen eine körperliche Umstimmung anstrebt, zielt darauf ab, durch Einspritzung von Eigenserum, das mit blasenziehendem Pflaster gewonnen wird (Spanische Fliegen-Therapie, Phlyktänotherapie, Modinoskur) eine Überempfindlichkeit gegen Opiate herbeizuführen. Wenn man bedenkt, daß es eine Reihe von Menschen gibt, die auf Morphium mit Übelkeit und Erbrechen reagieren, so erscheint ein derartiger Behandlungsweg nicht ganz ungangbar. Ob und wann ein Morphinist endgültig geheilt, d. h. von Rückfällen bewahrt ist, läßt sich nie vorher sagen. Es ist nicht leicht, sich hierbei vor allzu großem Pessimismus zu bewahren.

Einen grundsätzlichen Unterschied pflegt man hier — wenigstens bei Morphinisten — zwischen wirklicher Sucht und chronischem Mißbrauch zu machen (idiopathischer und symptomatischer Morphinismus) und zwar mit der Begründung, daß unter den einfach chronischen Morphinisten wenigstens ein Teil das Medikament ursprünglich auf ärztliche Verordnung erhielt und sich an das Mittel gewöhnt hat, ohne von Hause aus zu den suchtgefährdeten Persönlichkeiten zu gehören. In der Praxis läßt sich wegen der häufigen Mischformen eine scharfe Trennung beider Gruppen kaum durchführen, und die Heilungsaussichten erweisen sich auch keineswegs so unterschiedlich, wie man hoffen könnte. Für relativ günstig gilt die Prognose bei Kranken, die etst in späterem Alter an das Gift sich gewöhnen (ähnlich dem Alkohol); bei Frauen sind Heilungen häufiger als bei Männern; ein Einfluß bestimmter Körperbautypen ist noch nicht sicher nachgewiesen. Als besonders rückfallgefährdet werden jähzornige, undisziplinierte, dabei aktive Persönlichkeiten angesehen.

Die Verhältniszahlen über den Erfolg schwanken in den einzelnen Berichten; aber selbst in einem Sanatorium, das überwiegend auf die Behandlung Giftsüchtiger eingestellt ist, ergab die Behandlung kriegsbeschädigter Morphinisten (also von überwiegend symptomatischen Morphinisten und Mischformen) nur 30% Heilungen (bei den Nachuntersuchungen war davon die Hälfte erst 1 Jahr frei: Dansauer und Rieth). In der Berliner Klinik errechnete Schwarz an einem Material von 200 Fällen (1917—1925) 42% rückfallfrei für länger als ein Jahr; 23% fraglich; 35% rückfällig. 24 waren gestorben, davon 9 sicher, 4 wahrscheinlich durch Selbstmord; während sich von 38 verstorbenen kriegsbeschädigten Morphinisten keiner das Leben genommen hatte. Eine immer wiederholte mehrtägige Quarantäne für viele Jahre hindurch ist jeder Entziehungskur anzuschließen.

Eine eigentliche Bekämpfung der Giftsuchten kann immer nur durch vorbeugende Maßnahmen geschehen. Es erscheint nicht möglich, dies etwa durch eine Sterilisation Süchtiger zu erreichen, indem man versucht, so gewissermaßen die Vererbung psychopathischer seelischer Eigentümlichkeiten, die zur Sucht führen könnten, auszumerzen. Es gibt auch Nichtpsychopathen, die süchtig werden; und viele, die vielleicht die Anlage dazu hätten, werden es nicht, weil sie die Rauschmittel nie kennen lernen. Wichtiger ist es, die Gifte so schwer zugänglich zu machen wie möglich. Dazu gehört aufklärende und erzieherische Vorarbeit unter Medizinern und Ärzten. Bei der großen Neigung Giftsüchtiger, Andere zu „bekehren", sollte die Möglichkeit gegeben sein, vorübergehend oder dauernd die Praxis eines solchen Arztes zu unterbinden. Die oben erwähnten Opiumgesetze und ihre Ausführungsbestimmungen zielen darauf ab, den Schmuggel zu verhindern, Ein- und Ausfuhr zu regeln und den legalen Verkehr mit Hilfe eines schärferen Rezeptiersystems zu überwachen. Das neue Opiumgesetz vom 1. I. 1930 will alle Suchtgifte erfassen. Es unterstehen ihm: Rohopium, Opium für medizinische Zwecke, Morphin, dessen Essigsäureester, Heroin, Eukodal, Dikodid, Dilaudid, Paramorphan,

Acedicon, Pantopon, etwaige andere Ester des Morphins, sowie die Salze dieser Stoffe, mit all ihrer Zubereitung (1933 Peronin-Bencylmorphin), außerdem Kokablätter, Rohkokain, Kokain, Egonin; Extract. und Tinctura Cannabis indicae (Haschisch). Nach den Ausführungsbestimmungen darf weder Opium usw. noch Kokain in Substanz verschrieben werden; Kokain nur in Lösung (nur vom Arzt, nicht vom Zahnarzt). Die Bestimmungen sind so weit gefaßt, daß sie dem Arzt noch immer ausreichend weiten Spielraum lassen. Ein Verschreiben zu Genußzwecken ist ausreichend nie zu begründen; Kokain darf niemals zur Linderung vermeintlicher Entziehungserscheinungen verordnet werden. Bei Morphinisten ist immer auf einer — nicht häuslichen — Entziehung zu bestehen. Im übrigen sind diejenigen Dosen von Morphium und Kokain, die noch nicht der Eintragung in das Morphinbuch unterliegen, so groß, daß ihre schmerzstillende Wirksamkeit gesichert ist (Morphin 0,2; Kokain 0,1 für einen Kranken am Tag). Im allgemeinen wird man von den Vorschriften erwarten dürfen, daß sie das ärztliche Gewissen schärfen, und daß es vielleicht sogar gelingt, wenigstens auf diese Weise „einigen Schädlingen unter der Ärzteschaft das Handwerk zu legen". (Über das Opiumgesetz unterrichtet gut das „Morphinbuch und Kokainbuch für Ärzte", herausgegeben von P. Wolff, Leipzig 1931.) Da Süchtige erfahrungsgemäß bei vielen Ärzten vorsprechen und von ihnen gleichzeitig Mittel verschrieben erhalten, die sie dann in verschiedenen Apotheken besorgen, hat Lemke empfohlen, für Ärzte eine Anzeigepflicht von Morphinisten einzuführen, so daß der beamtete Arzt eine Kontrolle ausüben könnte. Hinterpforten wird es freilich auch dann noch geben.

Es ist bekannt, daß mit der Zunahme der Suchtkrankheiten und des Rauschmittelverbrauches (Opium und Morphium, später Heroin in Nordamerika, Kokain in Indien) internationale Bemühungen um eine Kontingentierung und Überwachung von Anbau und Handel einsetzten. Nach einer Konferenz in Shanghai kam es 1912 zu einem Übereinkommen im Haag zwischen Deutschland, den Vereinigten Staaten, China, Japan, den Niederlanden, Persien, Portugal, Rußland, Siam. Seit 1924 tagt eine Opiumkommission des Völkerbundes. Am 1. IX. 1928 trat ein internationales Abkommen in Kraft. Wichtig ist besonders, daß nach 1935 eine Ausfuhr von Opium aus Indien nur noch für ärztliche und wissenschaftliche Zwecke zugelassen sein soll. 1931 fand in Genf die bisher letzte Tagung der Association Internationale de Défense contre les stupéfiants statt. Unter den angenommenen Entschließungen sind wichtig: die Forderung nach völligem Verbot der Herstellung von Diacetylmorphin (Heroin); kein Rauschmittelhandel mit Ländern, die das Abkommen nicht unterzeichnet haben; Unterstreichen der erzieherischen und propagandistischen Aufgaben zur Bekämpfung des Rauschgiftmißbrauchs; statistische Bearbeitung der Suchten in allen Ländern. Es sollen hier einige Zahlen angeführt werden, die Pohlisch auf Grund eines vom Reichsgesundheitsamt geprüften Materials über den Opiummißbrauch im 1. Halbjahr 1928 ermittelt hat. Auf 10000 kommen 0,56 Fälle von Opiummißbrauch (Männer 0,69, Frauen 0,46); bezogen auf die erkrankungsfähige Bevölkerung von über 20 Jahren beträgt das 1,0—1,1 auf 10000 (1,11 für Männer, 0,76 für Frauen). Die opiumsüchtigen Ärzte überschreiten diese Erkrankungsziffer prozentual um das 100-fache: auf 100 Ärzte kommt also einer mit Opiatmißbrauch.

5. Zur speziellen Klinik der Rauschgifte. Opium (Mekonium, Laudanum): Milchsaft (griech. Opós) aus weißen Samenkapseln des Mohns. Kommt zusammengebacken in braunen Kugeln in den Handel. Bei uns wird vorwiegend kleinasiatisches (türkisches) Opium pharmazeutisch verwandt. Enthält etwa 20 Alkaloide, darunter Morphin und Kodein. Rauchopium ist gereinigtes Opium, das tropfenweise auf die Opiumpfeifen gebracht wird (Tschandu). Nach dem Rauchen mehrerer (etwa 10 bis 20 Pfeifen) Zustand von Glückseligkeit, Schlaf und Katzenjammer. Bei uns Mißbrauch besonders durch Essen und Trinken von Opium („Opiophagen": Thomas de Quincey; E. A. Poe).

Unter den anderen gereinigten, zur Bekämpfung von Schmerzen verwandten Opiumpräparaten spielen eine gewisse Rolle als Suchtgifte: Pantopon, Laudanon, Eumekon.

Dem Kodein, das als selbständiges Alkaloid neben dem Morphin im Opium gefunden wird, kommt eine besondere Wirkung insofern zu, als es schon beruhigend auf das Atemzentrum wirkt (Hustenmittel!) in einer Dosierung, die eine nennenswerte Euphorie oder gar einen Rausch noch nicht bewirkt. Die „Suchtdosis" beträgt das 10fache der Tagesmaximaldosis: eine Sucht ist deshalb selten anzutreffen, wird aber ebensowenig ganz vermißt, wie bei dem Kodeinabkömmling Eukodal oder bei Dikodid, das nur in Tablettenform in den Handel kommt, und wie das Dilaudid, Dionin und Paramorphan in seiner Wirkung dem Morphium näher steht.

Gewöhnung, Sucht, körperlich-seelischer Verfall, Abstinenz sind bei den Süchtigen aller genannten Mittel im wesentlichen ähnlich denjenigen Vorbedingungen und Erscheinungen, wie sie oben beim Morphinismus beschrieben wurden.

Morphium: das wichtigste Opiumalkaloid. Rein dargestellt 1804 von Sertürner. Äußere Vorbedingungen für den Morphiummißbrauch wurden aber erst viel später geschaffen: Die Methode der subkutanen Einverleibung von Arzneimitteln (1853), Verbreitung der Injektionsspritze (Pravaz 1864), die ausgedehnte Anwendung der Morphiuminjektionen als schmerzstillendes Mittel in den Kriegen bis 1870/71. 1871 erste Veröffentlichung (Laehr) über Mißbrauch von Morphiuminjektionen. Es wurde schon erwähnt, daß manche Menschen mit sehr unangenehmen Gefühlen und Erscheinungen auf Morphium reagieren; sie laufen kaum Gefahr, Morphinisten zu werden; nur einem Teil bringt das Gift von Anfang an Zustände von eigentümlich genußvoller Erlösung, ja von Glückseligkeit. Man geht wohl nicht fehl, wenn man bei diesen höchst Gefährdeten eine vegetative „neurotrope Affinität" für Morphium und analog für andere Rauschgifte annimmt. Morphium wird von den Süchtigen selten getrunken oder gar durch Stuhlzäpfchen einverleibt: die Injektion des Mittels überwiegt durchaus; in schweren Fällen, wegen der rascheren und vielleicht auch intensiveren Wirkung, intravenöse Injektionen, nicht nur bei Ärzten. Gleichzeitiger Mißbrauch von Schlafmitteln, Nikotin und Koffeinabusus, aber auch Kokainzufuhr zum Teil als Anästhetikum gegen die nachfolgende Morphiuminjektion ebenfalls eingespritzt (!) sind häufig. In der Regel rascher Anstieg der Dosen; Tagesdosen über 1,0 Morphium sind aber doch relativ selten. Die körperlichen Erscheinungen der Gewöhnung und Sucht wurden oben genannt; sie werden meist schon vor den psychischen Veränderungen auffällig: trockene, fahle Haut, Abmagerung, enge Pupillen, Einstichstellen und -narben, schließlich häufig Abszesse an den Armen, Brust, Oberschenkeln und damit verbunden Fieber. Schlafstörung, Ängstlichkeit, geistige Trägheit, Launenhaftigkeit, Reizbarkeit, schließlich äußerste Gleichgültigkeit gegenüber Familie, Stellung, Beruf, Unzuverlässigkeit, Mangel an ästhetischen, sittlichen Hemmungen; Skrupellosigkeit, wenn es sich darum handelt, die gewohnten Rauschmittel zu verschaffen. Der Nachweis eines Opiat-, besonders Morphiummißbrauches ist aus der Gesamtheit dieser körperlich-seelischen Erscheinungen unschwer zu erbringen; die Menge der einverleibten Mittel läßt sich dagegen nur annähernd schätzen, um so mehr als die Stärke der Entziehungserscheinungen weniger von der Höhe der Giftdosis als der vegetativen und endokrinen Konstitution der Betroffenen abzuhängen scheint.

F. A. Loofs und später Panse haben Methoden ausgearbeitet, die eine klinisch-chemische Kontrolle des Morphinismus ermöglichen sollen, da sie gestatten, selbst kleine Tagesmengen von Morphium im Urin nachzuweisen. Balls und Wolff haben neuerdings Methoden zur Bestimmung von Morphium in Muskelsubstanz, Blut und Urin angegeben. Die forensische Wichtigkeit solcher objektiven Nachweismöglichkeiten am Lebenden leuchtet ein, wenn sie auch gegenüber dem klinischen Allgemeinbefund eine bescheidene Rolle spielen; sie erlauben ja auch kein sicheres Urteil darüber, ob ein wiederholter Morphiumgebrauch bis zur Gewöhnung vorliegt oder eine einmalige Zufuhr.

Heroin wird aus Morphium gewonnen; es ist der chemischen Struktur nach Diacethylmorphin, und wird analog dem Morphium als Heroinum hydrochloricum verwandt. Ähnlich dem Kodein wirkt es beruhigend auf das Atemzentrum, da es außerdem billiger ist, so wird seine ursprüngliche Beliebtheit als Medikament verständlich. Daß es für ärztliche Zwecke überflüssig ist und überhaupt nicht verordnet werden sollte, wurde schon erwähnt. Der Heroinmißbrauch hat sich von Nordamerika, besonders der Ostküste der Vereinigten Staaten durch Seeleute nach Europa verbreitet; in Deutschland besonders in Hamburg. Nach amerikanischen Statistiken wurde in über 77% aller Giftsuchten Heroin allein oder zusammen mit Morphium oder Kokain genommen. Es wird in Tabletten- oder Pulverform geschluckt, häufiger geschnupft, von den meisten Süchtigen schließlich injiziert. Gewöhnung, Verfall, Abstinenz verlaufen wie beim Morphinismus.

Kokain: Das Alkaloid ist der wirksame Bestandteil der Blätter des Kokastrauches (Erythroxylon Coca Lam.), der ursprünglich in Peru und Bolivien heimisch war. Unter den Inkas war der Anbau Staatsmonopol. Das Kauen der getrockneten Blätter, vermischt mit Kalk oder Asche ist noch heute unter den Eingeborenen üblich; nur ein Teil von ihnen wird im eigentlichen Sinne süchtig („Coqueros"). 1859/60 wurde das Alkaloid zum ersten Male rein aus den Blättern dargestellt (Albert Niemann im Laboratorium von Wöhler) und erhielt die Bezeichnung Kokain. Es ist ein weißes, kristallinisches Pulver von eigentümlich süßlichbitterem Geschmack. Später wurden noch 6 weitere Alkaloide in den Kokablättern nachgewiesen. Erst zu Beginn der 80er Jahre wurde Kokain in den Arzneischatz eingeführt und zwar wegen seiner anästhetisierenden Wirkung, wodurch sonst schmerzhafte Untersuchungen oder operative Eingriffe ermöglicht wurden (Nasenrachenraum, Kehlkopf, Auge usw.). Neben diese „terminale" Wirkung auf die sensiblen Nerven tritt jedoch — und zwar auch bei Auftragung des Kokains auf die Schleimhäute — eine Wirkung auf das vegetative System (Sympathicus) sowie auf Großhirnrinde und Mittelhirn: Erweiterung der Pupillen, der Lidspalte, Zittern, Schwitzen, seelische Erregung mit Beseitigung unangenehmer Gefühle (Müdigkeit, Hunger und Durst, Verstimmung). Aus dieser Wirkung wird es einigermaßen verständlich, daß Paolo Mantegazza in den 50er und 60er Jahren das Kokain als ein überragendes Heilmittel bei Geisteskrankheiten empfehlen konnte, und daß man auch nach Kriegsende wieder versucht hat, schizophrene Stuporzustände durch Kokain gewissermaßen zu sprengen. Andererseits führte die Unberechenbarkeit von unangenehmen akuten Nebenwirkungen vegetativer und seelischer Art dazu, weniger giftige Verbindungen herzustellen (Tropokokain; Eukain B; Novokain; Stovain, Tutokain; schließlich 1924 durch Willstätter synthetische Herstellung des weinsauren Salzes des rechtsdrehenden Pseudokokains-Psikain). Die Verbreitung des Kokainmißbrauches begann mit dem lange Jahre trotz gröbster Fehlschläge festgehaltenen Bemühen, Morphinisten mit dem neuen Wundermittel zu entwöhnen. Allmählich verschob sich die Anwendungsweise des Rauschmittels: Kauen von Blättern, Injektion, Aufnahme des Pulvers durch den Mund, schließlich Schnupfen. Neue ausgedehnte Anbaugebiete, die allmählich die alten in Südamerika überflügelten, entstanden in den 80er Jahren in Ceylon, Britisch-Indien, vor allem auch auf Java und Madura (1902 erste Veröffentlichung über die Sucht in Indien; aus demselben Jahr Berichte über den Schnupfkokainismus in den Vereinigten Staaten); die Verbreitung in Europa, besonders auch in Deutschland, ging schon vor dem Weltkrieg vor allem von Paris aus, und zwar mit der Note eines „Gesellschaftsspiels". Nach dem Krieg stieg die Aufnahmeziffer der Kokainisten in den großstädtischen Kliniken Deutschlands an, um das 10—20-fache und darüber hinaus. Betroffen waren besonders Jugendliche, überwiegend erheblich psychopathische Persönlichkeiten von unstetem, renommistischem, oft unsozialem, ja kriminellem Gepräge (Bonhoeffer). Die Methode des Schnupfens bewirkt bei längerer Anwendung ekzematöse Rötungen an den Nasenlöchern, die charakteristisch sind, und sich zuweilen schmetterlingsartig über Nase und Augen verbreiten; außerdem besteht ein chronischer Kokainschnupfen, der immer nur für kurze Zeit durch neue Prisen bekämpft werden kann; schließlich kommt es zu einer Atrophie der Schleimhaut, zu Geschwüren an der knorpeligen Nasenscheidewand, die sogar perforiert werden kann. Die suchtfördernde psychische Wirkung des Kokains: beschleunigter Vorstellungsablauf, gesteigerte Empfindlichkeit der Sinnesorgane, lebhafte, sichere Motorik (im Gegensatz besonders zum Alkohol), gehobene Stimmung, ja überströmendes Glücksgefühl hält nur kurze Zeit (etwa ½ Stunde) vor, dann tritt Beruhigung ein, eine schläfrig benommene, verkaterte Stimmung.

Über das Fehlen einer eigentlichen Gewöhnung und Abstinenz wurde schon im Allgemeinen Teil berichtet. Ein weiterer Unterschied des Kokains gegenüber den Opiaten besteht in der eigentümlichen Wirkung auf das Geschlechtsleben. Zunächst kommt es sowohl bei Männern wie bei Frauen zu einer Steigerung der sexuellen Erregung, die aber bei Männern zu einer Leistungsschwäche bis zur Impotenz führt; außerdem werden bei Männern anscheinend häufiger als bei Frauen homosexuelle Einstellungen und Handlungen beobachtet; ob es sich dabei wirklich um „echte" Wandlung des geschlechtlichen Verlangens handelt, ist sehr zweifelhaft: mangelnde Potenz, Enthemmung, Milieuwirkungen, Sucht nach Reizsteigerung spielen sicher eine große Rolle.

Auch das häufige Auftreten von Sinnestäuschungen taktiler, optischer, akustischer Art unterscheidet das chronische Kokainstadium vom Morphinismus. Die Kranken fühlen Fremdkörper unter der Haut (kleine Würmer, Mikroben), nach denen sogar eingeschnitten wird; sie suchen nach Läusen, Flöhen, Ameisen, Wanzen, Juckpulver; sie sehen „Luftstaub", flimmernde Pünktchen, Bakterien, Köpfe usw., sie mißdeuten alles Mögliche: Laute, Reden, Geräusche; fühlen sich verfolgt, sind ängstlich, übertrieben reizbar. Außer zu solchen echt psychotischen Zuständen, die Wochen bis Monate dauern, kommt es aber auch bei Kokainisten zu einer allmählichen Abschwächung der geistigen Kräfte, zu Gedächtnisstörungen, zu Einsichtslosigkeit und sittlichem Verfall. Die Heilungsaussichten sind bei Kokainisten nicht besser, eher schlechter als bei Morphinisten. Ein Nachweis des Kokains im Harn, und damit eine gewisse „objektive" Kontrolle ist möglich. Dagegen scheint der Nachweis in der Leiche sehr schwierig zu sein, da Kokain im Körper sehr rasch zerfällt.

Haschisch (Achach): Dieses märchenalte Genußmittel hat in Europa durch Charles de Baudelaires „Paradies artefLiciels" neue Berühmtheit erlangt. Es wird aus dem indischen Hanf (Cannabis indica) hergestellt; der wirksame Bestandteil findet sich in den Zweigspitzen der weiblichen Pflanze. Haschisch kommt in sehr verschiedener Zubereitung auf den Markt und wird verschieden benannt: Kîf — Nordafrika; Gozah — Ägypten; Bheng, Bhang — Persien, Indien; Achach — Türkei usw.). Es wird geraucht, gegessen (besonders als Konfekt, in Süßspeisen), als Likör getrunken, auch zusammen mit Opium gekaut. Die Verbreitung unter den mohammedanischen Völkern ist sehr groß; ähnlich wie man in Oberbayern auch Kleinkinder mit Bier beruhigt, wird etwa in der Türkei — oder wurden wenigstens bis vor kurzem — die Säuglinge mit Achach besänftigt. Eine Gewöhnung gibt es nicht. Die akuten Rauschzustände sind experimentell eingehend untersucht worden. (Die Firma Ziba-Berlin bringt gereinigtes Harz des indischen Hanfs als Cannabinol in den Handel.) (Joël und Fränkel; Fr. Kant und Ed. Krapf). Die Schilderungen stimmen ziemlich gut überein mit den Angaben der Haschischraucher: Schärfung der Sinne, wundervolle optische Eindrücke, Veränderung der Umgebung, „Selbständigwerden" der Gedanken, Veränderung des Körpergefühls, angenehme Heiterkeit („Sektrausch verhalte sich zum Bierrausch wie Haschischrausch zum Sektrausch), schließlich Zustände von Verzückung, Ekstase, Besessenheit. Keine sexuellen Erregungen und Phantasieen.

Der chronische Mißbrauch führt auch hier zu einem körperlich-seelischen Verfall und meist zu raschem sozialem Abstieg. Ob es wirklich auch zu echten Psychosen kommt, ist fraglich. In Deutschland wurde Haschisch früher zuweilen als Schlafmittel verordnet; im übrigen spielt es bei uns keine nennenswerte Rolle.

Meskalin (Peyote): Alkaloid aus dem mexikanischen Kaktus Anhalonium Lewinii (Williamsi) Hennings, kommt in getrockneten Pflanzenscheiben in den Handel; altes Genußmittel, auch für sakrale Handlungen bei den Indianerstämmen Mexikos und im Süden der Vereinigten Staaten. Die gewerbsmäßigen Händler heißen „Mescaleros". In Europa ist dieses Rauschgift trotz verschiedener Versuche nicht heimisch geworden; es hat dagegen seine große Bedeutung für das Studium experimenteller Gifträusche gewonnen. Da es eine nur mäßige Bewußtseinstrübung bewirkt, so daß eine gute Rückerinnerung an die Rauscherlebnisse bestehen bleibt, hat es seinen besonderen Wert — ähnlich dem Haschisch — in der Möglichkeit, aus eigenem Erleben psychotische Zustände kennen zu lernen, die besonders denen akuter schizophrener Erkrankungen ähneln, mit schwerer Veränderung der Persönlichkeit (Persönlichkeitsspaltung), weitgehender Störung des Raum- und Zeiterlebnisses; mit dem Gefühl der Verschmelzung des Ich mit Objekten der Umwelt; mit aufdrängenden Gesichtstäuschungen usw. Übrigens ist es bemerkenswert, daß es einzelne Personen gibt, die in keiner Weise auf das Gift in den üblichen Versuchsdosen reagieren, und daß andere es offenbar weitgehend in der Hand haben, die Rauschinhalte zu gestalten, oder sich ihnen hinzugeben.

6. Beurteilung vor Gericht. In strafrechtlicher Beziehung geben sowohl Morphinisten wie Kokainisten Anlaß zur forensischen Begutachtung — wenn auch nicht annähernd so häufig wie Alkoholisten; Körperverletzungen und ähnliche Delikte spielen keine Rolle. Die zunehmende Abstumpfung und Trägheit infolge der Sucht hemmt ja weitgehend alle motorischen Entladungen. Eine Ausnahme machen hier „kokainisierte" Verbrecher, die das Kokain absichtlich vor geplanten Verbrechen nehmen. Sie werden dann (H. W. Maier), selbst wenn sie sonst sich feige zurückhalten, Draufgänger und machen auch von der Waffe Gebrauch. Eine Exkulpierung kommt in solchen Fällen kaum in Frage; Sicherungsmaßnahmen müssen energisch gefordert werden.

Nach dem „Gesetz gegen gefährliche Gewohnheitsverbrecher und über Maßregeln der Sicherung und Besserung" vom 24. XI. 1933 ist es nach § 42e und 42f Abs. 2 möglich, rauschgiftsüchtige Kriminelle auf die Höchstdauer von 2 Jahren in einer Entziehungsanstalt unterzubringen, wenn dies erforderlich ist. Eine solche zeitliche Beschränkung wird gewiß nicht in allen Fällen ausreichen. Ob und in welchem Umfang (mildernde Umstände) die Voraussetzungen des § 51 RStGB. bei chronischen Rauschgiftsüchtigen gegeben sind, ist nur von Fall zu Fall zu entscheiden. Delikte während echter Kokainpsychosen werden kaum jemals als strafbar gelten können. Eine weitgehende krankhafte Beeinträchtigung der freien Willensbestimmung muß auch angenommen werden für die Rezeptfälschungen und ähnliche mit der Sucht zusammenhängende Handlungen von Morphinisten während eines Abstinenzstadiums. Der — in der Regel nachträglich geforderte — Nachweis eines solchen Ausnahmezustandes ist freilich nicht immer leicht zu erbringen. Den Aussagen der Morphinisten pflegt das Gericht dabei mit Recht skeptisch gegenüber zu stehen. Dasselbe gilt für die Aussagen morphinistischer oder kokainistischer Zeugen. Eine besondere Bedeutung haben diejenigen Delikte erlangt, bei denen Personen kokainisiert wurden, um sie sexuell leichter mißbrauchen zu können. Auch die Neigung zu homosexuellen Handlungen bei Kokainsüchtigen führt gelegentlich vor den Strafrichter.

In zivilrechtlicher Beziehung wäre die Möglichkeit einer Entmündigung von chronisch Süchtigen aus § 6, 3 BGB. (infolge Trunksucht) sehr erwünscht; indes ist in den ausgesprochenen Fällen — auch nach einer Entziehung — eine Entmündigung aus § 6, 1 nicht selten zu erreichen.

Eine Geschäftsunfähigkeit aus § 104 BGB. wird selten zu erhärten sein, dagegen häufiger die Nichtigkeit einer Willenserklärung nach § 105, 2.

Die Voraussetzungen für eine Ehescheidung nach § 1569 (Geisteskrankheit) werden kaum einmal gegeben sein; dagegen wird eine Ehescheidung wegen Zerrüttung (§ 1568 BGB.) in schweren Fällen möglich und auch zuweilen aus sozialen und sittlichen Gründen (Kinder) erwünscht sein. Wurde das Bestehen einer Rauschgiftsucht vor Eingehen der Ehe verschwiegen, so kann die Ehe für nichtig erklärt werden (§ 1333 BGB.).

Schrifttum:

A. Zusammenfassende Darstellungen und Monographieen:

Beringer, K., Der Meskalinrausch, Berlin 1927. — Erlenmeyer, Albr., Die Morphiumsucht und ihre Behandlung, Berlin 1887. — Forel, O. L., Les Toxicomanies, Annales Médico-Psychologiques 1931/I u. II. — Gaupp, Die Gefahren der Rauschgifte für das deutsche Volk, Berlin 1928. — Goldbaum, Opiumgesetz nebst internationalem Opiumabkommen und Ausführungsbestimmungen, Kommentar, 2. Aufl., Berlin 1931 (Stilkes Rechtsbibliothek, Nr. 75). — Hahn, B., Die Morphiumerkrankungen, Heidelberg 1927. — Joël, Die Behandlung der Giftsuchten, Leipzig 1928. — Legrain, P. M., La criminalité des toxicomanes, Paris 1923. — Lewin, L., Phantastica 1924. — Maier, H. W., Der Kokainismus, Leipzig 1926. — Derselbe, Zur Klinik der Toxicomanen, Schweizer Archiv für Neurologie u. Psychiatrie, 1933, XXX, 381 ff. — Meggendorfer, F., „Intoxikationspsychosen" („Genußgifte") in Bumkes Handbuch der Geisteskrankheiten, Berlin 1928, VII. Bd., spez. T. III. — Payne, George E., The Menace of Narcotic Drugs (A Discussion of Narcotics and Education), New York Prentice Hall 1931. — Verhandlungsbericht der Conférence universelle de défense contre les Stupéfiants, Genf, 15.—17. VI. 1931.

B. Einzelarbeiten:

Balls, A. K. u. W. A. Wolf, The determination of morphine, J. of biol. Chem. 80 (1928), ref. Zentrbl. Neur. 52, 1929. — Beringer, W. v. Baeyer u. H. Marx, Zur Klinik des Haschischrausches, Nervenarzt 5 (1932). — Birnbaum, K., Psychologie der Rauschsüchtigen, Kriminal. Mh. 4 (1930). — Bonhoeffer u. H. Schwarz, Zur Frage des chronischen Kokainmißbrauchs, Dtsch. med. Wschr. 1930, I, S. 1043. — Dansauer u. Rieth: Über Morphinismus bei Kriegsbeschädigten (Arbeit und Gesundheit. Hrsg. von Martineck, H. 18). — Ebermayer, sowie Sioli, Das Opiumgesetz und seine Auswirkungen, Referate auf der Jahresvers. d. Deutschen Vereins f. Psychiatrie in Kissingen 1928. — Fraeb-Wolf, Die straf- und zivilrechtliche Stellungnahme gegen den Rauschgiftmißbrauch, Leipzig 1927. — Fraenkel u. Joel, Der Haschischrausch, Z. Neurol. 111, 1927. — Joël u. Fränkel, Kokainismus und Homosexualität, Dtsch. med. Wschr. Nr. 38, 1915. — Kant, Fr. u. Ed. Krapf, Über Selbstversuche mit Haschisch, Arch. f. experim. Patholog. 129 (1928). — Lemke, O., Das Opiumgesetz, Z. Med. Beamte 42, 1929. — Loofs, F. A., Über die Möglichkeit einer klinisch-chemischen Kontrolle des Morphinismus, Ztschr. Neurol. 79, 1922. — Mayer-Groß, W., Selbstschilderung eines Kokainisten, Ztschr. f. Neurol. 62, 1920. — Panse, Friedr., Eine neue klinisch leicht anwendbare Methode des Nachweises von Opiaten im Harn von Opiatsüchtigen, Dtsch. Med. Wschr. 1932, 1444. — Pohlisch, Kurt, Die Verbreitung des chronischen Opiatmißbrauches in Deutschland, ermittelt auf Grund eines vom Reichsgesundheitsamt zusammengestellten und geprüften Materials, Mschr. Psychiatr. 79, 1931. — Riechert, T., Die Prognose der Rauschgiftsuchten, Arch. f. Psychiatrie u. Nervenkrankheiten 95, 1931. — Schultze, E., Morphinismus und Opiumgesetz, Münch. med. Wschr. 1928, H. 17 u. 18. — Schwarz, H., Über die Prognose des Morphinismus, Mschr. Psych. 67, 1927. — Siegert, Der Mißbrauch von Rauschgiften in der Strafrechtsreform, Mschr. f. Krim.Psychol. u. Strafrechtsreform, 23. Jg. 1932, S. 344/45. — Staehelin, J. E., Über Entstehung und Behandlung der Süchte, Schweiz. Med. Wschr. 1932, II, 893. — Stringaris, Zur Klinik der Haschischpsychosen (nach Studium in Griechenland), Arch. f. Psychiatr. 100,

522, 1933. — Wolff, P., Wann ist die Verschreibung von Opiaten ärztlich begründet? Eine Umfrage, Dtsch. med. Wschr. 1930, S. 10. — Derselbe, Praktische Therapie der Alkaloidsuchten, Handbuch der praktischen Therapie als Ergebnis experimenteller Forschung, 1302, 1927. — Derselbe, Morphinbuch und Kokainbuch für Ärzte, Leipzig 1931. — Wuth, O., Morphinismus, Münch. med. Wschr. 1923/24/25. — Derselbe, Neue Wege in der Therapie des Morphinismus, Klin. Wschr. 8, 508, 1929.

Walther Jahrreiss.

B. Kriminalpolitische Behandlung.

1. Allgemeines. Zu den modernsten Verbrechensarten gehören der Schmuggel und Schleichhandel mit Rauschgiften. Der Schmuggel kennt keine Grenzen, erstreckt sich über die ganze Welt und steht in hoher Blüte im fernen Osten (China) — Opium und Heroin —, hat weite Absatzgebiete in Nordamerika — Morphium und Heroin — und in Ägypten — Heroin und Haschisch —, während in den Ostseerandstaaten sowie Polen und Frankreich mehr Abnehmer für Kokain zu finden sind. Die Zahl der Süchtigen ist schwer festzustellen, statistisch erfaßte 1928 Pohlisch in Deutschland rund 6000 Personen, Ägypten zählte 1933 optimistisch (?) bei 5mal kleinerer Bevölkerungszahl rund 24000 Süchtige, die Vereinigten Staaten schätzen bei rund 125 Millionen Einwohnern 100000 oder mehr, während die Zahl in China in die Millionen geht.

2. Schmuggel und Mißbrauch. a) Großschmuggel. Den Absatzmöglichkeiten entspricht die internationale Organisation der Schmuggler. Geheimfabriken — besonders in der Türkei, in Balkanländern, China und Japan — und systematische Beraubungen ordnungsmäßiger Sendungen sowie betrügerische Bestellungen unter fingierten Firmennamen liefern das Material. Geldgeber großen Formats mit Millionen Betriebskapital und guten Bankverbindungen haben Vermittler und Agenten an Haupthandelsplätzen. Sie bedienen sich aller modernen Nachrichten- und Verkehrsmittel und bleiben unter der Maske ehrbarer Kaufleute oder Makler im Hintergrunde. In den Abnehmerländern sitzen die Aufnahme- und Verteilungsstellen, die durch Sonderbeauftragte die Waren einkaufen, versteckt verpacken und begleiten lassen. Wiederholte Umladungen und Umwege der oft durch wertlosen Beipack (Spielzeug, Chemikalien, Teppiche, Schulhefte, Haushaltartikel) künstlich umfangreich gemachten Sendungen (8—15 große Kisten sind keine Seltenheit) täuschen und erschweren die Überwachung. Bevorzugt sind Freihäfen als Lager- und Umpackplätze; die Ware geht von dort unter falscher Inhaltsangabe als Malzkaffee, Konserven, auch Salben und Öl über See nach dem Bestimmungsland. Beamtenbestechungen sind im Ausland wiederholt mit Erfolg vorgenommen worden. — Welchen Umfang solche Sendungen annehmen können, zeigt die größte Beschlagnahme in Deutschland im Dezember 1931 in Hamburg. Sie erbrachte rund 250 kg türkischen Morphiums, bestimmt für Nordamerika, normaler Handelswert etwa 100000 RM. Ausführliche Mitteilungen über internationalen Rauschgiftschmuggel (mit Bildern) s. Krim. Monatshefte, Bali-Verlag Berger & Co., Berlin 1932, Heft 11, S. 250ff. und 1933, Heft 10.

b) Grenzschmuggel. Ein besonderer Zweig widmet sich dem kleinen Grenzschmuggel in ähnlicher Weise wie die Schmuggler zollpflichtiger Waren. Ihre Entdeckung ist selten wegen der guten Versteckmöglichkeit der leichten und in geringsten Mengen schon wertvollen Rauschgifte. Die erheblichen Gewinne im unerlaubten Rauschgifthandel, die das 10—20fache des Wertes nicht selten erreichen, veranlassen daneben aber auch sowohl im Inlande wie besonders in den Grenzgebieten immer wieder gerissene Betrüger, statt echter Ware verfälschte (gemischte) oder gar falsche zu liefern. Meist werden gute Proben angeboten und die Hauptposten in Eile, unter ungünstigen Beleuchtungsverhältnissen, unter Vorspiegelung des Nahens der Polizei u. ä. übergeben. Beim späteren Öffnen der Pakete stellt der Empfänger dann fest, daß er „Ersatz" bekommen hat, sei es Novokain, Naphthalin oder Salicylsäure statt Kokain und Borax oder gar Gips mit Zucker statt Morphium. Ein solcher Betrug wird als Opiumvergehen bestraft, da diese Fälle ausdrücklich im Gesetz vorgesehen sind.

c) Kleinhandel. Der Vertrieb von Kokain im Kleinhandel spielt sich hauptsächlich in Nachtlokalen, Bars, Kaschemmen ab und wird, wie im Großhandel, von einem Netz gewiegtester Händler vorgenommen. Engster Zusammenhalt, gegenseitige Unterstützung, kein Verrat der Hauptlieferer kennzeichnen sie als gefährliche Verbrecher. Bevorzugt sind Großstädte. Die Abnehmer von Kokain sind in Kreisen von Straßenmädchen, Homosexuellen, aber auch Künstlern und Schauspielern zu finden. Opium ist bisher in Deutschland nur in Hamburg in Chinesenkellern meist von Ausländern geraucht worden. (Siehe Dönnecke, Krim. Monatshefte 1929, Heft 10: Chinesen als

Opiumraucher.) Haschischgebrauch ist hier unbekannt.

Neben dieser Art des Kleinhandels mit geschmuggelter oder gestohlener Ware besteht ein Handel zwischen Süchtigen, die sich gegenseitig „aushelfen“ oder auch vom Erlös aus Weiterverkauf von Überschußmengen ihren eigenen Verbrauch und einen Teil ihres Lebensunterhaltes bezahlen. Diese Art findet man vornehmlich unter den Morphinisten der ärmeren Bevölkerungsschichten, Wohlfahrtsempfängern, Arbeitslosen und Kriegsbeschädigten. Nebe hat in den Kriminalistischen Monatsheften 1929, Heft 12 einen „Morphiumkeller“, in dem ein regelrechter Verkauf spritzenweise stattfand, beschrieben.

d) Unerlaubter Bezug. Die Süchtigen, denen Betäubungsmittel nicht mehr verordnet werden können, wenn es ärztlich nicht begründet ist, suchen durch Mittel aller Art sie sich zu verschaffen. Sie wechseln die Ärzte, suchen mit Vorliebe solche auf, deren Geneigtheit zum Verschreiben von Betäubungsmitteln bekannt ist, täuschen in meisterhafter Weise Krankheiten oder Schmerzanfälle — besonders Koliken — vor, bedienen sich falscher Namen, holen für angeblich hilflose Verwandte, ja bedrohen die Ärzte im Weigerungsfalle. Im vorgeschrittenen Stadium verfälschen sie Rezepte über harmlose Heilmittel durch Hinzufügen einer Betäubungsmittelverschreibung, sie stehlen in unbewachten — oft selbst veranlaßten — Augenblicken im Sprechzimmer des Arztes Formulare, wenn möglich mit Blankounterschrift, namentlich bei vielbeschäftigten Ärzten. Dem Verfälschen folgt das Fälschen und Selbstanfertigen oder Druckenlassen von Rezepten. Die zu Fälschungen nicht Geneigten oder Befähigten begehen Diebstähle bei Ärzten und in Apotheken, bei denen sie sich zuweilen des Tricks bedienen, als Versicherungsagenten, Leitungsrevisoren oder dgl. aufzutreten und dann Standgefäße mitzunehmen; auch Bedrohungen mit Gewalttätigkeiten gegen Apotheker sind vorgekommen. Über interessante Rezeptfälschungen s. Nebe, Krim. Monatshefte 1930, Heft 8.

e) Vielverschreibungen. Ein besonderes Kapitel bilden die Vielverschreibungen von Ärzten, d. h. Verordnungen in hohen Mengen oder über lange Zeit in Fällen, in denen die ernste ärztliche Wissenschaft sie für nicht begründet hält. Müller-Heß und Wiethold haben über ihre gerichtsärztlichen Erfahrungen ausführlich berichtet (s. Schrifttum). Sie unterscheiden 6 Gruppen von Ärzten, die gegen das Opiumgesetz verstoßen: 1. Ärzte, die aus Unachtsamkeit, Arbeitsüberlastung, aus einfachem Versehen oder mangelnder Beherrschung der Gesetze, 2. Ärzte, die aus Unkenntnis der Suchtkrankheiten straffällig werden; 3. Leichtgläubige, Gutmütige und Nachgiebige; 4. Leichtfertige und Fahrlässige; 5. Gewinnsüchtige; 6. Suchtkranke. Hervorzuheben ist hierunter Gruppe 6, die vielfach verschleiert unter den Angaben „für die Praxis“, „für den Klinikbedarf“, auf Namen von Ehefrauen und Verwandten, schließlich Patienten und fingierte Namen in unzulässiger Weise Betäubungsmittel zum eigenen Gebrauch verschreibt. Sie bildet eine Gefahr für die Allgemeinheit und verdient keinerlei Rücksicht. Weitere Ausführungen über Vergehen gegen die sogenannte Verschreibungsverordnung siehe Krim. Monatshefte 1933, Heft 6.

3. Gesetzliche Bestimmungen und Überwachungsmaßnahmen. a) Gesetze usw. Auf Grund der internationalen Abkommen (vgl. oben S. 474) sind im Deutschen Reiche Gesetze, Verordnungen, Abänderungs- und Ergänzungsgesetze und Ausführungsbestimmungen ergangen, die sowohl die Begriffe festlegen für die Stoffe, die den Sondergesetzen unterliegen, wie die Einfuhr, Durchfuhr, Ausfuhr, Verarbeitung, Handel und Verbrauch im Inland regeln. Die hauptsächlichsten seien hier erwähnt: G. über den Verkehr mit Betäubungsmitteln vom 10. XII. 1929 (Opiumgesetz) mit 2 Abänderungsgesetzen von 1933 und 1934; die VO. über die Einfuhr, Durchfuhr und Ausfuhr von Betäubungsmitteln vom 1. IV. 1930; die VO. über die Zulassung zum Verkehr mit Betäubungsmitteln vom 1. IV. 1930; die VO. über das Verschreiben Betäubungsmittel enthaltender Arzneien und ihre Abgabe in den Apotheken (Verschreibungs- und Abgabeverordnung) vom 19. XII. 1930.

b) Überwachung. Für die Überwachung des ordnungsmäßigen Verkehrs mit Betäubungsmitteln ist das Reichsgesundheitsamt (Opiumstelle) für das Deutsche Reich zuständig. Ein wohldurchdachtes System von Handelsgenehmigungen, Erlaubnisscheinen, Bezugsscheinen und Karteien ermöglicht eine Kontrolle der Herstellung in Fabriken, des Verkaufs durch Großhandlungen, des Verbrauchs aller Betäubungsmittel bis zu den Apotheken, ja bis zum letzten Empfänger, dem Kranken, der nur auf Rezept eines Arztes die Heilmittel erhält. Alle Rezepte müssen von den Apotheken in Betäubungsmittelbücher eingetragen und mit den Büchern 5 Jahre lang aufbewahrt werden. Die Verschreibungen der Ärzte unterliegen genauen Form- und Mengenvorschriften, zum Teil besteht eine Buchführungspflicht für den Arzt. Hierdurch ist eine Verwendung der Betäubungsmittel zu medizinischen Zwecken gesichert, ein übermäßiger Verbrauch wirksam gehemmt und eine allgemeine Verminderung der Anwendung erreicht worden. Es wirkt sich so aus, daß z. B. Kokain von einem Jahresumsatz 1930 von 412 kg auf etwa 80 kg im Jahre 1932 zurückgegangen ist (Linz, Dtsch. Med. Wschr. Nr. 29 von 1932).

4. Bekämpfung des Rauschgiftschmuggels und Schleichhandels. Sache der Kriminalpolizei ist es, alle strafbaren Handlungen zu verfolgen, die gegen das Opiumgesetz usw. verstoßen. Es sind mit einer Ausnahme bei fahrlässiger Verschreibung und Anfertigung von Rezepten sämtlich Vergehen, die mit Gefängnis bis zu 3 Jahren und Geldstrafen oder einem von beiden belegt werden. Entsprechend der Gliederung der Gegner geschieht die Bekämpfung des internationalen Rauschgiftschmuggels durch Zusammenarbeit der Polizeibehörden aller Staaten, die die Genfer Abkommen unterzeichnet haben. In den meisten Ländern sind Rauschgiftzentralstellen in den Hauptstädten errichtet, die durch regen Nachrichtenaustausch und persönliche Verbindung ersprießliche Arbeit leisten, so z. B. in Cairo, London, Paris, Prag, Rom, Rotterdam, Warschau, Washington und Wien. Die polizeiliche Zusammenarbeit fördert das Sekretariat der Beratenden Opiumkommission des Völkerbundes durch Nachrichten über alle Fälle von unerlaubtem Handel und Beschlagnahme von Schmuggelware. Die örtliche Bekämpfung in Deutschland liegt den zuständigen Polizeibehörden ob, die von den Landeskriminalpolizeiämtern unterstützt und von der Rauschgiftzentralstelle beim Landeskriminalpolizeiamt Berlin mit Material versorgt werden. Das Deutsche Reich bereitet die Errichtung einer deutschen Zentralfahndungsstelle für Opiumvergehen vor. Ihre Funktionen übt bereits die preußische Zentralstelle beim Polizeipräsidium Berlin aus (Näheres s. Ztschr. „Der Deutsche Polizeibeamte“, Heft 7 von 1933, Verlag Kameradschaftsbund deutscher Polizeibeamten Berlin).

Die Verstöße gegen die Betäubungsmittelverschreibungsverordnung erfordern besondere Sachkenntnis und oft umfangreiche Vernehmungen, Überholungen von Apotheken, Aufstellungen und Übersichten über Umfang, Art und Höhe der Verschreibungen, Hinzuziehung von Sachverständigen und Gutachten von Gerichtsärzten. In der Bekämpfung der Suchten und ihrer Verbreitung ist in Deutschland durch die Opiumgesetzgebung ein wesentlicher Fortschritt erzielt worden. Der Verbrauch nimmt seit Jahren ständig ab. Eine Hauptlücke schloß aber erst das G. über Maßregeln der Sicherung und Besserung vom 24. XI. 1933, das seit dem 1. I. 1934 die Unterbringung der Süchtigen auf die Dauer bis zu 2 Jahren in Entziehungsanstalten ermöglicht. In Berlin sind im ersten Halbjahr 1934 in 29 Fällen solche Unterbringungen vom Gericht ausgesprochen worden; ein Drittel der Untergebrachten sind Ärzte und Zahnärzte, ein anderes Drittel Frauen. Als Mindestdauer wird zur Zeit 6 Monate Anstaltsbehandlung für notwendig erachtet, die dann einsetzende erste große Untersuchung auf Entlassungsfähigkeit wird vom Anstalts- und Gerichtsarzt vorgenommen, die Kriminalpolizei dazu gehört und danach von der Staatsanwaltschaft der Antrag auf Entlassung oder Fortdauer der Unterbringung dem Gericht eingereicht. Um den Erfolg der Unterbringung im Sinne des Gesetzgebers und der ärztlichen Wissenschaft zu sichern, werden die Süchtigen nur unter Auflagen, wie der Nachuntersuchungen nach 3, weiteren 5, schließlich 7 Monaten, entlassen. Eine wesentliche Verschärfung der Maßnahmen ist gegeben durch die Untersagung der Ausübung des Berufes auf die Dauer von 1—5 Jahren, die das gleiche Gesetz vorsieht. Die Stellvertretung in dieser Zeit ist verboten und unter Strafe gestellt.

5. Vorbeugende Tätigkeit der Kriminalpolizei. Auf Grund langjähriger Erfahrungen ist die Kriminalpolizei in Verbindung mit der Medizinalpolizei in der Lage, die Ausbreitung der Suchten und die Begehung strafbarer Handlungen weitgehend einzudämmen und zu verhindern. Sie veröffentlicht Warnungen in der Apotheker- und ärztlichen Fachpresse allgemeiner wie besonderer Art, unter Umständen unter Nennung von Namen, insbesondere bei Fälschern, Schwindlern und Dieben. Sie hält ständige Fühlung mit den Standesvertretungen und Kammern, Gesundheitsämtern und Fürsorgestellen. Durch Rundschreiben (Postwurfsendungen) an Ärzte und Apotheker sorgt sie für Aufklärung und Überreichung von Material für die Mithilfe bei der Fahndung z. B. nach unbekannten Rezeptfälschern. Den bekannten Schlupfwinkeln, Verkehrslokalen und -gegenden der Kleinhändler widmet die Kriminalpolizei besondere Aufmerksamkeit durch engste Fühlungnahme mit ihren Kreisen.

Reisende internationale Rauschgifthändler werden ständig beobachtet und ihre Tätigkeit überwacht. Die Ausweisung von Ausländern, die wegen Opiumvergehens bestraft sind, ist zulässig und wird in der Form angewandt, daß gleichzeitig das Heimatland wie derjenige Staat, den der Ausgewiesene aufzusuchen gedenkt, benachrichtigt werden.

Auf die Süchtigen, die sich noch nicht strafbar gemacht haben, jedoch bekannt geworden sind, wirkt die Kriminalpolizei belehrend ein, freiwillige Entziehungskuren zu unternehmen. Bild- und statistisches Material über die verheerenden Wirkungen des Mißbrauchs von Betäubungsmitteln und die Folgen, wie körperlicher und geistiger Verfall, Ende im Irrenhaus oder durch Selbstmord, unterstützen ihre Bestrebungen, letzten Endes die allgemeine Volksgesundheit vor Schädigungen zu bewahren.

Schrifttum:

Anselmino-Hamburger, Kommentar z. d. Gesetz über den Verkehr mit Betäubungsmitteln (Opiumgesetz), Berlin 1931. — Dansauer u. Rieth, Über Morphinismus bei Kriegsbeschädigten, Berlin 1931. — Müller-Heß u. Wiethold, Gerichtsärztl. Erfahrungen und Erwägungen zum Opiumgesetz, Jahreskurse ärztlicher Fortbildung 1933, Septemberheft. — Nebe, Kriminalpolizei und Rauschgifte, Kriminalistische Monatshefte 1929, Heft 3 u. 4. — Pohlisch, Die Verbreitung des chronischen Opiatmißbrauchs in Deutschland, Berlin 1931. — Redlich, Rauschgifte und Suchten, Bonn 1929. — Sirks, Die Polizei und die Rauschgiftfrage, Krim. Monatshefte 1931, Heft 1. — Thomas, Bekämpfung der Rauschgiftsuchten durch die Kriminalpolizei, Ztschr. f. Gesundheitsverw. u. Gesundheitsfürsorge, 5. Jahrg. 1934, Heft 5.

Werner Thomas.

Rehabilitation.

1. Das Gefährdungsstrafrecht des nationalsozialistischen Staates kann als kriminalpolitisches Ziel nur die Ungefährlichmachung des Rechtsbrechers im Auge haben. Sie wird, soweit erforderlich, auf physischem Wege, also mit äußeren Mitteln bewirkt durch Freiheitsentziehung, Sicherungsverwahrung, Todesstrafe, soweit möglich aber muß sie auf moralischem Wege mit inneren Mitteln erreicht werden durch Besserung, Erziehung zum brauchbaren Volksgenossen und schließlich durch Wiedereingliederung des Straffälligen in die Volksgemeinschaft als vollberechtigter Staatsbürger. Diese Resozialisierung des Antisozialen ist also gegenüber dem Besserungsfähigen letztes und höchstes Ziel aller Strafrechtspflege. Sie bedeutet einen doppelten Gewinn, indem der völlige Verlust eines Volksgenossen für die Volksgemeinschaft vermieden und statt dessen ein vollwertiger Mitarbeiter für diese Gemeinschaft gewonnen oder wiedergewonnen wird (vgl. auch Hitler, Mein Kampf, S. 460). Hat der Vorbestrafte diese Wiederaufnahme in die Gemeinschaft der unbescholtenen Volksgenossen erreicht, so sagt man im Sprachgebrauch des täglichen Lebens von ihm, er habe „sich rehabilitiert". In noch allgemeinerem Sinne spricht man von „Rehabilitation" auch, wenn ein zu Unrecht Beschuldigter sich von dem Verdacht einer strafbaren Handlung gereinigt hat, z. B. bei Freisprechung im Berufungs- oder Wiederaufnahmeverfahren.

Das Wort Rehabilitation ist französischen Ursprungs. Mag es auch seinem Stamme nach offenbar von „re-habere" gleich „wiederhaben", „zurückerhalten" herzuleiten sein, so kennt doch die lateinische Sprache ein Wort rehabilitatio nicht. Auch ist dem römischen Recht der Begriff einer Rehabilitation im heutigen juristisch-technischen Sinne fremd. Die wesensverwandte restitutio in integrum betraf das Gebiet des Privatrechts. Im Französischen bedeutet réhabilitation Wiedereinsetzung in frühere Rechte, Ehrenrettung, réhabilitation de mariage die neue Einsegnung einer Ehe, réhabilitation de noblesse die Wiedererteilung des Adels. In der französischen Rechtssprache erscheint der Ausdruck réhabilitation zuerst in der Ordonnance royale vom August 1670, die von „lettres de réhabilitation" spricht und darunter die Aufhebung von Ehrenminderungen durch einen Gnadenakt des Königs versteht.

Der Grundgedanke war: Wer Strafe verbüßt und den Schaden getilgt hat, dem soll bei langjähriger guter Führung eine neben der Freiheitsstrafe erkannte Ehrenstrafe erlassen werden können, um ihm den Wiedereintritt in die Volksgemeinschaft und damit ein ehrliches Fortkommen zu erleichtern. Nun führt aber erfahrungsgemäß jede erhebliche Bestrafung, auch wenn nicht neben der Freiheitsstrafe auf Ehrenstrafe ausdrücklich erkannt ist oder mit der Strafe ihrer Art nach Ehrenminderungen von selbst verbunden sind, zu einer Ansehensminderung des Verurteilten, die sich in Mißtrauen, geringschätziger Behandlung oder offen ausgesprochener Ächtung äußert und die ihre Wirkungen oft Jahrzehnte lang nach Verbüßung der Strafe, ja für die ganze Lebenszeit des Vorbestraften ausübt. Diese „soziale Reaktion" als natürliche Folge der Bestrafung wird um so schärfer sein, je schwerer das gesunde Rechtsempfinden des Volkes durch die Straftat verletzt ist, je mehr also die Bestrafung diesem Volksempfinden entspricht. Eine solche soziale Reaktion ist nicht nur selbstverständlich und unvermeidlich, sondern vom Standpunkt des Kriminalpolitikers auch durchaus erwünscht, da ihre vorbeugende Wirkung (Generalprävention) nicht unterschätzt werden darf. Unter den von der Straftat abhaltenden Motiven gibt oft genug nicht die Stimme des Gewissens den Ausschlag, sondern die Furcht vor der gesellschaftlichen Deklassierung. Kann und soll deshalb auch diese soziale Reaktion als Verbrechensfolge keineswegs entbehrt werden, bildet sie vielmehr, in verständigen Grenzen gehalten, einen notwendigen und unentbehrlichen Bestandteil der gerechten Vergeltung, so wird sie jedoch ungerecht und kriminalitätfördernd, sobald sie jene Grenzen überschreitet. Gerechtigkeit, die nur straft, hört auf, gerecht zu sein. Wie die Übeltat ihre Strafe verdient, so verdient die gute Tat ihre Belohnung. Eine gute Tat aber ist es, wenn ein Vorbestrafter trotz aller Hemmungen und Vorurteile seiner Mitwelt sich dauernd einwandfrei und volksverbunden führt und gemeinnützig betätigt. Die Belohnung für eine solche Führung muß schließlich die volle Wiedergewinnung des bürgerlichen Ansehens sein. Wird der Vorbestrafte trotz vieljähriger guter Führung immer noch weiter, auf unabsehbare Zeit hinaus als Geächteter und Verrufener behandelt, so muß er an jeder menschlichen Gerechtigkeit irre werden und wird schließlich, da ihm ja ein ehrlicher Erwerb versagt bleibt, mit Notwendigkeit wieder auf die Bahn des Verbrechens zurückgedrängt. Zur Wiedereingliederung in die Volksgemeinschaft genügt es eben nicht, daß der Gestrauchelte sich von seinem Fall wieder erhoben und ernsthaft gebessert, sich also selbst innerlich rehabilitiert hat. Soll er sich als nützliches Glied der Volksgemeinschaft betätigen können, so muß notwendigerweise zur inneren Rehabilitation die äußere hinzutreten. Der Makel seiner Vorstrafe muß auch äußerlich von ihm genommen sein, er muß wieder als vollwertiger und gleichgeachteter Volksgenosse dastehen können, wenn er der Volksgemeinschaft erfolgreich dienen soll. Nicht nur die Gerechtigkeit als solche, sondern auch eine wohlverstandene Kriminalpolitik verlangen also, daß für jeden Vorbestraften, der sich ernsthaft gebessert und dies Jahre lang bewiesen hat, endlich einmal ein Vergeben und Vergessen eintritt. Wenn der Gestrauchelte nicht die Hoffnung haben darf, daß er durch jahrelange gute Führung und völlige Besserung den Makel seiner Bestrafung tilgen kann, dann muß er an sich selbst verzweifeln und kann für die Volksgemeinschaft, die auf die Mitarbeit *jedes* wohlgesinnten Volksgenossen angewiesen ist, nie mehr etwas Nützliches leisten.

Solche Gedankengänge haben seit langer Zeit bei den meisten Kulturvölkern zu der Erkenntnis geführt, daß für denjenigen Rechtsbrecher, der seine Strafe verbüßt und den angerichteten Schaden nach Kräften wieder gut gemacht hat, eine völlige Wiedereingliederung in die Volksgemeinschaft als Belohnung für langjährige gute Führung und für die dadurch erwiesene nachhaltige Besserung mit allen Kräften erstrebt werden muß.

Diese Wiedereingliederung kann man als Rehabilitation im weiteren Sinne bezeichnen. Im engeren, juristisch-technischen Sinne faßt man unter der Bezeichnung Rehabilitation diejenigen *staatlichen* Maßnahmen zusammen, durch deren Anwendung jene Wiedereingliederung gefördert werden soll. Denn der Staat kann die erstrebte Wiedereingliederung in die Volksgemeinschaft nur zu fördern suchen, nicht sie herbeiführen. Die Begehung der strafbaren Handlung und die Verbüßung der Strafe bleiben als Tatsachen bestehen und sind nicht mehr aus der Welt zu schaffen. Ob der Straffällige sich — auch bei Vermeidung weiterer Bestrafungen — wirklich innerlich gebessert hat, das hängt in erster Linie von seinem eigenen Charakter und Willen ab. Insoweit kann nur der Täter selbst „sich rehabilitieren". Jede Rehabilitation ist zunächst Selbstaufrichtung. Der Staat kann hier nur durch geeignete Behandlung im Strafvollzug und nach der Entlassung die Besserung fördern. Aber auch wenn der Vorbestrafte wirklich innerlich gebessert, ja selbst wenn er begnadigt ist, hängt es nicht vom Staat, sondern von der Volksgemeinschaft ab, ob sie ihn wieder als vollwertigen Volksgenossen aufnehmen will. Hier kann der Staat die Wiedereingliederung nur dadurch fördern, daß er seine Bevölkerung über die Ungerechtigkeit und kriminalpolitische Verkehrtheit solcher lebenslänglichen Ächtung jedes Vorbestraften nachhaltig aufklärt. Auch kann er durch Wiedereinstellung Vorbestrafter in den Staatsdienst ein gutes Beispiel von Vertrauen geben. Endlich kann er die Schmähung des Vorbestraften durch den Vorwurf der Strafe nach ihrer Verbüßung unter Strafe stellen. Aber alle diese Maßnahmen stellen nur eine *mittelbare* Förderung der Wiedereingliederung dar und sind zu allgemeiner Natur, um sie unter den Begriff der Rehabilitation im engeren Sinne zu fassen. Was der Staat *unmittelbar* zur Wiedereingliederung des Vorbestraften tun kann, ist im wesentlichen nur zweierlei: einmal kann er die Ehrenstrafen und Ehrenfolgen, die neben einer Freiheitsstrafe verhängt oder mit ihr ohne weiteres verbunden sind und die nach Verbüßung der Freiheitsstrafe für die im Urteil festgesetzte Zeit oder dauernd fortbestehen, aufheben und damit den Vorbestraften in die verlorenen Ehrenrechte wieder einsetzen, und zweitens kann der Staat die Eintragungen in den Strafregistern löschen lassen und dadurch die Erinnerung an die Vorbestrafung tilgen. Freilich stellt die Tilgung des Strafvermerks im Strafregister an sich keine Rehabilitation dar, sondern sie ist eigentlich nur ein Mittel zur Erreichung einer solchen. Gleichwohl faßt man in der wissenschaftlichen Sprache seit langem unter dem Begriff der Rehabilitation fast ausschließlich die genannten beiden staatlichen Maßnahmen zusammen: die Wiedereinsetzung in verlorene Ehrenrechte und die Tilgung im Strafregister. Die Terminologie ist nicht einheitlich. Insbesondere bedeutet der Ausdruck Rehabilitation in wissenschaftlichen Erörterungen sowie in der Praxis einiger außerdeutscher Länder vielfach nicht nur die Wiedereinsetzung in aberkannte Ehrenrechte, sondern die Aufhebung der gesamten Verurteilung selbst durch eine behördliche Maßnahme mit der Wirkung, daß die Verurteilung als nicht geschehen betrachtet wird.

2. Es ist kein Zufall, sondern ein Beweis für den inneren Zusammenhang beider Einrichtungen, daß nicht bloß die Rehabilitation, sondern auch die Einrichtung des Strafregisters ihren Ursprung in Frankreich hat. Die Entwicklung in diesem Lande weist zugleich in zeitlicher Reihenfolge diejenigen drei Formen der Rehabilitation auf, die noch heute maßgebend sind, und zwar maßgebend nicht nur für die theoretische Betrachtung, sondern auch für die Praxis: nämlich die Rehabilitation durch Gnade (réhabilitation gracieuse), die Rehabilitation durch Richterspruch (réhabilitation judiciaire), die Rehabilitation durch Zeitablauf (réhabilitation de droit). Die Rehabilitation durch königlichen Gnadenakt (réhabilitation gracieuse) galt in Frankreich seit der Ordonnance royale vom August 1670 zunächst bis zur Revolutionszeit. Der Code pénal von 1791 übertrug zwar den Ausspruch der Rehabilitation den Gerichten, beseitigte indessen das Wesen der Rehabilitation als Gnadenakt nicht, da er das Gericht an den nach freiem Ermessen erfolgenden Vorschlag des Gemeinderats band. Die Wirkung bestand in einer völligen Aufhebung der Verurteilung. Der Ausspruch des Gerichts lautete: „Sur l'attestation et sur la demande de votre pays, la loi et le tribunal effacent la tache de votre crime.“

Die Kaiserzeit beschränkte im Gesetz von 1808 die Wirkungen der Rehabilitation wieder auf die Beseitigung der Ehrenminderungen und stellte neben der Rehabilitation durch Richterspruch die Rehabilitation durch königlichen Gnadenakt wieder in den Vordergrund. Auch das G. vom 3. VII. 1852 sur la réhabilitation des condamnés beschränkt die Wirkung der Rehabilitation auf die Beseitigung von Ehrenminderungen.

Erst unter dem Einfluß Bérengers führte das G. vom 14. VIII. 1885 die wahre réhabilitation judiciaire ein und gab zugleich dem Bestraften nach Erfüllung gewisser Voraussetzungen ein Recht auf Rehabilitation. Das Gericht entschied in einem geheimen Verfahren. Nachdem inzwischen der code d'instruction criminelle von 1808 die Einrichtung des Strafregisters in Frankreich gebracht und nachdem diese Einrichtung durch das G. vom 6. XI. 1850 weiter ausgebaut worden war, führte schließlich der enge Zusammenhang dieser Einrichtung mit der Rehabilitation zu dem grundlegenden G. vom 5. VIII. 1899 sur le casier judiciaire et sur la réhabilitation de droit. Hiernach trat die Rehabilitation gegenüber den im Strafregister eingetragenen Strafen nach Ablauf bestimmter Fristen eben durch diesen Zeitablauf von selbst ein, falls nur der Bestrafte inzwischen straffrei geblieben war. Diese réhabilitation de droit gilt mit nicht wesentlichen Abänderungen noch heute im Gebiet des französischen Rechts.

In den außerdeutschen Staaten fand die Rehabilitation im Anschluß an die französische Gesetzgebung teils in der Form der réhabilitation gracieuse (z. B. Türkei 1879), teils als réhabilitation judiciaire (Belgien 1896, Bulgarien 1896), teils auch als réhabilitation de droit (Dänemark 1896, Italien 1906) Eingang. In der Schweiz zeigen die verschiedenen Kantonalrechte alle 3 Arten der Rehabilitation. Österreich hat durch G. vom 21. III. 1918 die Rehabilitation im wesentlichen als réhabilitation judiciaire mit der Wirkung eingeführt, daß der Verurteilte nunmehr als unbescholten gilt, also auch als Zeuge die Frage nach Vorstrafen verneinen darf. Das angelsächsische Rechtsgebiet kennt keine Rehabilitation.

In unserem Vaterland hatte sich die Rehabilitation schon in der ersten Hälfte des vergangenen Jahrhunderts in den Landesgesetzgebungen Eingang verschafft, und zwar als réhabilitation gracieuse in den größeren Ländern wie Preußen und Bayern, als réhabilitation judiciaire in den kleineren Ländern wie z. B. Sachsen-Weimar, Sachsen-Meiningen, Sachsen-Koburg-Gotha, Braunschweig, Württemberg. Gleichwohl enthält das Reichsstrafgesetzbuch von 1871 keinerlei Bestimmungen über die Rehabilitation. Nur die Deutsche Heerordnung von 1875 läßt eine gnadenweise „Rehabilitierung“ des in die zweite Klasse des Soldatenstandes Versetzten nach Ablauf gewisser Fristen bei guter Führung zu. Entsprechende Bestimmungen enthält die Deutsche Marineordnung von 1894 in ihren besonderen „Rehabilitierungsvorschriften".

Sobald zu Beginn des 20. Jahrhunderts die Deutsche Reichsregierung die Notwendigkeit einer Neuordnung des Deutschen Strafrechts erkannt und die nötigen Vorarbeiten für ein neues Strafgesetzbuch eingeleitet hatte, wurde naturgemäß auf Grund der vorherigen Entwicklung in den Ländern auch die Frage der Rehabilitation erörtert. Der Vorentwurf 1909 enthält in seinen §§ 50—52 bereits beide Arten der Rehabilitation, nämlich die Wiedereinsetzung in die durch Urteilsspruch verlorenen Ehrenrechte und die Löschung der Bestrafung im Strafregister, und zwar beide in der Form der réhabilitation judiciaire. Das Gericht sollte in Beschlußform entscheiden. Der Gegenentwurf 1911 will in seinen §§ 110—112 nur für die Wiedereinsetzung in die verlorenen Ehrenrechte die gerichtliche Rehabilitation, dagegen für die Löschung im Strafregister die Rehabilitation durch Zeitablauf. Der Kommissionsentwurf 1913 schließt sich in seinen §§ 130—133 im Wesentlichen dem Vorentwurf 1909 an, will also beide Arten der Rehabilitation durch das Gericht anordnen lassen. Entwurf 19 trennt zum ersten Mal und bisher endgültig die Wiederverleihung verlorener Ehrenrechte und die Löschung von Vorstrafen. Letztere scheidet er aus dem Strafgesetzbuch als reine Verwaltungsmaßnahme vollständig aus und regelt in § 81 lediglich die Wiederverleihung der bürgerlichen Ehrenrechte oder einzelner Fähigkeiten durch Gerichtsbeschluß. Dieser Standpunkt wird durch das RG. vom 9. IV. 1920 über beschränkte Auskunft aus dem Strafregister und die Tilgung von Strafvermerken (RGBl. 507) insoweit bekräftigt, als für diese zweite Art der Rehabilitation nunmehr der bloße Zeitablauf, nicht mehr ein Richterspruch, entscheidend sein soll (réhabilitation de droit).

Der Amtliche Entwurf 1925, ganz unter dem Einfluß der modernen Strafrechtsschule, beseitigt aus kriminalpolitischen Erwägungen alle Ehrenstrafen. Lediglich unter den Maßregeln der Besserung und Sicherung bleiben in §§ 54—57 der Verlust der Amtsfähigkeit und der Verlust des Wahl- und Stimmrechts als sichernde Maßregeln bestehen. In § 58 läßt er die Wiederverleihung der Amtsfähigkeit und des Wahlrechts durch Gerichtsbeschluß zu, wenn der Verurteilte durch längere gute Führung nach Verbüßung, Verjährung oder Erlaß der Strafe das nötige Vertrauen der Allgemeinheit wieder erworben hat (réhabilitation judiciaire). Entwurf 1927 faßt den Verlust der Amtsfähigkeit und des Wahlrechts nicht mehr als sichernde Maßnahmen, sondern als Nebenstrafen auf und läßt in § 50 die Wiederverleihung dieser Fähigkeiten durch das Gericht zu, wenn der Verurteilte sich nach Verbüßung, Verjährung oder Erlaß der Strafe längere Zeit gut geführt und der Ausübung jener Rechte wieder würdig erwiesen hat (réhabilitation judiciaire). Entwurf 1930 hat diesen § 50 gestrichen, weil die Wiederverleihung der Amtsfähigkeit und des Wahlrechts durch das Vollstreckungsgericht nach den Bestimmungen des Strafvollzugsgesetzes ausgeübt werden soll (vgl. § 263 EStrafvollzG. 1927 und Art. 216 EinfG. z. ADStrG. und zum Strafvollzugsgesetz 1930).

Im Endergebnis enthalten also alle diese deutschen Gesetzentwürfe und Gesetze seit 1875 nur zwei Formen der Rehabilitation, nämlich die Wiedereinsetzung in aberkannte Ehrenrechte und die Löschung im Strafregister, jene als Rehabilitation durch Gnade (réhabilitation gracieuse) oder durch Gerichtsspruch (réhabilitation judiciaire), diese seit 1920 als Rehabilitation durch Zeitablauf (réhabilitation de droit). Die weitgehende Rehabilitation des österreichischen und französischen Rechts, also die völlige Beseitigung des Makels der Verurteilung, ist in den deutschen Entwürfen und Gesetzen seit 1875 nicht enthalten (vgl. Weiteres unten zu 4).

Dagegen gehören mittelbar in das Gebiet der Rehabilitation noch die Strafvorschriften in § 289 Entwurf 1925, § 321 Entwurf 1927 und 1930. Hier wird überall die Bestimmung des österreichischen Rechts übernommen, wonach es bei Strafe verboten ist, einem Anderen eine durch Verbüßung oder Erlaß der Strafe gesühnte Tat in Schmähungsabsicht zum Vorwurf zu machen. Durch diese Strafbestimmungen soll die öffentliche Meinung allmählich dahin geläutert werden, daß die bloße Tatsache einer Vorstrafe noch nicht ein Recht zur Ächtung verleiht. Es handelt sich also um mittelbare, erzieherische Rehabilitationsbestrebungen.

Auf dem gleichen Gebiet liegt der Vorschlag in § 69b des Art. 70 EinfG. z. ADStGB. und Strafvollzugsgesetz von 1930. Danach soll ein Zeuge nach Vorstrafen nur gefragt werden, wenn ihre Feststellung notwendig ist, um seine Beteiligung an der Tat oder seine Vorbestrafung wegen Eidesverletzung festzustellen oder um seine Glaubwürdigkeit zu beurteilen. Auf Strafen, die der Zeuge vor mehr als 10 Jahren erhalten oder verbüßt hat, soll sich die Befragung nicht erstrecken. Auch durch diese Vorschrift soll die Wiedereingliederung des Vorbestraften mittelbar gefördert werden, die durch Hervorzerrung längst verbüßter Strafen unter dem Gewissenszwang des Zeugeneides schon oft erheblich erschwert worden ist.

3. Da keiner der erwähnten Entwürfe Gesetz geworden ist, vielmehr das Strafgesetzbuch von 1871 noch in Kraft steht, so kann heute in Deutschland die Wiedereinsetzung in aberkannte Ehrenrechte oder die Wiederverleihung einzelner aberkannter Fähigkeiten, z. B. der Amtsfähigkeit, nur im Wege der Gnade erfolgen (réhabilitation gracieuse). Eine réhabilitation judiciaire haben wir zur Zeit in Deutschland nicht. Träger des Gnadenrechts ist nach Art. 2 des Reichsgesetzes über den Neuaufbau des Reichs vom 30. I. 1934 (RGBl. I, 75) für alle deutschen Länder das Reich. Der Reichspräsident, dem grundsätzlich das Recht der Einzelbegnadigung zusteht, hat durch Erlasse vom 3. II. und 21. III. 1934 (RGBl. I, 82, 211) die Ausübung des Begnadigungsrechts, soweit dieses bisher den Ländern zustand, für Preußen auf den Reichskanzler, für die übrigen Länder auf die Reichsstatthalter übertragen. In Einzelfällen, für die der Reichspräsident sich die Entschließung ausdrücklich vorbehält, und in allen Fällen von strafbaren Handlungen der Soldaten und Wehrmachtbeamten übt der Reichspräsident allein das Begnadigungsrecht aus. Die gnadenweise Wiederverleihung der bürgerlichen Ehrenrechte (§§ 32—34 StGB.) oder der durch Zuchthausstrafe dauernd verloren gegangenen Fähigkeit zum Dienst im Reichsheer und zur Bekleidung öffentlicher Ämter (§ 31 StGB.) oder endlich der neben einer Gefängnisstrafe auf Zeit aberkannten Amtsfähigkeit (§ 35 StGB.) hat, wie hervorzuheben ist, keine retroaktive Wirkung, d. h. sie enthält nicht etwa zugleich die Wiedereinsetzung in das verlorene Amt oder die Wiederverleihung der verlorenen Würden, Titel und Orden. Wiederverliehen wird vielmehr nur die Fähigkeit zur Bekleidung von Ämtern oder zur Erlangung von Würden, Titeln und Orden. Das nun einmal verlorene Amt, die verlorenen Würden usw. können nur durch einen besonderen Akt der zuständigen Behörde neu verliehen werden. Dieser letztere Akt ist aber weder Gnadenakt noch Rehabilitation.

Die zweite Art der Rehabilitation, nämlich die Löschung von Strafvermerken, ist im Gegensatz zur ersten gesetzlich geregelt, und zwar durch das RG. vom 9. IV. 1920 (RGBl. 507) in der Form der réhabilitation de droit. Der Gesetzgeber ist von dem Gedanken ausgegangen, daß die Bestrafung eines Volksgenossen für seine allgemeine Beurteilung und Bewertung immer weniger in Betracht kommt, je weiter sie zurückliegt, und daß nach Ablauf einer gewissen, nicht zu kurz bemessenen Zeitspanne seit der Bestrafung der Strafvermerk von selbst seine Bedeutung verloren hat. Das Interesse des Staates an der Auskunftsmöglichkeit des Strafregisters wird dabei dadurch gewahrt, daß zunächst nach Ablauf von 5 oder 10 Jahren — je nach der Höhe der Strafe — nur noch den Gerichten, der Staatsanwaltschaft und auf entsprechendes ausdrückliches Ersuchen den obersten Reichs- und Landesbehörden Auskunft erteilt wird (sogenannte Löschung des Strafvermerks) und daß erst nach Ablauf weiterer 5 oder 10 Jahre die völlige Tilgung des Vermerks im Strafregister stattfindet. Für Jugendliche sind die Fristen besonders kurz bemessen (§§ 1, 4, 5, 6, 7 des Gesetzes).

Daß es sich hierbei um eine reine réhabilitation de droit handelt, bei der nur der Zeitablauf die entscheidende Rolle spielt, zeigt sich darin, daß eine Nachforschung nach der Führung des Bestraften nicht stattfindet. Es wird also nicht, wie im Entwurf 13 und im Entwurf 19 „ehrenhafte Führung“ und „besondere Berücksichtigungswürdigkeit“, auch nicht wie im Entwurf 25 und 27 „längere gute Führung“ verlangt, und die Rehabilitation hängt auch nicht von dem Ermessen eines Gerichts ab (réhabilitation judiciaire), sondern der Zeitablauf allein bewirkt ipso jure die Löschung, später die Tilgung des Strafvermerks. Der Rehabilitation Unwürdiger soll dadurch vorgebeugt werden, daß eine straffreie Führung oder doch wenigstens keine Bestrafung mit Freiheitsstrafen vorausgesetzt wird. Nach § 2 Gesetz muß nämlich über alle Verurteilungen so lange unbeschränkt Auskunft erteilt werden, als noch über eine Verurteilung in dieser Weise Auskunft zu erteilen ist. Auch darf bei mehreren Verurteilungen die Tilgung eines Strafvermerks erst dann erfolgen, wenn die Voraussetzungen der Tilgung für sämtliche Verurteilungen vorliegen. Eine fernere hierher gehörige Voraussetzung für die Vergünstigungen der Löschung und Tilgung ist die, daß der Verurteilte die bürgerlichen Ehrenrechte oder einzelne Rechte und Fähigkeiten nicht verloren haben darf. Sind sie ihm aberkannt, so muß er zunächst im Wege der Gnade diese Rechte und Fähigkeiten zurückerhalten haben, ehe ihm eine Löschung oder Tilgung zu teil werden kann. Ist der Ehrverlust oder der Verlust einzelner Rechte und Fähigkeiten nur ein zeitiger, so kann erst nach Ablauf dieser Zeit Löschung oder Tilgung eintreten. Fernere Voraussetzungen dieser Art der Rehabilitation sind, daß im Strafregister keine Steckbriefnachricht niedergelegt sein darf und daß die Strafvollstreckung erledigt sein muß. Diese Erledigung kann auch durch Verjährung oder Erlaß der Strafe erfolgen (§§ 3, 6 Abs. 3 des Gesetzes).

Die Wirkungen dieser Rehabilitation bestehen nun keineswegs etwa darin, daß, wie im österreichischen oder französischen Recht, die Strafe als nicht geschehen angesehen würde, vielmehr bleibt die Tatsache der Verurteilung auch nach Tilgung des Strafvermerks in der Welt, so daß sich der Verurteilte als Zeuge vor Gericht nicht als unbestraft bezeichnen darf. Hier zeigt sich, daß in Wirklichkeit gar keine Rehabilitation, nämlich keine Aufhebung des Strafmakels, vorliegt, sondern lediglich ein Mittel zur Beförderung der tatsächlichen Rehabilitation, nämlich der Wiederaufnahme in die Volksgemeinschaft. Nur im Gedächtnis der Mitwelt soll die Bestrafung verschwinden, im übrigen bleibt sie bestehen. Insbesondere werden auch nach Löschung oder Tilgung des Strafvermerks im Strafregister aus der Tatsache jener früheren Verurteilung und aus dem Inhalt der etwa noch vorhandenen Aktenstücke Schlüsse auf die Täterschaft des Vorbestraften in einem späteren Strafverfahren oder auf seine Gesamtpersönlichkeit gezogen werden können. Die Löschung, also die Auskunftsbeschränkung, hat für den Verurteilten die wichtige Folge, daß bei der Ausstellung von polizeilichen Führungszeugnissen die gelöschten Verurteilungen außer Betracht bleiben (§ 4 Abs. 3). Die Tilgung bewirkt, daß die getilgte Verurteilung für eine sonst etwa zu bildende Rückfallstrafe oder für andere aus einer Vorstrafe folgende Rechtsnachteile nicht mehr als Bestrafung gilt (§ 5 Abs. 2). Und zwar gilt dies, da der tatsächliche Vollzug der Tilgung gemäß § 5 Abs. 1 von Zufälligkeiten abhängt, nach richtiger Ansicht schon von dem Augenblick der Tilgungsreife an.

Ausgeschlossen von dieser réhabilitation de droit sind nach ausdrücklicher Bestimmung des Gesetzes (§ 1 Abs. 3) die Verurteilungen zu Zuchthaus und zur Todesstrafe. Die hierin liegende Härte wird im Gesetz dadurch gemildert, daß neben der réhabilitation de droit, die also wesentlich für Gefängnis-, Festungs- und Geldstrafen gilt, eine besondere Möglichkeit der Löschung und Tilgung von Strafvermerken im Wege einer Verwaltungsanordnung, also eine réhabilitation gouvernementale eingeführt ist. Im § 8 des Gesetzes ist bestimmt, daß durch die obersten Justizverwaltungsbehörden der Länder in allen Fällen, in denen die Voraussetzungen der beschränkten Auskunft oder der Tilgung nicht vorliegen, gleichwohl diese Maßnahmen angeordnet werden können, wenn dadurch staatliche Interessen nicht gefährdet werden. Damit ist die Möglichkeit der Löschung und Tilgung auch für Zuchthausstrafen und für die Todesstrafe gegeben. Sie ist außerdem als réhabilitation gouvernementale für Gefängnis-, Festungs- und Geldstrafen dann gegeben, wenn die gesetzlichen Fristen der §§ 6 und 7 des Gesetzes noch nicht abgelaufen oder wenn die Hindernisse der §§ 2, 3 (Mehrheit von Strafvermerken, Ehrverlust, Steckbriefnachricht, unerledigte Vollstrekkung) nicht beseitigt sind.

4. Für den nationalsozialistischen Staat besteht kein Bedürfnis, nach französischem oder österreichischem Muster eine Rehabilitation mit der Wirkung einzuführen, daß die ganze Bestrafung als nicht erfolgt angesehen würde. Dies ist ja auch immer nur eine Fiktion. In Wirklichkeit läßt sich die Tatsache des Strafurteils und der Strafverbüßung nicht mehr ungeschehen machen, es kommt vielmehr nur auf eine gerechte Würdigung dieser Tatsachen an. Deshalb genügt es, wenn in Deutschland die Rehabilitation sich wie bisher lediglich erstreckt auf die Wiedereinsetzung in aberkannte Ehrenrechte und staatsbürgerliche Fähigkeiten. Denn diese Nebenstrafen oder Nebenfolgen dauern ja auch nach vollstreckter Freiheitsstrafe für die festgesetzte Zahl von Jahren oder für Lebenszeit an. Hier also hat die Rehabilitation eine praktische Bedeutung, indem sie dem Verurteilten als Belohnung für gute Führung die aberkannten Rechte und Fähigkeiten wiedergibt und ihn schon dadurch auch in den Augen seiner Volksgenossen in erheblichem Maße rehabilitiert.

Im Gegensatz zum geltenden Recht des Strafgesetzbuchs 1871 und in Übereinstimmung mit den Entwürfen 25 und 27 wird das Strafrecht des nationalsozialistischen Staates die Nebenstrafe des Verlustes der bürgerlichen Ehrenrechte im Sinne der §§ 32 bis 34 StGB. nicht mehr kennen. In der Tat ist eine solche Ehrenstrafe geradezu ein Ansporn für die übrigen Volksgenossen, den Vorbestraften grundsätzlich und dauernd als geächtet und verrufen zu behandeln. Andrerseits wird selbstverständlich auf die Nebenstrafen an der Ehre nicht ganz verzichtet werden können. Schon die beiden Entwürfe 25 und 27 haben ja den Verlust der Amtsfähigkeit und den Verlust des Wahl- und Stimmrechts beibehalten, und gerade auf diese beiden Nebenstrafen bezieht sich die Rehabilitation der §§ 58 und 50 dieser Entwürfe. Dazu wird im Dritten Reich als schwerste Ehrenstrafe die Entziehung des

Staatsbürgerrechts hinzutreten mit der Folge, daß dann auch auf Ächtung durch Reichsverweisung erkannt werden kann. Die künftigen Ehrenstrafen werden also, der Schwere nach in aufsteigender Linie geordnet, etwa sein:

1. Verlust des Wahl- und Stimmrechts,
2. Verlust der Amtsfähigkeit,
3. Entziehung des Staatsbürgerrechts mit der Möglichkeit der Reichsverweisung.

Hinsichtlich dieser sämtlichen 3 Nebenstrafen wird ein Bedürfnis nach Wiederverleihung der aberkannten Rechte und Fähigkeiten zweifellos in besonders gelagerten Fällen zugegeben werden müssen. Allein die Form dieser Rehabilitation darf nicht die réhabilitation judiciaire nach dem Vorgang der Entwürfe 25 und 27 sein, sondern muß, wie im geltenden Recht, die réhabilitation gracieuse bilden. Denn es gehört nicht mehr zu den eigentlichen Aufgaben des Strafrichters, die Persönlichkeit eines Vorbestraften nach der Richtung hin zu werten, ob er wieder als vollwertiger Volksgenosse anerkannt werden soll, vielmehr beschränkt sich die Strafrichtertätigkeit auf die Feststellung von Straftatbeständen und auf die Festsetzung der angemessenen Strafe. Gerade bei der Art der noch übrig bleibenden Ehrenstrafen muß es Sache der Staatsführung selbst sein, in Ausnahmefällen auf dem Gnadenwege eine Rehabilitation zu bewilligen. Insofern also würde grundsätzlich die heutige Rechtslage bestehen bleiben.

Auch hinsichtlich der zweiten Art der Rehabilitation, der Löschung im Strafregister, besteht kein Bedürfnis, die Vorschriften des G. vom 9. IV. 1920 wesentlich zu ändern. Der Hauptangriff gegen dieses Gesetz richtet sich dagegen, daß keine Nachprüfung der guten Führung stattfindet. Diese Kritik verkennt die praktischen Bedürfnisse und unterschätzt die heilende Macht der Zeit. Die réhabilitation de droit beruht auf dem gesunden Gedanken, daß jede Bestrafung nach Jahr und Tag endlich einmal ihre Bedeutung für die Volksgemeinschaft von selbst verliert. Wollte man eine Prüfungspflicht hinsichtlich der Führung verlangen, so würde das ganze Gesetz wertlos, da bei dem Unfang des Strafregisters solche Prüfungen praktisch undurchführbar wären. Auch ist ja der Berücksichtigung unwürdiger Vorbestrafter nach Möglichkeit dadurch vorgebeugt, daß eine straffreie Führung während der Fristen sowie der Besitz der Ehrenrechte vorausgesetzt wird und daß bei den schwersten Strafen (Zuchthaus und Todesstrafe) das Gesetz grundsätzlich überhaupt keine Anwendung findet. Eine andere Frage ist es, ob man etwa auch die schweren Gefängnis- und Festungsstrafen von mehrjähriger Dauer grundsätzlich wie Zuchthausstrafen von der Wohltat der réhabilitation de droit ausschließen soll. Allein im ganzen muß festgestellt werden, daß das Gesetz sich in den 14 Jahren seines Bestehens bewährt hat und daß die Fristen der §§ 6, 7 Abs. 1 Ziff. 2 des Gesetzes lang genug sind, um auch schwerere Freiheitsstrafen richtig behandeln zu können.

Eine Unvollkommenheit der Regelung durch das G. vom 9. IV. 1920 besteht darin, daß der Verurteilte auch nach völliger Tilgung des Strafvermerks sich vor Gericht nicht als unbestraft bezeichnen darf. So kann es geschehen, daß alle Segnungen des Gesetzes durch eine einzige taktlose und überflüssige Frage, die der Vorbestrafte unter seinem Zeugeneid wahrheitsgemäß beantworten muß, völlig zu nichte gemacht werden. Nötig wäre also entweder eine Bestimmung im Gesetz selbst, etwa in § 5 Abs. 2, wonach der Vorbestrafte im Fall der Tilgung des Strafvermerks sich als unbestraft bezeichnen kann, oder die Aufnahme einer dem Art. 70 § 69b Entw. EADStGB. und zum Strafvollzugsgesetz von 1930 entsprechenden Bestimmung in die neue Strafprozeßordnung. Die erstere Regelung hat den Vorzug systematischer Folgerichtigkeit, die zweite schützt den Vorbestraften auch dann, wenn die Strafe noch nicht gelöscht oder getilgt, aber ein Zeitraum von mehr als 10 Jahren seit der Verbüßung verstrichen ist. Meines Erachtens ergänzen sich die beiden Vorschläge und müßten jeder an seiner Stelle verwirklicht werden.

Daß neben der réhabilitation gracieuse für die Normalfälle auch die réhabilitation gouvernementale des § 8 des Gesetzes für Sonderfälle beibehalten werde, entspricht der Billigkeit und den Bedürfnissen des täglichen Lebens. Die Ausführungsbestimmungen der Länder bürgen dafür, daß diese ausnahmsweisen Vergünstigungen nicht leicht einem Unwürdigen zuteil werden.

Zweifelhaft kann sein, ob eine den Vorschlägen der §§ 289, 321 der Entwürfe 25 und 27 entsprechende Strafvorschrift gegen den Vorwurf strafbarer Handlungen in Schmähungsabsicht neben den allgemeinen Strafbestimmungen gegen Beleidigung notwendig ist. Wenn auch die erzieherische Bedeutung jener dem österreichischen Recht entnommenen Strafbestimmung für die Volksgesamtheit keineswegs verkannt werden darf, so ist doch meines Erachtens eine besondere Strafvorschrift nicht notwendig. Im nationalsozialistischen Staat wird die Ehre, als wertvollstes Gut der Volksgenossen, an sich schon in erheblich stärkerem Maße geschützt werden müssen als nach bisherigem

Strafrecht. Wenn das Strafgesetz gegen Beleidigungen weit genug im Sinne nationalsozialistischer Weltanschauung gefaßt wird, werden auch die in den Vorschlägen der Entwürfe 25 und 27 betroffenen Schmähungen darunter fallen (vgl. Denkschrift des PrJMin. 1933 S. 81).

An behördlichen Rehabilitationsmaßnahmen würden hiernach bestehen bleiben:

1. die réhabilitation gracieuse für die Wiedereinsetzung in aberkannte Rechte und Fähigkeiten;
2. die réhabilitation de droit für die Löschung und Tilgung im Strafregister, abgesehen von Zuchthaus- und Todesstrafen;
3. die réhabilitation gouvernementale für die Löschung und Tilgung dieser schwersten Strafen sowie bei Löschungshindernissen in leichteren Fällen.

Es ist zuzugeben, daß hierbei gegenüber manchen Anforderungen der strafrechtlichen Wissenschaft und im Vergleich mit manchen außerdeutschen Gesetzgebungen nur wenig von behördlichen Rehabilitationsmaßnahmen übrig bleibt. Allein dies entspricht auch der wahren Sachlage. Denn nicht der Staat, sondern der Verurteilte selbst und seine Volksgenossen müssen letzten Endes die Rehabilitation des Vorbestraften, d. h. seine Wiedereingliederung in die Volksgemeinschaft herbeiführen. In dieser Hinsicht wird der Strafvollzug des nationalsozialistischen Staates durch Ausscheidung der Unverbesserlichen, durch vernünftige Anwendung des Stufensystems und durch Vermeidung aller Weichlichkeit den Rechtsbrecher besser erziehen können, als dies bisher geschah. Wenn sein Ehrgefühl geweckt, seine Arbeitsfreudigkeit und Arbeitsfähigkeit gehoben und seine Bedeutung für die Volksgemeinschaft als mitschaffender Volksgenosse ihm klar gemacht wird, so wird die notwendige Selbstaufrichtung, die wichtigste Grundlage aller Rehabilitation, erheblich gefördert werden. Hinzu treten muß eine weitgehende, tatkräftige und von Humanitätsduselei freie Strafentlassenenfürsorge. Sie muß vom Staat und der freien Wohlfahrtspflege gemeinsam getragen werden. Übergangsheime für die Gewöhnung an die Freiheit, Aufnahme in Familien zur Stärkung des Vertrauens, Beschäftigung in Siedlungs- und Kulturarbeit sowie endlich, nicht zu vergessen, fortgesetzte Erziehung zur nationalsozialistischen Weltanschauung werden die Wiedereingliederung des Vorbestraften in die Volksgemeinschaft erleichtern. Schließlich aber muß diese Volksgemeinschaft selbst so sehr im nationalsozialistischen Sinne erzogen werden, daß ein pharisäerhafter Dünkel, ein Stolz auf nie erprobte Tugend und eine boshafte Herabsetzung des einmal gestrauchelten Volksgenossen allmählich zu den Unmöglichkeiten gehört. Gerade auf diesem Gebiete liegt nach meiner Überzeugung die Hauptaufgabe für eine wirkliche Rehabilitation im Sinne einer Wiedereingliederung in die Volksgemeinschaft. Nicht bloß aus kriminalpolitischen Erwägungen, also zur Verhütung des Rückfalls, und nicht bloß aus Gerechtigkeitsgründen, also zur Belohnung guter Führung, sondern vor allem auch aus staatspolitischen Gründen muß noch viel mehr als bisher mit allen Mitteln dahin gewirkt werden, daß kein Volksgenosse für die Gemeinschaft verloren geht, der für sie gerettet werden kann.

Schrifttum:

Bumke, im Handwörterbuch der Rechtswissenschaft, Art. Rehabilitation, 4. Bd., S. 774. — Derselbe, a. a. O., Art. Straftilgung, 7. Bd., S. 784. — Delaquis, Die Rehabilitation im Strafrecht 1907. — Grau-Schäfer, Preuß. Gnadenrecht, 1931, S. 57ff. — Hartung, Strafregister, 1926, S. 14ff. — v. Liszt-Schmidt, Strafrecht I, 1932, S. 457ff. mit reicher Literaturangabe. — Nat.-Soz. Strafrecht, Denkschrift des Preuß. Justiz-Ministeruims, 1933. — Schäfer-Hellwig, Straftilgungsgesetz, 1926, S. 11ff.

Theodor Noetzel.

Religion, Konfession, Weltanschauung.

1. Die Frage, welchen Einfluß die Zugehörigkeit zu einer bestimmten Religionsgemeinschaft oder Konfession auf die Kriminalität, besser gesagt auf die Kriminogenität, hat, muß beantwortet werden. Dabei wird von vorn herein sich der Eindruck aufdrängen, daß wir dabei zweierlei sehr deutlich aus einander zu halten haben: die äußere Zugehörigkeit des Einzelnen zu einer Religionsgemeinschaft und die innere Religiosität des Menschen, das Ethos. Deshalb ist, da vermutlich die Hintergründe, die äußeren Umstände und auch die Ergebnisse ganz verschiedene sind, in die Überschrift auch der Begriff der Weltanschauung aufgenommen. Weiter aber muß, worauf noch näher einzugehen ist, ein deutlicher Unterschied zwischen Religion und Rasse gemacht werden.

In einer der sorgfältigsten Sonderuntersuchungen über dieses Gebiet, nämlich in der im Jahre 1930 erschienenen Arbeit von Ervin Hacker (Professor an der Rechtshochschule Miskolc in Ungarn), werden nach Durchprüfung des aus mehr als 5 Religionen bzw. Konfessionen herkommenden ungarischen Materials folgende Sätze ausgesprochen: „Die Auswirkung der konfessionellen Unterschiede auf dem Gebiete der Kriminalität sind im allgemeinen überaus gering. Eine größere Auswirkung dürfte eine starke Religiosität zur Folge haben; hierauf verweist auch Földes; leider ist es aber unmöglich, den Grad der Religiosität auch nur annähernd festzustellen; zur Abschätzung dieser internen Offenbarung des Menschen ist weder die Teilnahme oder das Fernbleiben von den religiösen Zeremonieen noch die Kenntnis der mit dem Glaubensleben zusammenhängenden Begriffe und Prinzipien geeignet; diese bringen das Maß der Religiosität keineswegs zum Ausdruck; die Zugehörigkeit zu irgend einer Konfession kann aber eine bloße Äußerlichkeit bilden."

Diese Abschiebung von den äußeren Tatsachen auf die Ethik ist zweifellos richtig, ebenso richtig wie der Hinweis auf eine ganze Reihe anderer Einflüsse — Bildung, Wohnung, Stadt und Land, Wirtschaftslage, Beruf, Rasse usw. —, die in viel höherem Maße die Kriminalität beeinflussen, also dies auch dann tun, wenn sie neben der konfessionellen Zugehörigkeit sich bemerkbar machen. Religions- oder Konfessionszugehörigkeit ist mithin nur eine von zahlreichen Bedingungen, und nicht einmal eine besonders starke an sich; erst auf dem Wege über die Religiosität, die allerdings bei verschiedenen Religionen und Konfessionen verschieden sein kann, zumeist aber unabhängig davon nur für den einzelnen Menschen wirklich verschieden ist, kann man zu einigen wissenschaftlich brauchbaren Ergebnissen gelangen.

Es ist daher in der Hauptsache die Weltanschauung, die von Einfluß auf die Kriminogenität sein wird; sie hängt mit dem religiösen Bekenntnis natürlich eng zusammen, ist aber nicht dessen alleiniges Erzeugnis. Maßgebend ist vielmehr auch hierfür: die Anlage, das Erbgut, die Bildung, der Beruf, die wirtschaftliche und soziale Lage, die Rasse, der Familienstand des Menschen. Dabei ist „Bildung" keineswegs lediglich als eine Ausbildung an Wissen und Intellekt zu betrachten, sondern als eine Zusammenfassung von geistigen Einsichten und seelischen Reflexen, die gemeinsam eine Geistes- und Herzensbildung ausmachen. Selbst wenn vielleicht die verschiedenen Religionen und Konfessionen in dieser Hinsicht ungleichartige Möglichkeiten und Ziele haben sollten, so weichen diese Ziele bei den Religionen der modernen Kulturvölker sicherlich nicht so weit von einander ab, wie die Aufnahmefähigkeit und die Reflexe der einzelnen Religionszugehörigen von einander abweichen. Die Weltanschauung aber ist ein sehr wichtiges Moment. Eine kleinliche, spießbürgerliche Weltanschauung erzeugt Neid, und aus Neid werden betrügerische und andere unlautere Machenschaften geboren. Eine tiefgläubige Weltanschauung fördert Einkehr, Zurückhaltung, Selbsterziehung und hält schon dadurch von gewalttätigen sowohl wie von hinterlistigen Taten ab. Eine heroische Weltanschauung trägt das Gute und Erhabene so sichtbar vor sich her, daß es die Schwankenden mit auf die Seite des Guten reißt und große Verantwortung des Einzelnen vereinigt mit dem Hinblick auf das gemeine Beste. Zeiten seelischer Erhebung bringen naturnotwendig Kameradschaft und Zusammenschluß mit sich und mit der Hoffnung zum Erfolg wiederum die Verantwortung vor der Mitwelt, die am besten zur Unterdrückung verbrecherischer Unternehmungen fähig macht. Eine auf gefestigter Weltanschauung ruhende Lebensführung ordnet sich ihrer eigensten Natur nach in die Staatsraison ein und ist sozial und nicht asozial. Je reiner und höher die ethische Gesamtauffassung im Staate ist, um so stärker wird gegen Missetaten durchgegriffen, um so weiter wird auch das Gebiet der Missetaten abgesteckt und mithin die sogenannte „Kriminalität" vielleicht statistisch größer, obwohl sie vermutlich in Wirklichkeit geringer geworden ist. Weltanschauung und Staatsauffassung bedingen also eine Relativität des Kriminellen.

Wir fassen hier die Weltanschauung als Gegenwartsgröße. Historisch und völkerkundlich würde das Problem ganz anders aussehen; denn es liegt auf der Hand, daß bei einer grundsätzlich anderen Weltanschauung eines Volkes, etwa wo Menschenopfer, Blutrache, Phalluskult oder dgl. religiös geboten erscheint, auch das Strafgesetz anders aussehen muß als im modernen Kulturstaat, die Kriminologie also in dieser Hinsicht ganz relativ ist. Damit verschiebt sich dann unsere Frage des religiösen Einflusses auf die Kriminalität dahin, daß auch der Begriff des Verbrechens veränderlich ist.

2. Es darf aber vor allen Dingen nicht der Religion oder Konfession an kriminogenen Ursachen angerechnet werden, was auf andere bewegende Ursachen, z. B. Volkstum und Rasse, zurückgeht. Wenn ein Volk, das noch auf tieferer Kulturstufe steht, Menschenopfer darbringt oder die Blutrache heilig hält oder dgl. m., so mögen solche Erscheinungen auch rituell-religiös zu würdigen sein, sind aber in Wirklichkeit Ergebnisse des Volkstums und der Rasse. Wenn wir also für unsere heutige Kriminalwissenschaft von den Einflüssen der Religion sprechen und auf vergleichbarem Boden bleiben wollen, so müssen wir alles, was auf einen abweichenden Kulturstand der Völker bzw. auf ihre Rasse zurückzuführen ist, aus der Betrachtung aussondern

(vgl. d. Art. Rasse). Deshalb gehören auch die, übrigens sehr zahlreich vorhandenen, Untersuchungen über die Kriminalität der Juden in den Kulturstaaten nicht eigentlich zum Thema Religion. Zwar ist zu betonen, daß die Religion eines Volkes ein Ergebnis der Rasse, also der Eigenheiten des Volkstums ist, aber es ist bei einem Gastvolk, wie die Juden es sind, die Kriminalität im Vergleich zu ihrem Wirtsvolk weit weniger religiös als volksmäßig bedingt, da sich in sozialer und kirchlicher Hinsicht die Juden als äußerlich anpassungsfähig erwiesen haben und somit auch ihre Kriminalität nicht auf Unterschieden des Bekenntnisses beruhen kann, sondern auf ihrer rassischen Artung. Der wohl einzige Ausnahmefall, der wirklich auf religiöse Momente zurückgeführt werden konnte, wäre hier der Ritualmord, wenn er als solcher festgestellt ist. Die Vermögensdelikte der Juden — Betrug, Urkundenfälschung, Konkursvergehen usw. — werden wohl nur zum kleinsten Teil mit religiösen Anschauungen begründet werden können — etwa daß nach dem Talmud die Vorteilsziehung gegenüber Andersgläubigen geboten sein soll —, weit eher auf den Händler- und Profitgeist zurückzuführen sein, der freilich an sich schon eine volksmäßige Abgrenzung gegenüber dem Wirtsvolk mit sich bringt. Daß solche Vermögensdelikte bei den Juden verhältnismäßig häufiger sind, hängt mit ihrem großen Anteil an dem wirtschaftlichen Güteraustausch (Vermittlerrolle, Zwischenhandel) zusammen (vgl. auch Zeitschr. f. d. ges. Strafrechtswiss. 5, 713ff.). Mit der volksmäßigen Außenseiterschaft und dem zersetzenden Einfluß, den das Judentum in die Wirtsvölker bringt, hängt wohl auch die in Zeitschr. f. d. ges. Strafrechtswiss. 5, 424 mitgeteilte Erscheinung zusammen, daß Diebe aus der jüdischen Bevölkerung der Provinz Posen nach Breslau, Berlin und in andere deutsche Städte reisen und dort eine diebische Erziehung ausüben, später aus der Verbrecherwelt verschwinden, aber ihre Schliche und Kniffe zurücklassen. Sind sie selbst wirtschaftlich aufgestiegen, läßt eben die Kriminalität nach, und das Judentum erscheint in den Statistiken mit oft geringeren Ziffern als die Angehörigen der christlichen Religionen; nach Zeitschr. f. d. ges. Strafrechtswiss. 5, 250 jedoch kamen auf die Zuchthausgefangenen 0,36% der gesamten jüdischen Bevölkerung, während es bei den Katholiken 0,37%, bei den Protestanten nur 0,29% waren.

3. Es besteht seit langer Zeit ein lebhafter Streit — eine Art Kulturkampf auf diesem Gebiet — hinsichtlich des protestantischen und des katholischen Anteils an der Kriminalität in Deutschland. Die statistische Tatsache besteht: Nach der Reichskriminalstatistik im Jahresdurchschnitt 1892/1901 kamen Verurteilte auf 100000 strafmündige Zivilpersonen derselben Konfession 1122 bei den evangelischen, 1361 bei den katholischen Christen (1030 bei den Juden). Katholische Schriftsteller versuchen hier und da, den z. B. in der preußischen Statistik (nach Dr. Kühnerts Berechnungen, Zeitschr. d. Preuß. Statist. Landesamts, 1912, IV) für die Vorkriegszeit von 1882—1912 festgestellten durchweg höheren Anteil der Katholiken mit dem Hinweis auf die größere Kriminalität polnischer Bevölkerungsteile, die ja katholisch waren, zu erklären (vgl. Kirchl. Jahrb. 1930, S. 114ff.). Ob dies zutrifft, müßte sich bei einer neuen, nach 1919 vorgenommenen Statistik klarer erweisen lassen. Wichtiger aber erscheint mir die Einwendung, daß eine auf alle Straftaten der verschiedensten Art und Schwere gemeinsam sich erstreckende Vergleichung ein unzuverlässiges Bild ergeben muß. Ja selbst bei Beschränkung auf Zuchthausstrafen ist auch vor 1882 der Anteil der Evangelischen 0,29%, der der Katholiken 0,37% (s. oben) der betreffenden Gesamtzahl.

Die Gründe dafür sind schwer festzustellen. An sich erscheint die Religiosität bei den Katholiken wohl im allgemeinen stärker. Hiernach müßte man also das Gegenteil von dem erwarten, was die Ziffern angeben. Wenn aber beispielsweise ein deutscher Stamm mehr zu Gewalttätigkeiten neigt als ein anderer, so hat dies mit seiner protestantischen oder katholischen Konfession sehr wenig zu tun; man weiß dabei keineswegs, wie viel vorhandene Neigung zu Straftaten gerade durch den religiösen Einfluß verhindert werden. Und wenn die verschiedensten schweren und leichten Straftaten bei der vergleichenden Zählung zusammengefaßt werden, so kann ein brauchbares kriminologisches Ergebnis nicht herauskommen. Man muß sich jedenfalls hüten, hier zu verallgemeinern oder auch für konfessionellen Einfluß zu nehmen, was volksstammmäßig oder durch Siedlungsweise (Großstädte!) bedingt ist. Sicher ist jedoch erwiesen, daß die Kirchenlosen einen weit höheren Prozentsatz der Kriminalität stellen als die Kirchenangehörigen. Hieraus aber könnte sich folgende Vermutung für eine Erklärung ergeben: ob nicht der Austritt aus der Kirche und damit die Abkehr vom religiösen Glauben leichter von Protestanten als von Katholiken vollzogen wird. Nach Ph. Schwartz (Art. Religionsstatistik im Handw. d. Staatswiss. VII (1926), S. 12) ist kein Unterschied dieser Art nach der Statistik festzustellen und daher anzunehmen, daß die Ausbreitung des Atheismus unabhängig von dem konfessionellen Charakter des Landes vor sich gehe. Aber Schwartz spricht dabei wohlweislich nur von dem Gesamtcharakter des Landes (wo z. B. in dem katholischen Italien die Steigerung der Kirchenaustritte besonders groß war und in Deutschland u. a. das katholische Rheinland zahlenmäßig obenan steht). Es ist jedenfalls, mangels einer ausreichenden statistischen Erfassung, nicht feststellbar, ob es nicht doch Zahlenunterschiede bezüglich der protestantischen und katholischen Kirchenaustritte gibt. Überdies kommt es dabei natürlich stark auf Siedlungs- und damit auf die Kulturverhältnisse (Großstadt!) und auf die speziellen Gründe der Austritte an.

In einer Untersuchung aus Schleswig-Holstein erklärt Damme (s. Schrifttum) ein Überwiegen des evangelischen oder katholischen Anteils an der Kriminalität in den verschiedenen Gegenden so:

„Der Grund dafür scheint der zu sein, daß in solchen Gegenden die Katholiken seßhaft und in gesicherter Stellung leben, während die umher- und einwandernden, Arbeit und Stellung erst suchenden Elemente dort zumeist evangelisch sind und in ihren unsicheren Positionen das Material für die Kriminalität abgeben. Ganz analog ist es zu erklären, daß in dem überwiegend evangelisch bevölkerten Schleswig-Holstein bereits im Jahre 1882 die katholischen Verurteilten 3,8% aller Verurteilten bildeten und daß dieser Prozentsatz sich bis zum Jahre 1889 auf 6,6 verschlechtert hat." Also wird auch hier das Motiv „Religion" in das Motiv „Wirtschaft und soziale Lage" hinüberzuführen versucht.

In Holland ist (nach Feber) die Kriminalität der Katholiken $1^3/_8$mal so hoch wie die der Nichtkatholiken, und Feber sagt nach der Untersuchung der statistischen Daten bis 1930 für Holland, „dat de criminaliteit der Katholieken verre van gunstig is. Op enkele uitzonderingen na — voornamelijk de feitelijke aanranding der eerbarheid — gaat de criminaliteit der Katholieken voortdurend uit boven het percentage, dat met hun aandeel in de bevolking zou overeenstemmen." Den Einfluß der Beichte hält er für zwiespältig; neben dem guten Einfluß des geistlichen Zuspruchs könne doch auch die primitive Auffassung, daß durch die Absolution des Beichtigers alles rasch vergeben werde, eine ungünstige Wirkung bei ungefestigten Menschen für weitere Taten auslösen; sichere Ursachen der Erscheinung sind nach Feber: größere Armut, geographische Lage der katholischen Provinzen, Trunksucht, insbesondere eine geringere kulturelle Entwicklung — also wiederum Dinge, die mit der Religion als solcher nichts zu tun haben.

Dazu kommt, generell betrachtet, noch die Tatsache, daß beispielsweise Angehörige niederer Rassen, die zum Christentum bekehrt wurden, mit ihrer rassischen Kriminalität dann diejenige Konfession zahlenmäßig belasten, zu der sie übertreten, was wiederum nicht in der neuen Konfession, sondern in der alten persönlichen Anlage seinen Grund hat.

4. Eine Berufszählung in Berlin vom Jahre 1925 versucht Ergebnisse der konfessionellen Verteilung der Prostituierten festzustellen (Mitt. d. Stat. Amtes d. Stadt Berlin, Heft 7, Die eingeschriebenen Prostituierten in Berlin 1925, Berlin 1929). Auch diese Zahlen sind für die Beziehungen der Religion und Konfession zur Kriminalität nur in sehr bescheidenem Maße brauchbar. Hier ist der katholische Anteil — auch auf den katholischen Bevölkerungsanteil überhaupt berechnet — etwas kleiner, als er bei den Evangelischen erscheint. Dies dürfte in der Tat auf den schon oben zu 1 herausgehobenen Gründen der im allgemeinen stärkeren Religiosität der Katholiken beruhen, während andererseits gerade die sozialwirtschaftliche Lage und das erzieherische Erbgut in dieser Hinsicht von stärkstem Einfluß sein dürften. Und daß so wenig Jüdinnen unter den Prostituierten sind, läßt sich am überzeugendsten soziologisch erklären. Der großstädtische Jude ist im allgemeinen wohlhabender, und der enge wirtschaftliche Zusammenhang der jüdischen Bevölkerungsteile verhindert solche soziale Abgleitung der Jüdinnen.

Schrifttum:

J. Forberger, Moralstatistik und Konfession, Halle 1911. — H. v. Valentini, Das Verbrechertum im preußischen Staate, Leipzig 1869. — B. Földes, Einige Ergebnisse der neueren Kriminalstatistik (VI. Der Einfluß von Beruf, Religion, Nationalität und politischem Leben auf die Kriminalität), Zeitschr. f. d. ges. Strafrechtswiss. 11, 559ff. — Damme, Die Kriminalität und ihre Zusammenhänge in Schleswig-Holstein, ebenda 12, 722ff. — A. Wadler, Die Verbrechensbewegung im östlichen Europa, I. Bd. Die Kriminalität der Balkanländer, München 1908. — G. H. A. Feber, De criminaliteit der Katholieken in Nederland, Roermond-Maaseik 1933 (J. J. Romen en Zonen). — W. A. Bonger, Geloof en Misdad (zit. bei Feber). — Reichskriminalstatistik, Jahrg. 1886, 1901, 1911. Über Kriminalität der Juden s. a. d. Art. Rasse. — C. Lombroso, Die Ursachen und Bekämpfung des Verbrechens, Berlin 1902. Erster Teil. Aetiologie des Verbrechens, 10. Kap. Religion. S. 122ff. — G. Aschaffenburg, Das Verbrechen und seine Bekämpfung, 3. verbesserte Auflage, 2. Abdruck, Heidelberg

1933; insbesondere S. 57 ff. — J. R. B. de Roos, Inleiding tot de bevefening der Crimineele Aetiologie met gebruikmaking van Nederlandsche gegevens, Haarlem 1908; insbes. S. 201 ff. — G. von Mayr, Statistik und Gesellschaftslehre, 3. Bd. Moralstatistik mit Einschluß der Kriminalstatistik, Tübingen 1917. § 96. Die Verfehlermasse nach der Religionszugehörigkeit. — H. Hoegel, Die Grenzen der Kriminalstatistik, Österr. Statistische Monatsschrift, Brünn, N. F. XII. Jg. 1907, S. 457 ff. — von Liszt, Berufskriminalität und Konfessionskriminalität, Archiv f. Kriminologie, 1907, 15. VI. S. 32/33. — F. Kühnert, Die Kriminalität in Preußen nach dem Religionsbekenntnis, Zeitschrift des Kgl. preuß. Stat. Landesamtes, 22. Jg., 1912, S. 394 ff. — Die konfessionelle Kriminalstatistik Württembergs, Halle 1886.

Alexander Elster.

Ringvereine s. Verbrechertum.

Rowdytum s. Verbrechertum.

Rückfall s. Vorbestrafte.

S.

Sachverständigentätigkeit.

1. Sachverständige (§ 72 StPO.) sind Personen, die vor Gericht aus Tatsachen, die sie selbst oder Andere wahrgenommen haben, auf Grund ihrer Sachkenntnis Schlüsse ziehen. Der sachverständige Zeuge (§ 85) sagt „über Tatsachen oder Zustände aus, zu deren Wahrnehmung eine besondere Sachkunde erforderlich ist". Für den Sachverständigen enthält die StPO. eine Anzahl besonderer Bestimmungen, welche für den sachv. Zeugen nicht gelten. Der letztere ist dem Zeugen völlig gleichgestellt, auch in Bezug auf Gebühren. —

2. Die Auswahl der zuzuziehenden Sachverständigen und die Bestimmung ihrer Anzahl erfolgt durch den Richter (§ 73). In erster Linie kommen der Gerichtsarzt oder, wo ein solcher nicht vorhanden, der Kreisarzt in Betracht, ferner solche Personen, welche die Wissenschaft, die Kunst oder das Gewerbe, deren Kenntnis Voraussetzung für die Begutachtung ist, öffentlich zum Erwerbe ausüben (§ 75), und öffentlich bestellte Sachverständige. Letztere sind immer nur für bestimmte Kenntnisse oder Fertigkeiten bestellt (Recht 1922 Nr. 1277). Daß möglichst frühzeitige Zuziehung des Sachverständigen erwünscht ist, bedarf keiner besonderen Begründung. Es kommt aber auch darauf an, den richtigen Mann für den konkreten Fall zu finden, denn kaum ein Spezialist beherrscht sein Fach heute noch vollständig. Gebiete, auf denen wirkliche Sachkenntnis nicht häufig anzutreffen ist, sind z. B. die Geheimschriften, die Sexualpsychologie und -pathologie, die pathologische Anatomie des Gehirns, ferner Stoffwechselstörungen, die Toxikologie u. a.

Den ärztlich vorgebildeten Psychoanalytiker braucht man zwar nicht grundsätzlich abzulehnen, man kann von ihm aber nicht mehr verlangen als vom Psychiater. Die einsichtigen Analytiker haben das längst zugestanden. Ihre Deutungen sind nicht beweisbar. Ihre Ausführungen sind namentlich den Laienrichtern wegen der vielen termini technici wesentlich schwerer verständlich als die der Gerichtsärzte. Es ist kein Zufall, daß in einem der bekanntesten Mordprozesse der letzten zwanzig Jahre mehrere prominente Analytiker (ohne den Angeklagten untersucht zu haben!) ganz verschiedene Erklärungen über die Motive der Tat gaben, die alle unrichtig waren, weil sich bald nach der Verhandlung herausstellte, daß der Täter an Gehirnerweichung gelitten hatte. — Ärztlich nicht vorgebildete Analytiker kommen als Sachv. meiner Ansicht nach nicht in Betracht. Bis in die jüngste Zeit hinein ist über die Frage gestritten worden, ob in gewissen Fällen der Psychiater oder der Psychologe als Sachverständiger zuständig sei. Dieser Streit konnte nur dadurch entstehen, daß manche Psychiater und Gerichtsärzte nur geringe psychologische Kenntnisse besaßen, z. T. sogar reine Autodidakten waren. Andererseits verlangten die Psychologen gerade in den letzten Jahren — und zwar manchmal sehr zu Unrecht —, bei Strafprozessen herangezogen zu werden. Meiner Ansicht nach muß der Psychologe im allgemeinen schon dann zurücktreten, wenn es sich um einen psychopathischen Angeklagten handelt. Eventuell kann er in solchen Fällen gemeinsam mit dem Psychiater zur Aufklärung beitragen, namentlich dann, wenn es sich um

Reaktionen handelt, die durch experimentelle Untersuchung von Einzelfunktionen verständlich gemacht werden können, wie das z. B. bei manchen Autounfällen der Fall ist. (Oft wird dabei außerdem noch ein Ingenieur herangezogen werden müssen.) Auch in zeugenpsychologischen Fragen werden sie bisweilen mit Erfolg tätig sein können, vorausgesetzt, daß sie die erforderliche kriminalpsychologische und Gesetzeskenntnis und ausreichende Erfahrungen in der praktischen Betätigung im Gerichtssaal besitzen, an denen es vielen Psychologen einstweilen noch fehlt.

Zwei Wissenschaften, die vielfach noch sehr handwerksmäßig betrieben werden, sind die Schriftvergleichung (Schneickert) und die Graphologie. Das wird sich mit der Zeit ändern, je mehr erreichbares Tatsachenmaterial gesammelt werden wird und je besser die Ausbildung der Sachv. auf diesem Gebiete wird. Es ist sehr erfreulich, daß neuerdings die gerichtlich-medizinischen Institute und einzelne strafrechtliche Seminare diesen Zweigen der forensischen Hilfswissenschaften ihre Aufmerksamkeit zugewandt haben. Dadurch wird bald ein Stamm von brauchbaren Sachv. herangebildet werden. Bezüglich der Graphologie möchte ich ausdrücklich betonen, daß die psychologischen (Klages), etwas weniger die psychopathologischen Schlußfolgerungen, die sie zieht, vielfach auf schwachen Füßen stehen (s. hierzu: RG. vom 18. X. 1929, zitiert bei Löwe-Rosenberg, S. 250).

Daß Okkultisten als Sachv. nicht in Frage kommen, haben die Erfahrungen der letzten Jahre eindeutig gelehrt (Hübner, Hellwig). S. d. Art. Okkultismus.

Wie ich oben bereits angedeutet habe, gehören zu einem brauchbaren Sachv. nicht allein gute Fachkenntnisse, sondern auch positives Wissen auf dem Gebiete des Strafrechts und Strafprozeßrechtes. Dazu kommt eine gewisse Verhandlungstechnik, die es dem Sachv. ermöglicht, das Ergebnis seiner Untersuchung richtig darzustellen und gegen begründete oder unbegründete Angriffe im Gerichtssaal zu verteidigen. Auch diese Eigenschaften können dem Gericht wertvoll sein.

Nicht verfehlen möchte ich, zu erwähnen, daß gelegentlich einmal Richter, ohne daß ihnen der Mißgriff zum Bewußtsein kam, allzu anspruchslos bei der Auswahl von Sachv. waren. Dazu rechne ich z. B. einen Fall, wo der Vorarbeiter einer Gasanstalt über gewisse chemische Eigenschaften des Leuchtgases unter Hinweis darauf, daß er sachv. sei, befragt wurde. In einem zweiten Falle wurde ein Heilpädagoge (ehemaliger Lehrer) über die Zurechnungsfähigkeit einer Person gehört, wobei gleichfalls betont wurde, daß man ihn für sachv. halte.

3. Das Gericht darf die Zuziehung eines Sachv. zur Hauptverhandlung dann unterlassen, wenn es sich selbst die nötige Sachkunde zutraut oder zutrauen kann. Der Gerichtsbeschluß, durch welchen die Vernehmung eines Sachv. abgelehnt wird, bedarf immer dann einer Begründung im Protokoll, wenn der Grund, warum die Ablehnung erfolgt, nicht ohne weiteres klar ist. Das Reichsgericht hat z. B. in einem Zivilprozeß, in welchem die beiden beisitzenden Handelsrichter für die zur Erörterung stehende Frage besonders sachv. waren, so daß deren Meinungsäußerung einem Sachv.Gutachten gleichwertig war, die Nichtzuziehung eines Sachv. gebilligt. Bezüglich der Zurechnungsfähigkeit sagt das Reichsgericht, daß es auf den Einzelfall ankomme, ob die Beurteilung im Bereich der Sachkunde des Gerichts liege. In der Praxis bedienen sich die Gerichte in solchen Fällen fast immer des Sachv., namentlich bei der Frage des pathologischen Rausches, oder wenn Bewußtseinstrübungen behauptet werden. Ich bin öfters auch über den Geisteszustand der Gebärenden und über die Fragen, die in das Gebiet der §§ 53 Abs. 3 und 211 StGB. gehörten, vernommen worden.

4. Es gibt unter den Sachv. Sonderlinge und Außenseiter, die sich über manche Fragen eigene Theorieen zurecht gemacht haben, welche von den Hypothesen der „Schulmedizin" abweichen und sehr viel zu Gunsten des Angeklagten beweisen sollen. In Kurpfuschereiprozessen z. B. spielen sie nicht selten eine gefährliche Rolle. Sie zu laden, kann der Richter nicht immer vermeiden. Es bleibt in solchen Fällen bisweilen nur übrig, ihre Ausführungen mit entsprechender Vorsicht zu werten (s. hierzu Löwe-Rosenberg, 19. Aufl., S. 250). Unter den Typen, die ich persönlich gesehen habe, war auch nicht einer, der bleibende Werte geschaffen hätte oder für sich das Recht, besondere Erfahrungen zu besitzen, in Anspruch nehmen konnte. —

Ein Sachv. kann aus denselben Gründen abgelehnt werden, welche zur Ablehnung eines Richters berechtigen (§ 74). Die Strafprozeßordnung kennt also nur eine Ablehnung, nicht aber eine Ausschließung von Sachverständigen mit Ausnahme des im § 87 Abs. 1 Satz 2 vorgesehenen Falles. Zur Ablehnung wegen Besorgnis der Befangenheit (ähnlich Sachv.Ztg. 1933, S. 19) muß ein Grund vorliegen, der geeignet ist, Mißtrauen gegen die Unparteilichkeit des Sachv. zu rechtfertigen. Das Bestehen eines solchen Grundes muß nachgewiesen werden. Besorgnis der Befangenheit liegt nicht vor, wenn der Sachv. in einer wissenschaftlichen Arbeit eine für den Angeklagten ungünstige Auffassung vertreten hat (LZ. 1913, S. 147, zitiert nach Schaeffer und v. Hinüber). Ein Sachv., der für eine Partei ein Privatgutachten erstattet hat, kann für befangen erklärt werden (Zeitschr. f. Med. B. 1902, S. 797 u. 1903, Rechtspr. Nr. 1). Die politische Parteistellung begründet Befangenheit nur dann, wenn anzunehmen ist, daß sie auf die Unparteilichkeit gerade gegenüber dem Angeklagten nachteilig wirken könnte (Recht 1922, 1029). Gebrauch grob beleidigender Ausdrücke in Eingaben bildet für sich allein keinen genügenden Ablehnungsgrund (Recht 1927, 1865). War ein Sachv. aus einem Grunde, der beim Richter die Ausschließung vom Richteramt begründen würde, mit Erfolg abgelehnt, ist aber die Ablehnung noch während der Verhandlung zurückgenommen worden, so steht der Vernehmung des Sachv. und der Benutzung des Gutachtens nichts im Wege (Recht 1927, 1867). Der Beschluß des erkennenden Gerichts, durch den das gegen einen Sachv. angebrachte Ablehnungsgesuch für unbegründet erklärt wird, gehört zu den der Urteilsfällung vorausgehenden Entscheidungen, die gemäß § 305 StPO. der Beschwerde nicht unterliegen (Recht 1928, 2217). Wurde das Ablehnungsgesuch für begründet erklärt, so kann von dem vorher abgegebenen Gutachten kein Gebrauch gemacht werden.

5. Nach § 75 StPO. hat der zum Sachv. Ernannte der Ernennung Folge zu leisten, wenn er zur Erstattung von Gutachten der erforderten Art öffentlich bestellt ist oder wenn er die Wissenschaft, die Kunst oder das Gewerbe, deren Kenntnis Voraussetzung der Begutachtung ist, öffentlich zum Erwerbe ausübt oder wenn er zu ihrer Ausübung öffentlich bestellt oder ermächtigt ist.

Schwierigkeiten entstehen in dieser Beziehung manchmal dadurch, daß einzelne Gutachter überlastet sind. Darauf wird meist Rücksicht genommen. Von Mitgliedern der gerichtsärztlichen Ausschüsse und des Landesgesundheitsrates wird gelegentlich um Befreiung von der Pflicht, die Sachv.Tätigkeit auszuüben, gebeten, wenn mit der Möglichkeit zu rechnen ist, daß später von der zuständigen Fachbehörde, der sie angehören, ein Gutachten erfordert werden könnte. Außerdem geben in seltenen Fällen Befangenheit (z. B. wegen Kenntnis von Tatsachen, die den Sachv. bei der Begutachtung in Gewissenskonflikte bringen könnte) und sachliche Unzuständigkeit Anlaß zu Gesuchen um Befreiung von der Begutachtungspflicht. Nach § 76 kann schließlich ein Sachv. das Gutachten aus denselben Gründen verweigern, welche den Zeugen zur Zeugnisverweigerung berechtigen. Dem Angeklagten steht prozessual kein Anspruch darauf zu, daß in Fällen des Nichterscheinens oder der Weigerung eines zur Erstattung des Gutachtens verpflichteten Sachv. die im § 77 vorgesehenen Straf- und Zwangsmaßnahmen zur Anwendung gelangen. Auf Unterlassung der zulässigen Anordnungen kann die Revision nicht gestützt werden (Recht 1922 Nr. 1033). Hat ein Sachv. zunächst sein Zeugnis verweigert, später aber erklärt, aussagen zu wollen, dann kann das Gericht von der Vernehmung absehen (Recht 1921 Nr. 2614). Eine einmal vom Kranken erteilte Aussageerlaubnis kann widerrufen werden (RGSt. 57, 63ff.). Hat der Sachv. nicht als Vertrauensperson des Behandelten, sondern als Beauftragter des Gerichts bestimmte Tatsachen erfahren, die in den Rahmen des ihm aufgetragenen Gutachtens fallen, so muß er aussagen. Macht er Wahrnehmungen, die sich auf freiwillige, mit dem Gutachten in keinem Zusammenhange stehende Mitteilungen der untersuchten Person stützen, bezüglich deren nach den Umständen des Falles die Annahme geboten ist, daß sie unter der Voraussetzung der Geheimhaltung gemacht worden sind, so braucht er nicht auszusagen (RGSt. 61, 384ff.). Ein Sachv., der zum Erscheinen gesetzlich verpflichtet ist, macht sich, wenn er eine unwahre Tatsache als Entschuldigung vorschützt, nach § 138 Abs. 2 StGB. strafbar.

6. Vorgeschrieben ist nach § 87 die Ladung von Sachv. bei der Leichenschau (1 Arzt) und Leichenöffnung (2 Ärzte, darunter 1 Gerichtsarzt), ferner bei Vergiftungen (Chemiker oder Fachbehörde § 91), bei Münzverbrechen (Münzverwaltung § 92), bei Prüfung der Echtheit von Schriftstücken (Schriftsachv. § 93).

7. Die im § 75 erwähnte Pflicht des Sachv., der Ernennung Folge zu leisten, schließt die Pflicht ein, alle zur Lösung der gestellten Aufgaben erforderlichen Untersuchungen vorzunehmen (Mot.). Der zur Erstattung des Gutachtens verpflichtete Sachverständige kann im Falle des Nichterscheinens oder der Weigerung zum Ersatz der Kosten und zu einer Ordnungsstrafe, im Falle wiederholten Ungehorsams noch einmal zu einer Ordnungsstrafe verurteilt werden (§ 77).

8. Die in § 78 vorgesehene „Leitung“ der Sachverständigentätigkeit durch den Richter erstreckt sich auch auf die erforderlichen Untersuchungen, ohne daß damit die Anwesenheit des Richters bei den letzteren verlangt wird. Der Richter soll dem Sachv. die Fragestellung und die damit zusammen-

hängenden Gesichtspunkte klar machen. Die Bestimmung der anzuwendenden Untersuchungsmethoden überläßt er zweckmäßigerweise dem Sachverständigen selbst.

9. Der Sachv. kann nach dem Ermessen des Gerichts vereidigt werden. Auf Antrag der Staatsanwaltschaft, des Angeklagten oder des Verteidigers ist er zu vereidigen (§ 79). Der Eid ist nach Erstattung des Gutachtens zu leisten; er geht dahin, daß der Sachv. das Gutachten unparteiisch und nach bestem Wissen und Gewissen erstattet habe. Ist der Sachv. für die Erstattung von Gutachten der betreffenden Art im allgemeinen vereidigt, so genügt die Berufung auf den geleisteten Eid.

Auf sein Verlangen kann dem Sachv. zur Vorbereitung des Gutachtens weitere Aufklärung durch Vernehmung der Zeugen oder des Beschuldigten und Akteneinsicht gestattet werden (§ 80). Eine Verpflichtung dazu besteht für das Gericht allerdings nicht (Recht 1925 Nr. 2115). Es ist dem Sachv. auch unbenommen, „zur Bestärkung und Sicherstellung seiner eigenen Auffassung diejenige anderer Berufsgenossen zu ermitteln" (Recht 1923 Nr. 1279).

10. Zur Vorbereitung eines Gutachtens über den Geisteszustand des Beschuldigten (§ 81) kann das Gericht auf Antrag eines Sachv. nach Anhörung des Verteidigers anordnen, daß der Beschuldigte in eine öffentliche Heil- oder Pflegeanstalt gebracht und dort beobachtet wird. Im vorbereitenden Verfahren entscheidet das Gericht, das für die Eröffnung des Hauptverfahrens zuständig wäre. Die Verwahrung in der Anstalt darf die Dauer von 6 Wochen nicht überschreiten. Die Beobachtung in der Anstalt wird merkwürdigerweise als etwas sehr Schlimmes angesehen. Es sei deshalb besonders betont, daß sie dem davon Betroffenen keinen gesundheitlichen Schaden bringt. Es wäre sonst unverständlich, daß Gefangene, die während der Haft in Geisteskrankheit verfallen, in die Anstalt gebracht werden und sich dort rasch bessern. Das Maß der mit dem Anstaltsaufenthalt verbundenen Freiheitsbeschränkung ist abhängig von dem Zustande des zu Beobachtenden und davon, ob ein Haftbefehl vorliegt. Die Bedenken, welche gegen die Einweisung oft vorgebracht werden, sind deshalb großenteils unberechtigt. Auch die wirtschaftliche Schädigung des davon Betroffenen wird nach meinen Erfahrungen erheblich überschätzt.

Die Dauer von sechs Wochen darf — leider — auch mit Zustimmung des Beschuldigten nicht überschritten werden, obwohl es manchmal schwer fällt, in dieser Zeit ein abschließendes Urteil zu gewinnen. Die zeitliche Begrenzung der Beobachtung ist besonders störend, wenn das Gericht einen zweiten Sachverständigen oder den gerichtsärztlichen Ausschuß hören muß, der dann seine Untersuchungen unter viel ungünstigeren äußeren Verhältnissen durchführen muß, als der erstgehörte Sachverständige. — Der Antrag auf Beobachtung soll nur dann gestellt werden, wenn allein durch Untersuchungen in der Sprechstunde der Fall nicht geklärt werden kann. Er kann in jedem Stadium des Verfahrens gestellt werden. Strittig ist allerdings, ob auch im Wiederaufnahmeverfahren eine Beobachtung angeordnet werden darf. Vom Standpunkte des Psychiaters aus muß sie nicht selten auch in solchen Fällen als notwendig bezeichnet werden. Im Privatklageverfahren darf die Beobachtung nicht angeordnet werden (Recht 1929, Nr. 179).

Als Beobachtungsort, der vom Gericht in dem Beschluß bezeichnet werden muß, kommt nur eine öffentliche Irrenanstalt, also kein Privatsanatorium und keine von den durch geistliche Orden oder sonstige charitative Verbände betriebenen Anstalten in Betracht. Öffentliche Irrenanstalten in diesem Sinne sind demnach manche Stadtasyle, die den Provinzialverwaltungen oder Ländern gehörigen Heil- und Pflegeanstalten, die Psychiatrischen Universitätskliniken und die Irrenabteilungen der Strafanstalten.

Die sofortige Beschwerde gegen den Beschluß hat aufschiebende Wirkung. — Die Frage, ob der § 81 auch im Disziplinarverfahren angewandt werden darf, wird m. E. zu Unrecht als strittig bezeichnet. Nach der gegenwärtig noch geltenden Rechtsprechung ist sie möglich. Sie kann auch in so schonender und diskreter Weise durchgeführt werden, daß sie keine ernstliche Schädigung des davon Betroffenen darstellt. Im Entwurf einer Reichsdienststrafordnung vom 26. III. 1931 ist die Unterbringung in der Irrenanstalt allerdings verboten. Die Kosten der Beobachtung trägt bei Strafsachen im Falle der Freisprechung der Justizfiskus (JMBl. 1908, S. 368), im Disziplinarverfahren die Behörde des zu Beobachtenden.

11. Im Vorverfahren hängt es von der Anordnung des Richters ab, ob die Sachv. ihr Gutachten schriftlich oder mündlich zu erstatten haben (§ 82). Vom Standpunkt des psychiatrischen Sachv. aus ist das schriftliche Gutachten als zweckmäßiger zu empfehlen, weil bei Bearbeitung später begangener Delikte u. U. sowohl das Tatsachenmaterial wie die Gründe, auf die der frühere Sachv. seine Ansicht stützte, den Gutachtern wertvoll sein können. — Ist damit zu rechnen, daß die Unterbringung des Beschuldigten in einer

Heil- oder Pflegeanstalt, einer Trinkerheilanstalt oder einer Entziehungsanstalt oder seine Entmannung angeordnet werden wird, so soll schon im Vorverfahren einem Sachv. Gelegenheit zur Vorbereitung des in der Hauptverhandlung zu erstattenden Gutachtens gegeben werden (§ 80a).

12. Für die mündliche Vernehmung der Sachv. gelten im allgemeinen die Bestimmungen, welche für die Zeugen erlassen sind. Abweichend (§ 58) davon brauchen aber die Gutachter nicht einzeln, d. h. in Abwesenheit der übrigen, vernommen zu werden (RGSt. 52, 161). Es liegt vielmehr im Interesse der Sache, wenn jeder die Befunde und den Standpunkt der anderen Sachv. kennen lernt. Die Dauer der Anwesenheit des einzelnen Sachv. im Termin bestimmt der Vorsitzende. Es ist nicht nötig, daß der Gutachter auch den Teilen der Verhandlung, aus denen er für seine Gutachten kein Material entnehmen kann, beiwohnt. —

13. Es kommt nicht ganz selten vor, daß in der mündlichen Verhandlung „ungeeignete oder nicht zur Sache gehörige Fragen" (§ 241, Abs. 2) an den Sachv. gerichtet werden. Als „ungeeignet" sind Fragen anzusehen, die einen Zeugen oder Sachv. verletzen oder, ohne daß es die Sachlage erfordert, sich mit der Person des Befragten beschäftigen (Recht 1925, Nr. 598). Der Vorsitzende hat in solchen Fällen die Möglichkeit, ungeeignete Fragen zurückzuweisen. Wenn der Verteidiger an den Sachverständigen Fragen richtet, welche nicht das Problem der Zurechnungsfähigkeit, sondern den psychischen Tatbestand betreffen (z. B. die nach der Überlegung beim Mord), so sind diese nicht als „ungeeignet" anzusehen (Recht 1928, Nr. 2641). —

14. Während der Beschuldigte gemäß § 81a alle Untersuchungen des Sachv. dulden muß, braucht ein Zeuge das nicht (Recht 1928, Nr. 2395), es sei denn, daß es sich um die Feststellung handelt, ob am Körper eine bestimmte Spur oder Folge einer strafbaren Handlung sich befindet. Der Angeklagte hat auch keinen Anspruch darauf, eine solche Untersuchung des Zeugen zu fordern (Recht 1928, Nr. 2642). Strittig ist die Frage, ob der sogenannte Alkoholversuch bei Angeklagten ausgeführt werden darf. Es handelt sich durchgängig um Fälle, in denen behauptet wird, die Tat sei im pathologischen Rausch begangen, ein Problem, welches dem Sachverständigenbeweise vorbehalten ist (Recht 1928, Nr. 467). Mit Zustimmung des Angeklagten habe ich keine Bedenken, den Versuch anzustellen, denn Schaden kann ihm daraus nicht erwachsen. Widerspricht der Angeklagte, so sieht der Sachv. besser von dem Experiment ab. — Die Lumbalpunktion bzw. der Occipitalstich können gemäß § 81a ausgeführt werden. — Hat der Angeklagte dem Gerichtsarzt ein mündliches oder schriftliches Geständnis abgelegt, so kann dieser dasselbe bei seinem Gutachten benutzen und in der Hauptverhandlung sogar zur Ergänzung seiner Zeugenaussage verlesen (Recht 1928, Nr. 1215). —

15. Ist der Sachv. vor der Hauptverhandlung verstorben (§ 251), so ist die Verlesung aller ordnungsmäßig aufgenommenen Protokolle über seine früheren richterlichen Vernehmungen zulässig. Daß die frühere Vernehmung in der anhängigen Strafsache stattgefunden hat, ist keine notwendige Voraussetzung der Verlesung (Recht 1925, Nr. 596). Die Verlesung kann nur durch Gerichtsbeschluß angeordnet und muß begründet werden. Notwendig ist auch die Mitteilung, ob die Beeidigung der vernommenen Person stattgefunden hat. Hatte der Sachv. vor seinem Ableben ein Gutachten entworfen, so darf dasselbe zur unmittelbaren gutachtlichen Beweisführung nicht verlesen werden (Recht 1929, S. 105), wohl aber zum Nachweis seines Vorhandenseins. —

16. Eine Sonderstellung als Sachv. nehmen öffentliche Beamte ein. Sie dürfen dann nicht vernommen werden, wenn die vorgesetzte Behörde erklärt, daß die Vernehmung den dienstlichen Interessen Nachteil bereiten würde (§ 76 Abs. 2). Die Einholung der Genehmigung zur Aussage ist Sache des Gerichtes. — Der Begriff öffentlicher Beamter ist hier nicht in dem neuesten Sinne gemeint. Er betrifft alle Beamten, auch diejenigen der Gemeinden und sonstige mittelbare Beamten, dagegen bezieht er sich nach Löwe-Rosenberg, Kommentar zur StPO., nicht auf Angestellte, eine Auffassung, die bedenklich erscheint. Im Entwurf zum EGStGB. ist ausdrücklich gesagt, daß die Angestellten mit einbegriffen sind. Zum Einspruch gegen die Vernehmung ist nicht der sachv. Beamte berechtigt, sondern seine vorgesetzte Behörde. Der erstere hat nur zu erklären, daß er das geforderte Gutachten nicht erstatten könne, ohne die Pflicht zur Amtsverschwiegenheit zu verletzen. —

17. Wenn das von dem zuerst ernannten Sachv. erstattete Gutachten für ungenügend erachtet wird, kann der Richter die Begutachtung durch andere Sachv., in wichtigen Fällen durch eine Fachbehörde, anordnen (§ 83). Entscheidend ist allein das richterliche Ermessen. „Ungenügend" ist das Gutachten, wenn es erkennen läßt, daß der Sachv. die erforderliche Sachkunde offenbar nicht

besitzt, oder wenn zwischen mehreren Gutachten Widersprüche bestehen. Fachbehörden sind z. B. die Fakultäten, in Preußen die gerichtsärztlichen Ausschüsse und der Landesgesundheitsrat, die Handelskammern, die Sachverständigenkammern (Urheberrecht). Die Gutachten der Fachbehörden bedürfen keiner Beeidigung, da die Pflichtmäßigkeit der Gutachten durch den Diensteid ihrer Mitglieder verbürgt ist (RGZ. 6, 1 und 337). Im Gegensatz zu dieser Auffassung wird nach meinen Erfahrungen dasjenige Mitglied der Fachbehörde, welches das Gutachten in der Hauptverhandlung vertritt, regelmäßig vereidigt, und zwar auch dann, wenn das Gutachten als solches zum Gegenstand der Beweisaufnahme gemacht wird. Eine Schwierigkeit, welche mir bei der Vertretung der Gutachten des gerichtsärztlichen Ausschusses öfter begegnet ist, lag darin, daß in der Hauptverhandlung ein Teil der Zeugen anders aussagte als in der Voruntersuchung und dadurch die Voraussetzungen, von denen das Gutachten der Fachbehörde ausging, ganz oder teilweise verändert waren. Das Gericht verlangte regelmäßig, daß ich zu dieser neuen Situation selbständig Stellung nehmen sollte. Ich habe keine Bedenken getragen, das zu tun, weil allein so die Urteilsfindung gefördert werden konnte. — Eine Fachbehörde als solche kann nicht abgelehnt werden, wohl aber ein einzelnes Mitglied derselben (GA. 71, 116).

18. Außer der Ladung eines Sachv. durch die Staatsanwaltschaft kann der Angeklagte einen solchen auch unmittelbar laden lassen. Zum Erscheinen ist der Gutachter dann nur verpflichtet, wenn ihm bei der Ladung die gesetzliche Entschädigung für Reisekosten und Versäumnis dargeboten oder deren Hinterlegung bei der Geschäftsstelle nachgewiesen wird (§ 220). Es kommt bisweilen vor, daß solche von dem Angeklagten oder seinem Verteidiger geladene Sachv. einem gewissen Mißtrauen begegnen. Letzteres ist, wo es auftritt, häufig dadurch bedingt, daß der Gutachter seine Aufgaben verkennt und glaubt, daß er vorwiegend zu der Entlastung des Angeklagten beitragen müsse. Das ist selbstverständlich ein ganz falscher Standpunkt, denn gerade im Strafverfahren ist es Aufgabe des Sachv., lediglich bei der Wahrheitsfindung mitzuwirken, gleichgültig von wem er geladen ist und welche Folgen sein Gutachten für den Angeklagten hat. Der Sachv. muß immer über den Parteien stehen. —

19. Wenn dem Erscheinen des Sachv. in der Hauptverhandlung für eine längere oder ungewisse Zeit Krankheit oder Gebrechlichkeit oder andere nicht zu beseitigende Hindernisse entgegenstehen, so kann das Gericht seine Vernehmung durch einen Beauftragten oder ersuchten Richter anordnen (§ 223). Dasselbe gilt, wenn ein Sachv. vernommen werden soll, dem das Erscheinen in der Hauptverhandlung wegen des damit verbundenen Zeitverlustes oder wegen der Schwierigkeit der Verkehrsverhältnisse nicht zugemutet werden kann (§ 223 Abs. 2).

20. Daß der Sachv. Anspruch auf Entschädigung für Zeitversäumnis, auf Erstattung der ihm verursachten Kosten und außerdem auf angemessene Vergütung seiner Mühewaltung nach Maßgabe der Gebührenordnung hat, ist bekannt.

Schrifttum:

Löwe-Rosenberg, StPO., Berlin und Leipzig 1934. — Graf zu Dohna, StPO., — Schneickert, Gefahren der gerichtlichen Schriftvergleichung, JW. 1922, 274. — Klages, Probl. der Graphol., Leipzig 1912. — Willy Schumacher und P. Schumacher, Über die Blutprobe als zivil- und strafrechtliches Beweismittel. Veröff. aus dem Gebiete der Med.-Verw. XII. Bd., Berlin 1933. — Hübner, Forens. Psychiatr., Bonn 1914. — Kohlrausch, StPO., Berlin und Leipzig 1933. — Schaeffer und v. Hinüber, StPO. 1933, Leipzig. — Hübner, Hellseher, Arch. f. Psych. — Weiteres Schrifttum s. bei Löwe-Rosenberg, StPO., 19. Aufl., S. 248.

Arthur Hübner.

Sadismus.

1. Unter den sexuellen Perversionen (s. d. Stichwort sowie die Einzelartikel) nimmt die sadistische Triebrichtung für die kriminellen Beziehungen eine überragende Stellung ein. Dies ist so sehr der Fall, daß man bei Sittlichkeitsverbrechern zuvörderst auf sadistische Veranlagung schließt, sobald Gewaltsamkeit bei dem Vorgang eine Rolle spielt. Wenn im Art. Perversion die Absicht ausgesprochen worden ist, im vorliegenden Werke die Ausführungen über die kriminelle Bedeutung des Sadismus der Besprechung der Sittlichkeitsverbrechen, insbesondere des Lustmordes, im Zusammenhange zu überlassen, so hat es sich doch, da die übrigen Arten der sexuellen Perversionen in Sonderartikeln dieses Werkes kurz gekennzeichnet werden, als erwünscht erwiesen, auch über den Sadismus die grundlegenden Erkenntnisse hier kurz darzulegen.

Wie die Bezeichnung des Masochismus an einen Schriftsteller, der der Triebabweichung literarischen Ausdruck gab, an Leopold v. Sacher-Masoch (1835—1895, u. a. Roman „Venus im Pelz“) anknüpft, ist dies auch beim Sadismus der Fall. Der Marquis de Sade (1740—1814, u. a. Roman „Les crimes de l'amour", 1800, 4 Bände) starb geisteskrank.

Die Arten, in denen sexuelle Grausamkeit auftritt, sind so verschieden, daß sowohl der Zusammenhang mit der Krankhaftigkeit wie derjenige mit der Kriminalität den verschiedensten Deutungen offen steht. Die Behauptung, Grausamkeit und Sexualität seien aus biologischen allgemeinen Gründen nahe mit einander verwandt, bedarf ganz erheblich der Einschränkung. Es fehlt der schlüssige Nachweis für eine so sehr das Ethos der Menschen herabsetzende Behauptung, und es ist für die kriminologische Beurteilung von ausschlaggebender Wichtigkeit, ob man eine Synthese Sexus-Grausamkeit als weithin naturgegeben hinnehmen muß oder ob man auch gegenüber dem sexuellen Triebleben — von wirklich kranken Personen abgesehen — Willensstärke, Charakter und Verantwortung verlangen und Hemmungslosigkeiten als strafbare Handlung ansehen darf. Die biologisch-psychologische Ergründung deckt sich hier nicht ohne weiteres mit der kriminalpolitischen Einstellung. Ja eine zu breite Ausdehnung der Sphäre, die für die Annahme des „sadistischen" Charakters irgend einer menschlichen Handlung herhalten muß, ist unwissenschaftlich und erscheint ethisch bedenklich. Man erkennt daher schon von vorn herein, daß dieses Problem bereits in der allerersten grundsätzlichen Stellungnahme zu der Frage der Triebstärke und der Willenskraft steht und ein Verstehen von biologischen Urgründen noch keine ausschlaggebende Beantwortung des kriminalpolitischen Problems ist.

Wir finden nämlich — und das ist die Begründung für diese Heraushebung der Verantwortlichkeit trotz der Stärke des Sexualtriebes — die allerverschiedensten psychischen Formen sadistischer Tatbestände. Wir finden das impulsive, hemmungslose Draufgängertum, das im Zuge des Affektes sich zur grausamen Übersteigerung der Lust in Quälerei und Brutalität hinreißen läßt, und daneben finden wir kaltblütige, überlegte, wohl geordnete Grausamkeit, die offenbar seelisch viel tiefer sitzt. Wir finden in der Ausübung einen unmittelbaren geschlechtlichen Sadismus, bei dem die Grausamkeit Begleiterscheinung der normalen sexuellen Betätigung ist, und daneben symbolische Ersatzhandlungen, die die Grausamkeit fast zu entmaterialisieren trachten und so auf Umwegen erst real werden. Wir finden bloße aus dem Normalen gesteigerte Hemmungslosigkeit, die man kaum als krankhaft ansprechen kann, auch wenn sie zu Gewalttaten sich hinreißen läßt, und daneben eine wirkliche Krankhaftigkeit, die den psychischen Habitus beherrscht. Und dabei können wieder solche Sadisten unterschieden werden, bei denen der Zug der sexuellen Grausamkeit unmittelbar aus dem herrischen, brutalen Charakter entspringt, von solchen, die im Gegenteil recht sekundär Minderwertigkeitskomplexe und eigene sexuelle Unsicherheit durch forsche Brutalität zu überkompensieren versuchen. Das sind dann besonders diejenigen Charaktere, bei denen masochistische und sadistische Züge in einander übergehen.

Daß dies alles vorwiegend auf dem seelischen Boden des sexualbiologisch zu Angriff und Eroberung disponierten Mannes erwächst, liegt hiernach klar, und es wird verständlich, warum der Sadismus des Weibes überwiegend nur ein ausgeklügeltes Kunstprodukt oder eine Form spielerischer, katzenartiger Koketterie ist. Nur wenn sich sexuelle Enttäuschungen mit dem sexualbiologisch bedingten Muttertrieb paaren — also bei den häufigen und so überaus häßlichen Fällen der Kindermißhandlung —, tritt ein weiblicher Sadismus in krimineller Bedeutung auf; sonst ist es ganz überwiegend der Mann, der durch sadistische Triebrichtung zum Verbrechen kommt.

Ausgesprochen krankhafte Fälle, wie sie insbesondere in Stekels Werk („Sadismus und Masochismus", Wien 1925) zusammengetragen sind und analysiert werden, können wir aus der allgemeinen kriminologischen Betrachtung ausscheiden; diese gehören in Heil- und Bewahrungsanstalten. Aber wo ist die Grenze? Spricht nicht die Tatsache, daß häufig eine Abreagierung der eigentlich sadistischen Triebrichtung durch masochistische Umstellung zu beobachten ist, für die Stärke des Willens, krankhafte Neigungen nicht durchaus asozial und kriminell werden zu lassen? Stekel (a. a. O., S. 735) sagt: „Der Sadist wird Masochist infolge eines tiefen religiösen Schuldbewußtseins, indem er den originären Sadismus gegen das eigene Ich wendet." Diese Betonung der Möglichkeit einer Umwandlung der kriminell gefährlichen Triebrichtung durch Religiosität in eine kriminell so gut wie ungefährliche ist für unsere Frage der Schuldzumessung ebenso wichtig wie der andere Satz Stekels: „Die Paraphilieen des Sado-Masochismus sind kein angeborenes Fatum! Das glauben wir bewiesen zu haben. Sie sind eine Lebensreaktion und entstehen, wenn der Haß in der Jugend im Herzen des Kindes Wurzel schlagen kann. Alle Kinder sind im gewissen Sinne Sadisten. Ob sie es bleiben oder sich der Kultur anpassen, das entscheiden Milieu und Erziehung" — wozu, wie wir hinzufügen dürfen, auch Selbsterziehung und Willensstärkung gehören.

Mit dieser Betonung des Einflusses von Religiosität, Familie, Erziehung und Willenskräftigung mündet aber schon die Betrachtung des sadistischen Verbrechers in die breitere Flut des asozialen Kriminellen überhaupt ein. Es bleibt aber die „Spezialität" dieser triebmäßig bedingten Kriminalität noch in einigen Punkten näher zu betrachten.

2. Als Haupterscheinungsformen des kriminellen Sadismus sind wohl diese aufzuzählen: der Lustmord, die Körperverletzung des Sexualpartners oder des Tieres (vgl. d. Art. Sodomie), die Kindermißhandlung, die Soldatenmißhandlung, die Überschreitung eines Züchtigungsrechts; daneben gibt es die selteneren Formen der Sachbeschädigung, Brandstiftung, Eisenbahnattentate, Diebstähle u. dgl. auf sadistischer Grundlage. Diese Aufzählung soll nicht vollständig sein und kann niemals vollständig sein, weil die Erscheinungsarten der triebabweichenden Grundlage an keine äußere Grenze gebunden sind. Aber wenn man aus dieser Mannigfaltigkeit der Erscheinungsform einerseits und aus der starken triebhaften Grundlage andererseits etwa — wie dies in manchen Arbeiten auf diesem Wissensgebiet zum Ausdruck zu kommen scheint — achselzuckend den Schluß ziehen wollte, daß eben die Grausamkeit ein natürlicher Zug des menschlichen Wesens sei, der sich eben mit dem Sexualtrieb leicht zusammenfinden müsse, so will mir eine solche Einstellung unrichtig, ja gefährlich erscheinen. Die wissenschaftliche Ergründung der verschiedensten Straftaten, deren versteckte sexuelle Grundlage man früher nicht erkannte, ist an sich ein Fortschritt und kann natürlich zu einem psychologischen Verständnis führen; aber dies kann und darf, zumal in einem heroisch-autoritären Staat, nicht zu einer Verweichlichung der strafrechtlichen Behandlung, nicht zu einer Verwässerung des kriminellen Charakters der Tat führen. Auch damit ist das Problem nicht gelöst, daß man die besonders grausigen Taten von Lustmördern als Rückfälle ins „Tierische" bezeichnet und die Ausstoßung des Täters aus den Lebenden damit begründet, daß ein solches „Tier" kein Mensch sei. Gerade denjenigen, die die Behauptung des Grundzuges der Grausamkeit des Menschen im Sexualleben aufgestellt und die biologischen Vergleiche mit dem beim Coitus den Partner stark verletzenden oder gar vernichtenden Tier zur Begründung heranziehen, steht solche bequeme Begründung der Bestrafung schlecht an.

Mit der ethischen Begründung des Rechts, welches eine Rechtsverletzung nicht nur dann feststellt, wenn Rechte eines anderen Menschen verletzt sind, sondern auch dann, wenn die Rechts- und Sittenordnung als solche verletzt wird, gelangt man zu der klaren Antwort, daß trotz aller biologisch-psychologischen Erkenntnis des sadistischen Charakters vieler Täter die kriminalpolitische Behandlung, falls nicht wegen ausgesprochener Unzurechnungsfähigkeit eine Verwahrung anderer Art in Betracht kommt, die Bestrafung sich an die Tat zu halten hat und die psychologischen Zwangsmomente zwar als Erklärung, aber nicht als Entschuldigung gelten lassen kann. In dieser Hinsicht nimmt der Sadismus keine andere Stellung ein als die anderen Perversionen, wohl aber verdient er wegen seiner Gefährlichkeit eine stärkere kriminalpolitische Abwehr.

Schrifttum:

s. bei den Art. Perversion und Masochismus.

Alexander Elster.

Schartenspuren s. Spuren.

Schautrieb, sexueller s. Voyeurs.

Schizophrenie s. Geisteskranke Verbrecher und Forensische Psychiatrie.

Schmuggel.

I. Begriff und Bedeutung. Der Begriff „Schmuggel", ein Ausdruck des täglichen Lebens, findet sich bis zur jüngsten Zeit in keinem der hier in Betracht kommenden Gesetze. Erst neuerdings ist das Wort „Schmuggel" in die Reichsabgabenordnung, und zwar in den §§ 23a und 193 Abs. 1, aufgenommen worden. Das grundlegende Gesetz, das Vereinszollgesetz, gebraucht dafür im § 125 den Ausdruck „Schleichhandel" und definiert diesen Ausdruck einmal in dem § 134 als „Konterbande" (später ist diese Bezeichnung durch die VO. des Reichspräsidenten zur Sicherung von Wirtschaft und Finanzen vom 1. XII. 1930 (RGBl. I, 517ff, Teil III) durch das Wort „Bannbruch" ersetzt), worunter das Gesetz die verbotswidrige Ein-, Aus- und Durchfuhr versteht. Ferner bezeichnete das Vereinszollgesetz in dem durch die gleiche Verordnung in Wegfall gekommenen und durch die Bestimmungen der Reichsabgabenordnung ersetzten § 135 die „Hinterziehung" der Ein- und Ausfuhrabgaben als „Defraudation". Warum die Gesetze bisher das Wort Schmuggel vermieden haben, ist nicht recht einzusehen;

vielleicht weil das Wort Schmuggel kein rein deutsches ist; der Ersatz dieses Wortes aber durch die zweifelsohne nicht auf deutsche Herkunft weisenden Worte „Konterbande" und „Defraudation" war sicherlich nicht glücklich gewählt. Das aus dem Dänischen stammende Wort „Schmuggel" (smug = heimlich, verstohlen) ist durch Jahrhunderte langen Gebrauch zu einem deutschen Wort geworden. Interessant aber ist es, wie man aus dem Ursprung des Wortes erkennen kann, daß offenbar der Schmuggel zunächst nicht an den langen Ost- und Westgrenzen des Reichs getätigt wurde, sondern an der verhältnismäßig kurzen Nordgrenze. Andrerseits deuten die Worte „Konterbande" und „Defraudation" auf eine internationale Beschaffenheit dieser Begriffe hin.

Auf dem weiten Gebiete des Schmuggels ist der Handel die ständige und ausschließliche Triebfeder. Trotzdem gehört begrifflich der Handel nicht zum Wesen des Schmuggels, denn für die Feststellung der Tatbestandsmerkmale des Schmuggels ist es ohne Bedeutung, ob der Täter die heimlich über die Grenze gebrachten Waren für sich behalten oder weiter veräußern will. Also in dem Begriff des Handels ist der Grundgedanke des Schmuggels nicht zu finden, wohl aber in einem engeren Begriff, den der Handel mit einschließt, nämlich der Ortsveränderung (Transport) der Waren, und zwar über die Zollgrenze unter Geheimhaltung vor der Zollbehörde. Die Verheimlichung des Transports vor der Zollbehörde ist das Kriterium des Begriffs „Schmuggel". Diese Verheimlichung kann ihren Grund darin haben, daß die Einfuhr schlechthin verboten ist oder bestimmten Abgaben unterliegt. Erfolgt der Geheimtransport aus dem ersten Grund, so spricht das Gesetz (§ 134 VZG.) von „Bannbruch", erfolgt er dagegen aus dem zweiten Grunde, so spricht es von „Hinterziehung" (§ 396 RAO. an Stelle des fortgefallenen § 135 VZG.).

Ein Zollvergehen liegt also dann nicht vor, wenn nicht zollpflichtige Waren, deren Einfuhr nicht verboten ist, unter Verheimlichung vor staatlicher Aufsicht über die Grenze gebracht werden; aber eine Ordnungswidrigkeit erblickt das Gesetz auch schon in der Unterlassung der vorgeschriebenen Anmeldung der Waren beim Grenzübergang, eine Übertretung; aber auch eine solche fällt unter den weiteren Begriff des Schmuggels. Schmuggel im weiteren Sinne ist daher der Transport von Waren über die Landesgrenze unter Verheimlichung vor einer staatlich angeordneten Aufsicht.

In den letzten Jahren hat an den Zollgrenzen des Deutschen Reichs, insbesondere an der Westgrenze, ein weit verbreitetes Schmuggelunwesen Platz gegriffen, das eine Katastrophe herbeizuführen drohte. Infolge der strengen Gegenmaßnahmen der Zollverwaltung konnte der Schmuggel erheblich eingedämmt werden, so daß die durchbrochenen Grenzdämme jetzt wieder hergestellt sind.

II. Zollstrafgesetzgebung. 1. Die geschichtliche Entwicklung der Zollstrafgesetzgebung läßt sich nicht sehr weit zurückverfolgen, weil die zwischenstaatlichen Handelsbeziehungen im Altertum nur wenig ausgeprägt waren und erst im Mittelalter Bedeutung gewannen. Erst im deutschen Recht dieses Zeitalters wurden durch die starke Überhandnahme der Tor-, Brücken- und Wegegelder auch zahlreiche Fälle der Defraudation geschaffen. Eine umfassende Kodifikation der Zollstrafbestimmungen enthält jedoch das Preußische Allgemeine Landrecht im Teil II, Titel 20, Abschn. 7 über Akzise- und Zollverbrechen. Es definiert im § 277 die Konterbande als das Unternehmen, Gegenstände, deren Ein- und Ausfuhr der Staat verboten hat, diesem Verbot zuwider ins Land zu bringen oder hereinzuschaffen, und im § 278 die Defraudation als das Unternehmen, bei der Ein- und Ausfuhr an sich erlaubter Gegenstände dem Staate die ihm zukommenden Zoll- und Akzisegefälle zu entziehen. Für beide Fälle war neben empfindlichen Geld- und Freiheitsstrafen die Konfiskation der dabei in Frage kommenden Gegenstände angeordnet.

Der Zusammenschluß der meisten deutschen Staaten zum deutschen Zoll- und Handelsverein im Jahre 1834 brachte noch kein einheitliches Zollstrafrecht, wenn auch bestimmte Verabredungen zwischen den Staaten zwecks einheitlichen Vorgehens bei Zollvergehen getroffen wurden. Es wurden eine Reihe leitender Grundsätze aufgestellt, die bei einer Redaktion des Zollstrafrechts Beachtung finden sollten. Die dann von den einzelnen Regierungen erlassenen Zollstrafgesetze wichen aber trotz dieser einheitlichen leitenden Grundsätze nicht nur äußerlich nach Anordnung und Fassung, sondern auch in sachlicher Beziehung so stark von einander ab, daß dies auf die Dauer zu unhaltbaren Zuständen führen mußte und geführt hat. Die Schaffung einer einheitlichen Zollstrafgesetzgebung war unumgänglich notwendig geworden.

Im Mai 1869 wurde dem Bundesrat des Zollvereins der Entwurf eines Vereinszollgesetzes vorgelegt, dem der Bundesrat am 4. Juni und das Zollparlament am 18. VI. 1869 zustimmte; das Gesetz datiert vom 1. VII. 1869 und ist in allen damaligen Vereinsstaaten am 1. I. 1870 in Kraft getreten. Dieses VereinszollG. vom 1. VII. 1869 ist auch heute noch in Gültigkeit, abgeändert allerdings wegen der starken Zunahme des Schmuggels an der Westgrenze des Reichs in wichtigen Strafbestimmungen, auf die noch unten einzugehen ist.

2. Wie bereits ausgeführt, enthält die erste gesetzliche Definition der Konterbande und Defraudation das Preußische Allgemeine Landrecht, von wo sie fast wörtlich in das Vereinszollgesetz übernommen ist. Nur ist, wie ebenfalls schon ausgeführt, die Bezeichnung „Konterbande“ durch „Bannbruch“ ersetzt worden. Die maßgebende Strafbestimmung des § 134 VZG. lautet: „Wer es unternimmt, Gegenstände, deren Ein-, Aus- oder Durchfuhr verboten ist, diesem Verbote zuwider ein-, aus- oder durchzuführen, macht sich eines Bannbruchs schuldig und hat die Einziehung der Gegenstände, in bezug auf welche das Vergehen verübt worden ist, und, insofern nicht in besonderen Gesetzen eine höhere Strafe festgesetzt ist, zugleich eine Geldstrafe verwirkt, welche dem doppelten Werte jener Gegenstände gleichkommen soll.“

Der frühere § 135 VZG. ist weggefallen und ersetzt worden durch § 396 der RAbgO., wo es heißt: „Wer zum eigenen Vorteil oder zum Vorteil eines Anderen nicht gerechtfertigte Steuervorteile erschleicht oder vorsätzlich bewirkt, daß Steuereinnahmen verkürzt werden, wird wegen Steuerhinterziehung mit Geldstrafe bestraft. Der Höchstbetrag der Geldstrafe ist unbeschränkt. Bei Zöllen und Verbrauchsteuern ist die Geldstrafe mindestens auf das Vierfache des hinterzogenen Betrages zu bemessen, falls der Betrag der Steuerverkürzung oder des Steuervorteiles festgestellt werden kann. Neben der Geldstrafe kann auf Gefängnis bis zu 2 Jahren erkannt werden.“

In dem neu eingeführten Absatz 6 des § 396 heißt es: „Steuerhinterziehung kann auch hinsichtlich solcher Waren begangen werden, deren Einfuhr, Ausfuhr oder Durchfuhr verboten ist.“

a) Das Unternehmen des Bannbruchs. Was zunächst den Bannbruch angeht, so heißt es im § 134 VZG.: „Wer es unternimmt“, ein Ausdruck, der offenbar deshalb gewählt ist, weil der Bannbruch im Regelfalle nicht eine einheitliche Handlung bildet, sondern ein aus mehreren Einzelheiten zusammengesetztes mit im voraus verteilten Rollen durchgeführtes Unternehmen (Stenglein, § 134 Anm. 6b). In Literatur und Praxis herrscht Übereinstimmung darüber, daß der Ausdruck „Unternehmen“ im Vereinszollgesetz nicht die gleiche Bedeutung hat wie im § 159 StGB., denn er umfaßt sowohl das vollständig durchgeführte Unternehmen, also das vollendete Delikt, wie auch den Versuch. Ob auch die sonst straflosen Vorbereitungshandlungen unter den Begriff des Unternehmens fallen, ist in der Literatur streitig, das Reichsgericht hat aber in seiner grundlegenden Entscheidung im Bd. 42 RGSt. S. 266ff. sich dahin ausgesprochen, daß den Maßstab für die Bestrafung eines nicht vollendeten Verbrechens oder Vergehens allein die §§ 43—46 des StGB. bilden. Handlungen, die also vor dem Anfang der Ausführung liegen, auch wenn sie auf die Verwirklichung der unter Strafe gestellten Tatbestände abzielen, unterliegen keiner allgemeinen Strafdrohung. Es muß infolge dessen gegenüber dem Ausdruck „wer es unternimmt“ bei der aus § 43 StGB. hergeleiteten Rechtsregel verbleiben, wonach bloße Vorbereitungshandlungen als solche nicht strafbar sind. Dies ist auch der Standpunkt der im Zollstrafrecht herrschenden Lehre (Havenstein § 134, Abs. 3, Loebe § 134, Abs. 5, von Hippel, S. 474).

Der Bannbruch kann genau wie jede andere Straftat auch durch Unterlassung begangen werden. Hierzu gehört, daß eine Rechtspflicht besteht, den eingetretenen Erfolg zu verhindern; so liegt eine derartige Rechtspflicht nach der Rechtsprechung des Reichsgerichts dann vor, wenn durch die eigene Handlung des Täters eine dem Gesetz widersprechende Lage geschaffen ist, durch die in ihrer Fortentwicklung der rechtsverletzende Erfolg herbeigeführt wird. Hat der Täter die Möglichkeit, diesen Erfolg zu verhindern, so erwächst ihm auch die Rechtspflicht dazu. Führt jemand z. B. durch einen Dritten ständig Waren (ausländische) ein und wird die Einfuhr plötzlich verboten, so hat er die Rechtspflicht, den Dritten über das Verbot zu verständigen. Unterläßt er dies und führt der Dritte dem Einfuhrverbot zuwider die Waren ein, so macht auch er sich der Teilnahme an dem Unternehmen der Konterbande schuldig (RGSt. 46, 337).

Bannbruch bedeutet die verbotswidrige Ein-, Aus- oder Durchfuhr einer Ware. Unter Einfuhr versteht man das Hineinbringen einer Ware aus dem Ausland in das Inland zu dem Zwecke, hier verwendet oder verwertet zu werden. Das Inland beginnt mit der Grenze, nicht mit der Zollstätte, es genügt das Hinüberbringen über die Grenze, um die Einführung zu vollenden. Es ist also nicht erforderlich, daß sich der auf das Einführen in das Inland gerichtete Wille auch an der Zollstelle selbst betätigt haben muß (RGSt. 21, 59).

Der Tatbestand des Bannbruchs erschöpft sich jedoch nicht in der Überführung des Gegenstandes, dessen Einfuhr verboten ist, in das Inland. Der Begriff des Unternehmens umfaßt vielmehr, wie bereits bemerkt, alle Handlungen, die auf die Verwirklichung der verbotenen Einfuhr abzielen, so daß nicht jede dem einen Schritt über die Grenze vorausgehende Handlung als straflose Vorbereitungshandlung und jede ihm nachfolgende als Begünstigung der vollendeten Straftat zu gelten hätte. Hierbei ist allerdings zu berücksichtigen, daß nach § 4 des StGB. es zur Strafbarkeit gehört, daß die Tat nicht ausschließlich im Ausland begangen ist. Ob es dann zum Überschreiten der Grenze tatsächlich kommt, ist ohne Bedeutung. Bannbruch ist auch dann vollendet, wenn ein Deutscher sich ins Ausland begibt, um hier Gegenstände zum Zwecke der verbotswidrigen Einfuhr zu kaufen, und Dritte beauftragt, die Gegenstände an einem bestimmten Grenzpunkt zu übergeben. Wird der Empfang an der Grenze durch Entdeckung vereitelt, so liegt dennoch das Unternehmen des Bannbruches vor (RGSt. 21, 59; 45, 420).

Mit der Grenzüberschreitung ist das Unternehmen des Bannbruches zwar vollendet, aber noch nicht insoweit beendet, daß eine Teilnahme nicht mehr möglich ist. Der Begriff der Mittäterschaft erfordert eine gemeinschaftliche Ausführung der strafbaren Handlung, also eine Mitwirkung bei der Ausführung; eine nach Beendigung der Tat entwickelte Tätigkeit ist keine Mittäterschaft, sie kann nur zur Sicherung des bereits eingetretenen Erfolges dienen und stellt dann begrifflich eine Begünstigung dar. Die Einfuhr gilt als zum Abschluß gebracht, wenn die Ware in die Lage gebracht wird, in der sie nach dem Plan der Beteiligten ungefährdet ihrer Bestimmung entgegen geführt werden kann und soll, sei es durch unmittelbare Verwendung seitens ihres Besitzers, sei es dadurch, daß sie in den Verkehr geleitet wird (RGSt. 51, 400; 52, 235; 54, 251).

Wenn man die Ansicht des Reichsgerichts nicht teilen und annehmen würde, daß ein strafbares Unternehmen des Bannbruchs nicht mehr vorliegen kann, sobald die Grenzüberschreitung erfolgt ist, so würde in den meisten Fällen gerade derjenige, der tatsächlich für die verbotene Einfuhr verantwortlich zu machen ist, nicht bestraft werden können. So also, wenn die Ware von gewerbsmäßigen Schmugglern hinübergeschafft wird, die nur deshalb das Inland betreten, um die geschmuggelte Ware dem inländischen Auftraggeber zu überbringen, und alsdann wieder über die Grenze verschwinden. Oder, wenn es nach den Umständen zweifelhaft ist, wer im Augenblick des Grenzübergangs der Ware das Verfügungsrecht hatte; es bestünde die Möglichkeit, daß jemand, der innerhalb des Grenzbezirks im Besitze eingeschmuggelter Waren betroffen würde, den nicht widerlegbaren Einwand erheben könnte, daß er an der Grenze die Ware von einem Unbekannten erworben hätte. Dies kann keinesfalls im Willen des Gesetzgebers gelegen haben.

Wann die Einfuhr als beendet anzusehen ist, kommt auf den Einzelfall an. Ein gewerbsmäßiger Schmuggler, der die Waren über die Grenze schafft, wird meist gar nicht in der Lage sein und auch nicht beabsichtigen, die Einfuhr zum Abschluß zu bringen. Er übernimmt zwar den gefährlichsten Teil der Tätigkeit, er bereitet aber die schließliche Beendigung der Einfuhr nur vor. Rechtlich ist es ohne Bedeutung, ob er den Gegenstand nach dem Hinüberschaffen weitergibt, ob er ihn diesseits der Grenze niederlegt, irgend wo einstellt oder in Verwahrung gibt oder ob er die Gegenstände diesseits der Grenze in einem Schmuggellager vereinigt. Es genügt, daß die Gegenstände über die Grenze gebracht, vor den Zollbehörden verheimlicht und gegen deren Zugriff gesichert werden. Beendet wird aber die verbotswidrige Einfuhr erst dadurch, daß die Ware heimlich in den Verkehr geleitet wird. Der Erwerber der Ware kommt demnach auch dann als Unternehmer in Betracht, wenn sich die Ware zur Zeit des Kaufabschlusses bereits im Inland befand. Ob er als Gehilfe oder als Mittäter anzusehen ist, ist von der Frage abhängig, ob er die gesetzwidrige Einfuhr als eigene gewollt oder als fremde unterstützt hat. Dabei ist es nicht notwendig, daß seine Tätigkeit mit der eines Anderen gleichzeitig zur Erfüllung des Tatbestandes stattgefunden hat. Es genügt vielmehr, daß seine Tätigkeit sich zeitlich an die des Anderen anschließt, Voraussetzung ist aber stets ein einverständliches Zusammenwirken beider.

Das Unternehmen der Ausfuhr im Sinne des § 134 VZG. besteht in der Gesamtheit der Handlungen, die den Zweck verfolgen, eine Sache von einem im Inland befindlichen Aufbewahrungsort nach einem ausländischen Bestimmungsort zu bringen. Begrifflich gehören also zu ihr ebenso wie umgekehrt bei der Einfuhr alle Handlungen, die vor Überschreitung der Grenze liegen, sobald der Entschluß zur Ausfuhr durch Handlungen betätigt wird, die einen Anfang der Ausführung dieser Willensbetätigung enthalten. Dagegen stellen alle Handlungen, die nach Überschreitung der Grenze liegen, keine nach deutschem Recht strafbare Ausführungshandlung mehr dar. Denn mit dem einen Schritt über die Grenze ist die Ware dem Zugriff der deutschen Zollbehörden entrückt, die Ausfuhr also begrifflich vollendet und auch beendet. Für eine Teilnahme Dritter ist daher von dem Augenblick der Grenzüberschreitung ab kein Raum mehr, abgesehen davon, daß die Handlung schon nach § 4 des StGB. als im Ausland begangen straflos sein würde.

Unter Durchfuhr einer Ware versteht man das Hinüberschaffen vom Ausland durch das Reichsgebiet wiederum ins Ausland. Es beginnt daher die Durchfuhr mit der Handlung der Einfuhr und endet mit der der Ausfuhr. Es gehört aber weiter zum Begriff der Durchfuhr, daß das Verbringen der Ware von einem ausländischen Ort zu einem anderen Ort des Auslandes unter Benutzung eines inländischen Weges in einem einheitlichen Zuge erfolgt, die Ware muß also stetig in Bewegung sein, abgesehen unwesentlicher aus der Wahl des Beförderungsmittels oder aus Zufälligkeiten sich ergebender Ausnahmen (RGSt. 39, 70; 49, 346).

Der § 134 VZG. enthält selbst kein Ein-, Aus- oder Durchfuhrverbot, sondern zu seinem Wirksamwerden bedarf es noch des Hinzutretens eines besonderen Verbotsgesetzes. Soweit nicht Sondergesetze Platz greifen, finden die Bestimmungen des § 134 VZG. gegen derartige Verbote jeder Art Anwendung, ohne daß es einen Unterschied macht, ob ein solches Verbot auf wirtschaftlichen, sanitären, politischen, polizeilichen oder sonstigen Rücksichten beruht. Die Ein-, Aus- oder Durchfuhr muß gänzlich verboten sein, es genügt nicht zur Erfüllung des Tatbestandes des Bannbruchs, daß die an sich nicht verbotene Ein-, Aus- oder Durchfuhr nur „gewissen Beschränkungen" unterworfen ist oder von bestimmten Voraussetzungen abhängig gemacht wird oder an bestimmte Bedingungen geknüpft ist. Sind solche Bedingungen lediglich zum Zwecke erleichterter Zollabfertigung getroffen, z. B. die Einfuhr über bestimmte Stellen der Landesgrenze vorgeschrieben, weil nur dort die zur ordnungsmäßigen Zollabfertigung notwendigen Vorrichtungen vorhanden sind, so ist es klar, daß hier bei einer Einfuhr unter Nichtachtung dieser Bedingungen von der Verletzung eines Verbotes nicht die Rede sein kann.

Im Gegensatz zu einem Einfuhrverbot bezweckt das Ausfuhrverbot nicht die Fernhaltung vom Inland, sondern umgekehrt die Festhaltung eines Gegenstandes im Inland. Somit trifft ein Ausfuhrverbot nicht zugleich die Durchfuhr. Denn bei der Durchfuhr gelangt der fragliche Gegenstand nicht in den inländischen Verkehr und soll auch nicht hineingelangen, so daß durch die Durchfuhr dem Zwecke des Ausfuhrverbots nicht zuwider gehandelt wird; selbstverständlich muß hier den Zollbehörden bereits bei der Einfuhr zwecks Durchfuhr des fraglichen Gegenstandes eine Benachrichtigung zugehen.

In den Fällen, wo das Durchfuhrverbot neben dem Ausfuhrverbot den Zweck verfolgt, die betreffenden Gegenstände im Inland festzuhalten, stellt das Durchfuhrverbot lediglich eine Erweiterung des Ausfuhrverbotes dar. In denjenigen Fällen, in denen mit der Einfuhr zugleich die Durchfuhr getroffen wird, verletzt der erste Akt der Durchfuhr, also die Einfuhr, die deutschen Interessen, wogegen die Ausfuhr den geschützten deutschen Interessen nicht widerspricht. Das Gleiche gilt, wenn ein Durchfuhrverbot neben einem Ausfuhrverbot den Zweck verfolgt, die fraglichen Gegenstände im Inland festzuhalten. In diesem Fall ist nicht die Einfuhr, sondern die Ausfuhr der strafrechtlich entscheidende Tatbestand; denn die Einfuhr entspricht dem deutschen Interesse, das geschützt werden soll, während die Ausfuhr es verletzt.

b) Die Hinterziehung von Ein- oder Ausfuhrabgaben. Wie bereits oben ausgeführt ist, ist der § 135 VZG. ersetzt worden durch den § 396 RAbgO. — Das Vereinszollgesetz bestrafte das Unternehmen der Defraudation und verstand hierunter das Unternehmen der Hinterziehung von Ein- und Ausfuhrzöllen. Die Verbrauchsabgabengesetze lehnten sich dem Vereinszollgesetz an, waren aber in der Fassung schwankend und ebenso in der Wahl der objektiven Tatbestände. Ebenso brachten die verschiedenen Steuergesetze besondere Bestimmungen für die Hinterziehung von Steuern. Hierbei konnte es nicht bleiben, und es mußte der Versuch gemacht werden, gleichmäßige Vorschriften aufzustellen, um die Hinterziehung einheitlich zu erfassen und zu bestrafen. Während für das Vereinszollgesetz zunächst der § 396 RAbgO. (früher § 359 RAbgO.) nicht galt, was sich aus der Fassung des § 453 RAbgO. ergab, ist durch die VO. des Reichspräsidenten vom 1. XII. 1930 (RGBl. I, 517) nach Abänderung des § 453 RAbgO. nunmehr auch unter Wegfall des § 135 VZG. die Bestimmung der Abgabenordnung im § 396 für die Hinterziehung von Ein- und Ausfuhrabgaben maßgebend.

Der objektive Tatbestand des § 396 RAbg. O. besteht in einem äußeren Verhalten (Tun oder Unterlassen), das darauf gerichtet ist, Zollabgaben, die bei der Ein- oder Ausfuhr von Waren zu entrichten sind, zu hinterziehen. Der Zoll stellt eine Geldzahlung dar, die als Steuer von Waren beim Überschreiten der Grenze vom Staat gefordert wird. Die

Zölle bezwecken zweierlei: einmal soll der Absatz von Waren ausländischer Produzenten auf dem Inlandsmarkt verteuert und damit die Konkurrenz mit einheimischen Produzenten erschwert werden, mit andern Worten: es soll die inländische Produktion gegenüber der ausländischen Konkurrenz geschützt werden (Schutzzölle). Ferner dienen Zölle aber vor allem auch rein fiskalischen Zwecken und stellen eine lediglich aus praktischen Gründen der Erhebungstechnik bereits beim Überschreiten der Landesgrenze erhobene indirekte Steuer dar (Finanzzölle). Letztere werden hauptsächlich auf ausländische Genußmittel gelegt wie Südfrüchte, Rohtabak, Kaffee, Tee, Kakao u. dgl., sowie auf Mineralöl. Ob es sich bei der Hinterziehung um Finanzzölle oder Schutzzölle handelt, ist nach § 396 RAbgO. gleichgültig. Die Handlung muß nur dazu führen, einen Zoll zu hinterziehen, wobei zu bedenken ist, daß Hinterziehen nicht gleichbedeutend ist mit Entziehen, denn bloße Weigerung, den Zoll zu bezahlen, ist noch keine Hinterziehung, da dem Staat zur Überwindung einer derartigen Weigerung genügend Zwangsmittel zur Verfügung stehen. Die Entziehung des Zolls wird zu einer Hinterziehung erst dadurch, daß Anstalten getroffen werden, um die zur Verwirklichung des Zollanspruchs geschaffenen gesetzlichen Einrichtungen zu vereiteln. Solche Einrichtungen zielen entweder darauf ab, daß die Feststellung des Zollanspruchs unter zollamtlicher Mitwirkung geschieht (Gestellung, Deklaration, Nachschau u. dgl.), oder sie verfolgen das Ziel, die Ware nicht vor Entrichtung des Zolls aus dem staatlichen Gewahrsam herauszulassen.

Der frühere § 135 VZG. bedrohte das Unternehmen der Zollhinterziehung mit Strafe. Der Begriff des Unternehmens umfaßt, wie oben ausgeführt, Vollendung und Versuch, mit der Besonderheit, daß auch die Versuchshandlungen schon als vollendete Tat gelten (RGSt. 42, 266ff.; 57, 358). Das Unternehmen der Zollhinterziehung nach § 135 VZG. erforderte daher zu seiner Vollendung nicht die verwirklichte Schädigung der Zollkasse, das Delikt war vielmehr schon dann vollendet, wenn eine unrichtige Deklaration entdeckt wurde, bevor es zur Aushändigung der Ware im freien Verkehr gekommen war. Dies ist, nachdem § 396 RAbgO. an die Stelle des § 135 VZG. getreten ist, insofern anders geworden, als nunmehr eine vollendete Zollhinterziehung erst gegeben ist, wenn tatsächlich eine Verkürzung der Zolleinnahmen eingetreten ist. Es kann daher auch eine Haftung nach § 112 RAbgO. nur beim vollendeten Delikt in Frage kommen. Aber stets ist Voraussetzung für die Strafbarkeit der Zollhinterziehung, daß die betreffenden Waren zollpflichtig sind.

Bei der heimlichen Einfuhr nicht zollpflichtiger Waren kann eine Hinterziehung von Steuern nicht in Frage kommen. Zollfrei sind nicht nur die Waren, die nach dem Tarifgesetz als zollfreie bezeichnet sind, sondern auch solche, die aus besonderen Gründen gesetzliche Zollfreiheit genießen, wie z. B. die Bedürfnisse der Grenzbewohner oder der Reisebedarf.

Waren, die aus bestimmten Gründen zollfrei sind, verlieren diese Eigenschaft auch dann nicht, wenn später die Voraussetzungen für die Zollfreiheit weggefallen sind. So wird Reisebedarf nicht dadurch zollpflichtig, daß er später tatsächlich nicht verzehrt, sondern im Inland einer anderen Zweckbestimmung zugeführt wird. Etwas anderes ist es aber, wenn die Zollfreiheit nur unter gewissen Bedingungen zugesagt ist, z. B. zu einem bestimmten Verwendungszweck oder nur zur Durchfuhr, trotzdem aber die Waren unter Verletzung dieser Bedingungen anderweitig verwertet werden. Dann liegt selbstverständlich Hinterziehung der Abgaben vor (RGSt. 18, 231). Voraussetzung jeder Zollhinterziehung ist also, daß die objektive Beschaffenheit einer Ware im Augenblick der Grenzüberschreitung derart ist, daß von ihr eine Ein- oder Ausgangsabgabe zu entrichten ist. Nicht erforderlich ist, daß die Waren die Zollgrenze tatsächlich bereits erreicht haben. Auch Handlungen, die vor Überschreitung der Zollgrenze liegen, wenn es aus irgend einem, nicht in der Aufgabe des deliktischen Entschlusses liegenden Grunde nicht zur Grenzüberschreitung kommt, würden als Versuchshandlungen nach § 397, Abs. 1 RAbgO. strafbar sein.

Das Delikt der Hinterziehung beginnt genau wie beim Unternehmen der verbotswidrigen Einfuhr einer Ware in dem Zeitpunkt, an dem mit der Einfuhr der Anfang der Ausführung gemacht ist. Wann dies im einzelnen der Fall ist, ist Tatfrage. Es würde z. B. zur Strafbarkeit nicht genügen, wenn von einer im Inland wohnenden Person mit einer anderen lediglich ein Abkommen getroffen würde, für sie irgend wann irgend welche Warenmengen unter Umgehung der Zollbehörden einzuführen. Von einer strafbaren Handlung kann erst dann die Rede sein, wenn die näheren Umstände der Ausführung wie Transportmittel, der zu wählende Weg, der Zeitpunkt des Hinüberschaffens, der Abnehmer jenseits der Grenze und so weiter in Erscheinung getreten sind, und wenn die Ware bereits sich in Bewegung zur deutschen Zollgrenze befindet. Es ist allerdings dabei zu beachten, daß nach § 4, Abs. 1

StGB. wegen der allein im Ausland begangenen Straftaten keine Verfolgung stattfindet. Aber hieraus folgt nur, wie bereits oben ausgeführt, daß der Anfang der Ausführung der Tat sich nicht lediglich im Ausland abgespielt haben darf, sondern auch im Inland verwirklicht haben muß, wodurch die vom Dritten im Ausland begangene Tatbestandshandlung auch im deutschen Strafrecht mit umfaßt wird. Schickt z. B. eine im Inland wohnende Person einer im Ausland wohnenden einen mit geheimen Behältern versehenen Wagen, um die von ihm dort lagernden Waren einzuschmuggeln, und unterbleibt dann der Transport aus irgend welchen Gründen, so liegt trotzdem der Versuch einer strafbaren Zollhinterziehung vor, ohne daß die betreffende Ware die Zollgrenze berührt hat, mithin die Zollpflichtigkeit dieser Ware überhaupt nicht zur Entstehung gekommen ist.

Zur Zollhinterziehung gehören natürlich auch alle nach der Grenzüberschreitung der zollpflichtigen Waren vorgenommenen Handlungen, die darauf abzielen, die zollpflichtigen Waren der Beschlagnahme zu entziehen und sie in Sicherheit und später in den Verkehr zu bringen. Strafbare Teilnahmehandlungen sind demnach nach der Grenzüberschreitung, soweit es sich um Hinterziehung von Einfuhrabgaben handelt, möglich, während bei der Ausfuhr nach Überschreitung der Grenze eine Teilnahme nicht mehr möglich ist, weil der Bestrafung die Bestimmungen des § 4 StGB. entgegenstehen würden. Der bloße Ankauf geschmuggelter Ware kann trotz Kenntnis von der Zollhinterziehung eine Teilnahme nicht mehr begründen: es kommt hier nur Begünstigung und, wenn der eigene Vorteil hineinspielt, Begünstigung nach § 398 RAbgO. in Verbindung mit Hehlerei in Frage.

Die Frage, ob auch eine Zollhinterziehung hinsichtlich solcher Sachen, deren Einfuhr verboten ist, möglich sei, war früher sehr bestritten (dagegen RGSt. 65, 344, dafür RFinH. 30, 160), jetzt ist sie durch den neu geschaffenen Abs. 6 des § 396 RAbgO. in bejahendem Sinne entschieden.

Ob eine fortgesetzte Handlung oder mehrere Hinterziehungen vorliegen, hängt von den Umständen ab.

c) Verhältnis des § 136 VZG. zu den §§ 134 VZG. und 396 RAbgO. — Im § 136 VZG. wird der Tatbestand der §§ 134 VZG. und 396 RAbgO. in gewisser Beziehung spezialisiert, und zwar in 19 Unterabteilungen. Alle diese eingehenden Begriffsbestimmungen beziehen sich auf die Worte „Ein-, Aus- oder Durchführen" und „Hinterziehen" und haben lediglich den Zweck, festzustellen, mit welcher Handlung das Vergehen als solches als vollendet angesehen werden soll; es werden dadurch die objektiven Tatbestände des Bannbruchs und der Hinterziehung dahin erweitert, daß fast alle diejenigen Fälle mit erfaßt werden, die sonst begrifflich nur als Versuch zu bezeichnen wären. Durch die aufgezählten Tatsachen allein, ohne daß es eines weiteren Nachweises bedarf, sollen der Bannbruch und die Hinterziehung als vollendet gelten. Es sollen also keine neuen Tatbestände im Gegensatz zu den §§ 134 VZG. und 396 RAbgO. geschaffen werden, es soll auch nicht die Zahl der überhaupt möglichen Bannbruchs- und Hinterziehungsfälle erschöpfend aufgezählt werden, der § 136 VZG. stellt vielmehr, wie aus den Worten „insbesondere dann" zu entnehmen ist, nur die am häufigsten vorkommenden Fälle zusammen, und er will hier den Beweis des Bannbruchs und der Hinterziehung dadurch erleichtern, daß das Vorhandensein der strafbaren Handlungen unter den genannten Voraussetzungen ohne weiteres als erwiesen angenommen werden soll.

d) Der subjektive Tatbestand. Der subjektive Tatbestand sowohl des Bannbruchs wie der Hinterziehung verlangt ein vorsätzliches Handeln. Vorsatz ist das Wissen und Wollen um die gesamten Tatumstände; der Täter muß die Handlung mit dem Bewußtsein und dem Willen vornehmen, sämtliche Merkmale des Tatbestands zu verwirklichen. Eine eigentümliche Vorschrift enthält der § 137 VZG., der bestimmt, daß die im § 136 VZG. angeführten Fälle durch die daselbst bezeichneten Tatsachen allein die Strafe begründen. Hier wird also der Vorsatz vermutet, falls nicht der Täter den Nachweis führen kann, daß er einen Bannbruch oder eine Hinterziehung weder habe verüben können noch eine solche beabsichtigt habe. Gelingt ihm dieser Nachweis, so würde nach § 413 RAbgO. nur eine Ordnungsstrafe eintreten. Es liegt hier der seltene Fall vor, in welchem das Strafrecht vom Angeschuldigten den Nachweis seiner Unschuld verlangt, anstatt sich selbst zum Nachweis seiner Schuld für verpflichtet zu halten.

Im allgemeinen muß aber, abgesehen von den Fällen des § 136 VZG., dem Angeschuldigten sein Vorsatz nachgewiesen werden. Er bleibt nach § 395 RAbgO. straffrei, wenn er im unverschuldeten Irrtum über das Bestehen oder die Anwendbarkeit steuerrechtlicher Vorschriften die Tat für erlaubt gehalten hat. Wenn allerdings dem Täter die Möglichkeit der Strafbarkeit bewußt geworden ist, dann liegt Dolus eventualis vor und § 395 RAbgO. wird ausscheiden müssen. — Der Irrtum muß auch unverschuldet sein; war der Irrtum durch Fahrlässigkeit hervorgerufen, so bleibt eine vorsätzlich begangene strafbare Handlung (RGSt. 50, 313), ein Ergebnis, das nicht befriedigen kann. Ein nicht unverschuldeter Irrtum ist also in den Grenzen des § 395 RAbgO. überhaupt nicht zu beachten (RGSt. 51, 91). Der rechtlich relevante Irrtum bildet nur einen persönlichen Strafausschließungsgrund, die Strafbarkeit der Teilnehmer wird also nicht berührt (RGSt. 53, 81). Der Dolus, der rechtswidrige Vorsatz, dessen Vorhandensein also in der Regel dem Angeklagten nachgewiesen werden muß, braucht nur auf den Kernpunkt des objektiven Tatbestands, und zwar der Verheimlichung des Warentransportes und der zu befördernden Ware gerichtet zu sein. Dies ergibt sich hinsichtlich des Bannbruchs klar aus der Bestimmung des § 139 VZG., wo es ausdrücklich heißt, daß, wenn Gegenstände, deren Ein-, Durch- oder Ausfuhr verboten ist, bei dem Grenzzollamt von Gewerbetreibenden ausdrücklich angezeigt oder von anderen Personen vorschriftsmäßig zur Revision gestellt werden, keine Strafe, sondern nur die Zurückschaffung der Gegenstände stattfindet. Ohne jeden Einfluß auf die Bestrafung wegen Bannbruchs oder Zollhinterziehung ist es, aus welchen Beweggründen der Täter gehandelt hat, insbesondere ob er aus eigennützigen Motiven gehandelt hat (RGSt. 13, 410; 28, 114). Derjenige, welcher eine Abgabe deshalb hinterzieht, weil ihm aus Bequemlichkeitsgründen die Zollabfertigung nicht genehm ist, macht sich ebenso einer Zollhinterziehung schuldig wie derjenige, der die Abgabe in der Absicht hinterzogen hat, sich einen Vermögensvorteil zu verschaffen. Ebenso macht sich des Bannbruchs schuldig, wer sich an einem Schmuggelgang lediglich aus Abenteuerlust beteiligt, ohne irgend welche Vorteile aus seinem Tun ziehen zu wollen.

e) Das Strafmaß. Die Hauptstrafe für das Vergehen des Bannbruchs und der Zollhinterziehung ist die Einziehung der geschmuggelten Ware (Konfiskation), sie ist die eigentliche Strafe des Schmuggels, sie fehlt deshalb auch bei keiner der verschiedenen Erscheinungsformen.

Die Einziehung bewirkt nach § 156 VZG., daß der Eigentumsübergang zu Gunsten des Staates bereits im Augenblick der Beschlagnahme eintritt, so daß das später folgende Urteil nur die Bedeutung einer Bestätigung des bereits geschaffenen Rechtszustandes hat. Als Hauptstrafe muß die Einziehung stets eintreten ohne Rücksicht darauf, ob der Eigentümer in irgend einer Beziehung zur Straftat steht oder nicht. Der Staat hält sich eben an die in seinen Machtbereich gekommene Sache, nicht an die Person, die für ihn möglicherweise nicht erreichbar oder zahlungsunfähig ist. Eine Einziehung erfolgt auch dann, wenn das Eigentum des Dritten und seine Schuldlosigkeit unzweifelhaft feststehen.

Auf die in der Literatur herrschende Streitfrage, ob die Einziehung als Strafe oder nur als Sicherungsmaßnahme anzusprechen ist, braucht hier nicht eingegangen zu werden, die Reichsabgabenordnung spricht jedenfalls im § 414 von der „Strafe der Einziehung“. Sie ist ganz zweifellos dem Täter gegenüber, der Eigentümer ist, Strafe. Für den Eigentümer, der nicht Täter ist, bedeutet sie das Einstehenmüssen mit einer Sache für die strafbare Handlung eines Anderen, eine strafrechtliche Haftung, und zwar primär, nicht subsidiär.

Neben der Einziehung als Strafübel tritt als Nebenstrafe eine empfindliche Geldstrafe, die den Täter stets unmittelbar trifft. Sie beträgt beim Bannbruch den doppelten Wert der Ware, soweit in den besonderen Verbotsgesetzen keine höhere Strafe festgesetzt ist, bei der Zollhinterziehung mindestens das Vierfache des hinterzogenen Betrags, im übrigen ist der Höchstbetrag der Geldstrafe unbeschränkt. Außerdem kann auf Gefängnis bis zu zwei Jahren neben der Geldstrafe erkannt werden (§ 396 Abs. 1 RAbgO.). Wird bei der Hinterziehung auf eine Gefängnisstrafe von mindestens 3 Monaten erkannt, so kann zugleich Verlust der bürgerlichen Ehrenrechte ausgesprochen werden.

Bezüglich des Bannbruchs stellt das Vereinszollgesetz hinsichtlich der zu erkennenden Strafen eine Reihe strafverschärfender Tatbestandsmerkmale auf: so tritt beim ersten Rückfall eine Verdoppelung der Geldstrafe und bei jedem weiteren Rückfall in erster Linie Freiheitsstrafe ein. Bei Beurteilung der Frage, ob Rückfall vorliegt, werden Bannbruch und Hinterziehung gleich erachtet. Außer diesen Fällen treten Strafverschärfungen bei bestimmten, die Entdeckung erschwerenden arglistigen Maßnahmen (§ 144 VZG.), bei Mitführung von Waffen (§ 148 VZG.), bei Bandenschmuggel (§ 146 VZG.) und bei Verübung des Schmuggels unter dem Schutze einer Versicherung (§ 147 VZG.) ein. Bei Schmuggel unter Mitführung von Waffen ist neben der ordentlichen Strafe wegen Bannbruchs eine Freiheitsstrafe von 6 Monaten bis zu 1 Jahr verwirkt, daneben weitere Strafen nach dem Strafgesetzbuch, falls die Waffen wirklich benutzt worden sind. Bei dem Bandenschmuggel genügt nicht die Feststellung, daß 3 oder mehrere Personen zum Unternehmen der verbotenen Ein- oder Ausfuhr zusammengewirkt haben, es muß vielmehr die Bande äußerlich in Erscheinung getreten sein, und zwar so, daß die 3 oder mehreren Teilnehmer in Ausübung des Bannbruchs hätten betroffen werden können (RGSt. 23, 330; 39, 53; 54, 246). Dies würde z. B. nicht der Fall sein, wenn eine von Prag nach Hamburg verbotswidrig einzuführende Ware durch A von Prag nach Dresden, durch B von Dresden nach Berlin und durch C von Berlin nach Hamburg verbracht wird.

Strafverschärfungen sind auch für den Rückfall des Bandenschmuggels vorgesehen. Bei der Hinterziehung tritt bei Rückfall ebenfalls erhebliche Strafverschärfung ein (§ 404 RAbgO.).

Von besonderer Bedeutung ist die Bestimmung des § 403 RAbgO. über Steuerhehlerei. Vor Einführung der Reichsabgabenordnung war der Rechtszustand so, daß, sobald die geschwärzte Ware über die Grenze gebracht und in den freien Verkehr gelangt war, die Zollhinterziehung rechtlich vollendet und beendet war. Der Erwerb solcher Waren in Kenntnis der Hinterziehung war nur nach § 257 StGB. wegen Begünstigung strafbar, eine Bestrafung wegen Hehlerei konnte indessen nicht erfolgen, weil der Tatbestand des § 259 StGB. verlangt, daß die Ware „mittels strafbarer Handlung erlangt" sein mußte. Davon kann aber bei Zollhinterziehung keine Rede sein. Als Vortat ist die vollendete Hinterziehung im Sinne des § 396 RAbgO. erforderlich. Die Abgrenzung von Hehlerei und Teilnahme an der Hinterziehung ist oft schwierig. Eine wahlweise Feststellung, daß entweder Schmuggel oder Steuerhehlerei vorgelegen habe, ist unzulässig, so daß Freisprechung erfolgen muß, wenn nicht festgestellt werden kann, was vorlag (RGSt. 53, 231). Die sehr interessante Frage, inwieweit Ideal- und Realkonkurrenz des Bannbruchs und der Hinterziehung zu Bestimmungen des Strafgesetzbuchs besteht, etwa zu § 263 Betrug oder zu § 267 Urkundenfälschung oder zu den §§ 327, 328, wegen des Bannbruchs auch die Frage der Idealkonkurrenz mit verschiedenen Bestimmungen der Abgabenordnung, muß im Rahmen dieser Arbeit unerörtert bleiben. Darauf, daß der Bannbruch in Tateinheit mit Zollhinterziehung vorliegen kann, ist schon oben hingewiesen, es kommt dann § 396 Abs. 6 RAbgO. zur Anwendung.

Alle bis vor kurzem geltenden Strafen haben es nicht vermocht, auch nicht die von der Zollverwaltung durchgeführten Maßnahmen organisatorischer, personeller und technischer Art, dem Schmuggelunwesen Einhalt zu gebieten. Der Erfolg wurde erst sichergestellt dadurch, daß Teil II der AnpassungsVO. vom 23. XII. 1931 (RGBl. I, 779), ergänzt durch die „VO. des Reichspräsidenten über Maßnahmen auf dem Gebiet der Finanzen" vom 18. III. 1933 (RGBl. I, 109), eine Reihe wichtiger Änderungen des Vereinszollgesetzes und der Reichsabgabenordnung brachte und damit eine empfindliche Gesetzeslücke schloß. Von besonderer Bedeutung sind die durch die beiden Verordnungen erfolgten Ergänzungen des § 134 VZG. und des § 401 RAbgO., wonach im Falle des Bannbruchs oder der Steuerhinterziehung die zur Tat benutzten Fahrzeuge stets der Einziehung unterliegen, und zwar als Mußvorschrift in jedem Falle; ausgenommen sind nur solche Fahrzeuge, „die dem allgemeinen Verkehr dienen und unabhängig von den Weisungen des Fahrgastes oder Benutzers verkehren", wie es in beiden angezogenen Bestimmungen heißt. Diese Maßnahme bedeutete einen entscheidenden Schlag gegen den immer stärker werdenden Schmuggel mittels Kraftwagens und Fahrrads. Früher war die Beschlagnahme des Fahrzeugs nur in den seltensten Fällen möglich, es galt bis dahin § 40 StGB., es mußte dann aber stets dem Fahrzeugeigentümer seine Beteiligung nachgewiesen werden, was nur in den seltensten Fällen gelang; an dieser Klippe drohte die ganze Schmuggelabwehr zu scheitern. Es ist nicht zu verkennen, daß die zwingenden Bestimmungen über die Einziehung der benutzten Fahrzeuge eine gewisse Härte mit sich bringen — man denke nur an Autodroschken —, die Einziehung ist aber doch als außerordentliche Maßnahme durchaus gerechtfertigt. Wie im einzelnen die neuen Bestimmungen gewirkt haben, zeigt die nachfolgende Übersicht über die allein im Bereich der Landesfinanzämter Hannover, Köln, Düsseldorf und Münster wegen Schmuggels Aufgegriffenen sowie die erfolgte Beschlagnahme von Kraftwagen, Krafträdern und Fahrrädern.

	Aufgegriffene	Beschlagnahmte		
		Fahrräder	Krafträder	Kraftwagen
April—Dezember 1931	34 531	1567	141	167
Januar—Dezember 1932	58 715	5235	98	385
Januar—Dezember 1933	41 153	3047	46	316
Januar—Juni 1934	9 310	599	51	98

Recht günstig hat sich auch die Änderung des § 21 VZG. auf Grund der Anpassungsverordnung ausgewirkt. Durch die Änderung des Wortes „zollfrei“ in „tarifmäßig zollfrei“ wurden alle zollpflichtigen Gegenstände an die Zollstraßen und die Zollstellen gebunden und damit gestellungspflichtig, also auch Waren mit unterzollpflichtigem Gewicht und Beförderungsmittel. Die Änderung war deshalb dringend notwendig geworden, weil der Reichsfinanzhof in ständiger Rechtsprechung dahin entschieden hatte, daß Beförderungsmittel, die bei Eingang über die Zollgrenze als solche benutzt wurden, als unverzollte, zolltarifgesetzlich zollfreie Waren dem Zollstraßenzwang nicht unterlägen. Hiernach brauchten auch Waren mit unterzollpflichtigem Gewicht nicht auf der Zollstraße eingeführt und gestellt zu werden. Dieser Zustand war bei dem immer mehr zunehmenden Schmuggel nicht mehr tragbar. Der starke Verkehr außerhalb der Zollstraßen erschwerte die Überwachung, und es war nicht möglich, die legale Einfuhr zollfreier Kleinmengen vom Schmuggel zu unterscheiden.

f) Verjährung. Die Strafverfolgung des Bannbruchs (§ 164 VZG.) und der Hinterziehung (§ 419 RAbgO.) verjährt in 5 Jahren und, wenn es sich um Zuwiderhandlungen handelt, die mit Ordnungsstrafen bedroht sind, in einem Jahre. Die Einleitung der Untersuchung und der Erlaß eines Strafbescheids sowie jede richterliche Handlung unterbrechen die Verjährung, so daß die fünfjährige Frist von neuem zu laufen beginnt.

g) Strafverfahren. Die gesetzliche Grundlage für das Strafverfahren bilden die Vorschriften des 3. Teils der Reichsabgabenordnung, ferner nach § 420 RAbgO. die Strafprozeßordnung. Die Vorschriften der Reichsabgabenordnung über das Strafverfahren gelten nach § 3 Abs. 2 RAbgO. auch für die Bestrafung des Bannbruchs. Das Verwaltungsstrafverfahren durch das Hauptzollamt greift in allen Fällen Platz, in denen das Delikt nur mit Geldstrafe und Einziehung oder mit einer dieser beiden Strafen bedroht ist oder in denen zwar eine höhere Strafe angedroht ist, das Hauptzollamt aber auf keine andere als die genannten Strafen erkennen will (§ 421 Abs. 2 RAbgO.).

Die Staatsanwaltschaft ist zuständig für alle die Fälle, die mit Freiheitsstrafe bedroht sind, außerdem kann das Hauptzollamt jederzeit die Sache an die Staatsanwaltschaft abgeben, besonders wenn die Handlung mit Freiheitsstrafe bedroht ist oder wenn das Hauptzollamt annimmt, daß das Verfahren zur Verhängung einer Freiheitsstrafe führen wird (§ 425 RAbgO.). In den Fällen, in denen das Hauptzollamt nicht zur Strafverfolgung zuständig ist oder in denen es die Sache an die Staatsanwaltschaft abgegeben hat, tritt das gerichtliche Verfahren ein; auch dann, wenn der Beschuldigte gemäß § 450 RAbgO. Antrag auf gerichtliche Entscheidung gestellt hat.

III. Ausländisches Recht. Was das Zollstrafrecht des uns umgebenden Auslands anlangt, so muß beachtet werden, daß die Tatbestände der strafbaren Zollvergehen in den einzelnen Ländern nur selten mit denen des Vereinszollgesetzes übereinstimmen; für den Bannbruch fehlen in vielen Ländern überhaupt Strafbestimmungen.

1. Österreich. Durch das G. vom 10. VI. 1920 über das Zollrecht und Zollverfahren (Zollgesetz) wird wegen Schmuggels verbotener Waren (Bannbruch, § 100 ZG.) bestraft, wer vorsätzlich eine Ware, deren Einfuhr, Ausfuhr oder Durchfuhr verboten ist, dem Verbot zuwider über die Grenze schafft, und zwar mit einer Geldstrafe in Höhe des einfachen bis vierfachen Wertes der Ware; außerdem wird die Ware eingezogen. Wegen Zollschmuggels (§ 101 ZG.) wird bestraft, wer eine zollpflichtige Ware, um sie der Verzollung zu entziehen, entweder dem Zollamt nicht stellt oder bei der Zollabfertigung durch Anwendung besonderer Vorrichtungen oder sonstiger arglistiger Kunstgriffe verheimlicht. Strafe: Geldstrafe in Höhe des Zwei- bis Achtfachen des Wertes, außerdem Einziehung der Ware. Wegen Zollhinterziehung (§ 102 ZG.) wird bestraft, wer vorsätzlich auf andere Weise als durch Zollschmuggel den Zoll für eine Ware ganz oder zum Teil hinterzieht oder einen ihm nicht gebührenden Zollvorteil erschleicht. Strafe: Geldstrafe in Höhe des Zwei- bis Achtfachen der Zollverkürzung oder des Zollvorteils. Neben der Geldstrafe kann in gewissen schweren Fällen des Schmuggels und der Zollhinterziehung auf eine Freiheitsstrafe bis zu einem Jahr erkannt werden.

2. Ungarn. Wer zollpflichtige oder zollfreie Waren, deren Ein-, Aus- oder Durchfuhr verboten ist, diesem Verbot zuwider unter Umgehung des Zollamts oder durch unrichtige Warenerklärung oder durch Irreführung des Zollamts absichtlich über die Grenze bringt, wird wegen Schmuggels verbotener Ware mit Gefängnis bis zu einem Jahre und mit einer Geldstrafe in Höhe des zwei- bis achtfachen Wertes der Ware bestraft. Wegen Schmuggels zollpflichtiger Waren wird mit der gleichen Strafe belegt, wer vorsätzlich zollpflichtige Waren der Verzollung entzieht. Außerdem wird die Ware eingezogen. Wegen Zollhinterziehung wird bestraft, wer absichtlich eine Ware bei der Deklaration nicht angibt oder die Menge der

Ware oder bei der Wertverzollung den Wert der Ware zu niedrig angibt. Strafe: Geldstrafe in Höhe des Zwei- bis Achtfachen der Zollverkürzung (G. vom 21./25. VI. 1926).

3. Tschechoslowakei. Wegen Schmuggels verbotener Waren wird bestraft, wer vorsätzlich dem Verbot zuwider eine Ware, deren Ein-, Aus- oder Durchfuhr verboten ist, über die Zollgrenze schafft. Strafe: Geldstrafe in Höhe des Ein- bis Vierfachen des Wertes der Ware, außerdem Verfall der Ware. Wegen Schmuggels zollpflichtiger Waren wird bestraft, wer das Zollgefälle wie auch immer vorsätzlich verkürzt, insbesondere dadurch, daß er die Ware dem Zollamt nicht stellt, oder wer sich einen Zollvorteil erschleicht. Strafe: Geldstrafe in Höhe des zwei- bis zwölffachen Betrages der Zollforderung oder des Zollvorteils. Neben der Geldstrafe kann auf Verfall der Ware erkannt werden (G. vom 14. VII. 1927).

4. Schweiz. Die Zollübertretung wird mit Buße bis zum zwanzigfachen Betrage des hinterzogenen oder gefährdeten Zolles bestraft. Beim Vorliegen erschwerender Umstände kann das Höchstmaß der angedrohten Buße um die Hälfte erhöht und zugleich auf Gefängnis bis zu 6 Monaten erkannt werden. Der Bannbruch unterliegt einer Buße bis zum sechsfachen Werte der Ware, auch kann auf Einziehung der Ware erkannt werden. Beim Vorliegen erschwerender Umstände kann die Geldstrafe um die Hälfte erhöht und auf Gefängnis bis zu einem Jahr erkannt werden (G. vom 1. X. 1925).

5. Italien. Die Einschmuggelung von Waren wird mit Geldstrafe vom doppelten bis zum zehnfachen Betrage des zu zahlenden Zolls bestraft, außerdem Verfall der Waren (ZG. vom 26. I. 1896).

6. Frankreich. Die Einfuhr verbotener Waren wird mit Geldstrafe in Höhe des Werts der Ware, mindestens aber 50 Fr. und außerdem mit Gefängnis bestraft. Schmuggel von verbotenen Waren mittels Luftfahrzeugen wird mit Einziehung der Waren und der Beförderungsmittel bestraft, außerdem mit Geldstrafe in Höhe des Vierfachen des Wertes der eingezogenen Waren, mindestens aber 4000 Fr., und außerdem Gefängnis von 6 Monaten bis zu 3 Jahren (Dekret vom 28. I. 1926).

7. Belgien. Jede Einfuhr von Waren ohne Deklaration mit der Absicht der Zollhinterziehung wird mit Gefängnis von 4 Monaten bis zu einem Jahre bestraft, außerdem Verfall der Waren und Geldstrafe in Höhe des Zehnfachen des hinterzogenen Betrages. Die Einfuhr verbotener Waren ohne Deklaration wird mit Geldstrafe in doppelter Höhe des Wertes der Ware bestraft, außerdem Beschlagnahme der Ware und der Transportmittel. Erfolgt die verbotene Einfuhr im Schmuggelverkehr, so tritt Gefängnis von 4 Monaten bis zu einem Jahre hinzu (G. vom 20. XII. 1897).

8. Niederlande. Bei Unterlassung der Deklarierung bestimmter Waren erfolgt, falls der Staatskasse ein Nachteil entstanden ist, Einziehung der Ware und Bestrafung in Höhe des zehnfachen Betrags der hinterzogenen Steuer (Tariefwet 1924).

9. Dänemark. Unrichtige Deklaration von Waren, die einem Wertzoll unterliegen, wird mit Geldstrafe bis zum 15fachen des Zollbetrags geahndet, welcher der Staatskasse durch die unrichtige Anmeldung entzogen worden ist oder hätte entzogen werden können. Falls gefälschte Rechnungen u. ä. vorgelegt werden, kann außerdem auf eine Buße bis zu 20000 Kronen oder auf Gefängnis erkannt werden (G. vom 29. III. 1924).

10. Polen. Bei Schmälerung von Zollgebühren für Gegenstände, die keinem Einfuhr-, Ausfuhr- oder Durchfuhrverbot unterliegen, erfolgt Bestrafung in Höhe des vierfachen Betrages der geschmälerten bzw. der Schmälerung ausgesetzten Zollforderung sowie Verfall der Ware.

Handelt es sich um Gegenstände, für die ein Einfuhr-, Ausfuhr- oder Durchfuhrverbot besteht, so beträgt die Geldstrafe das Fünffache des Betrages (FinStrG. vom 2. VIII. 1926).

Schrifttum:

Becker, Kommentar zur Reichsabgabenordnung, 5. Aufl. — v. Bonin, Führer durch das Zoll- und Verbrauchsteuerrecht, 1934. — Havenstein, Die Zollgesetzgebung des Reichs, 2. Aufl., 1906. — v. Hippel, Goldausfuhr und Konterbande, Zeitschr. f. d. ges. Strafrechtswissenschaft, Bd. 37. — Janke, Zur Frage der Bestrafung der Hinterziehung von Zöllen und Verbrauchsteuern und des Bannbruchs, Zeitschr. f. Zölle u. Verbrauchssteuern, Jahrg. 1928. — Kloß, Gesetzliche Maßnahmen gegen den Schmuggel, Zeitschr. f. Zölle u. Verbrauchsabgaben, Jahrg. 1933. — Löbe, Das deutsche Zollstrafrecht, 4. Aufl., 1912. — Quidde, Konterbande und Zolldefraudation, Diss. Göttingen 1922. — Thuemmel, Der Begriff des Schmuggels und seine Stellung im Strafrecht, Zeitschr. f. d. ges. Strafrechtswissenschaft, Bd. 12.

Oscar Plaut.

Schmutz- und Schundschriften s. Schund- und Schmutzschriften.

Schnellverfahren s. Strafprozessuales Schnellverfahren.

Schreibmaschinenschrift s. Maschinenschrift.

Schriftvergleichung.

1. Geschichte. Mit dem Urkundenverkehr setzt die Urkundenfälschung ein und infolge dessen auch die Prüfung strittiger Urkunden auf Echtheit im Wege der Schriftvergleichung. Im römischen Recht war die comparatio literarum längst bekannt, aber von Anfang an begegnete man ihr mit Mißtrauen. In einer Konstitution des römischen Kaisers Honorius vom 28. VII. 421 war die Rede davon, daß der Schriftvergleichung nur zu glauben sei, wenn ihr Ergebnis auch durch andere Beweismittel gestützt würde. Justinian hat (19. III. 530) die Schriftvergleichung sogar beschuldigt, selbst Anreiz zu Fälschungen zu geben, so daß sie nur zuzulassen sei, wenn die zur Vergleichung herangezogene Urkunde selbst einwandfrei als echt erwiesen sei; im Vorwort seiner Novelle 73 vom 4. VI. 538 erklärt Justinian das Mißtrauen gegen die Schriftvergleichung wieder damit, daß man die Fälscher nicht noch zu größerer Geschicklichkeit anspornen dürfe. Wesentlich ist dabei der weitere Rat, aus Unterschieden der Schrift nicht ohne weiteres auf Verschiedenheit des Urhebers zu schließen; Unterschiede, die sich auch durch die Einflüsse von Kraft und Jugend einerseits, Alter, Zittrigkeit und Krankheit andererseits erklären ließen. — Das mittelalterliche Recht weist der Schriftvergleichung stets nur die Rolle des letzten, subsidiären Beweismittels zu und verlangt meistens Unterstützung durch den Eid des Produzenten der Urkunde und schränkt sie z. T. auf die Prüfung der Unterschrift ein. Sobald die formellen Beweismittel allmählich in Mißkredit kamen, nahm die Bedeutung der notariellen Beurkundungen zu, aber auch zugleich die Bedeutung der gerichtlichen Schriftvergleichung. Von einer durch Sachverständige ausgeführten Schriftvergleichung konnte damals aber noch keine Rede sein, vielmehr nahm der Richter selbst die Vergleichung durch Augenschein vor und vernahm Zeugen, von denen er annehmen konnte, daß sie die strittige Handschrift kannten.

Der erste Schritt zur Zuziehung von Schriftsachverständigen war die Befragung solcher Personen, welche die Schrift in den Schulen zu lehren hatten: die Schreiblehrer. Bald mußte man aber einsehen, daß ein wesentlicher Unterschied zwischen denen, die Schreiben lehren und Schreiben gelernt haben, nicht bestand, und daß sich der Richter ebenso viel Sachkunde im Beurteilen von Urkundenschriften zutraute wie der Schreibelehrer. Diesen Standpunkt hat sogar in einzelnen Landesgesetzen der Gesetzgeber selbst eingenommen und nur dann die Zuziehung von Schreibsachverständigen empfohlen, wenn der Richter nicht selbst durch Augenscheinseinnahme den strittigen Fall entscheiden konnte. Während unsere heutigen Gesetze (§ 93 StPO. und §§ 441, 442 ZPO.) zwischen Schriftvergleichung, die das Gericht vornimmt und die der Sachverständige ausführt, unterscheidet, haben frühere Gesetze einen solchen Unterschied nicht gemacht. So ist z. B. in der Preuß. Kriminalordnung vom 1. XII. 1805 (§§ 384, 385) ausdrücklich von dem Gutachten des Schriftsachverständigen die Rede, wie auch Art. 300 des bayerischen Strafgesetzbuches vom 1. X. 1813 ausdrücklich von der „Vergleichung der Handschrift durch vereidete Schreibsachverständige" spricht (ebenso Art. 249). In dem gen. Art. 300 ist zugleich aber auch bestimmt worden, daß die Begutachtung der Identität einer strittigen Urkunde mit einer anerkannten Schriftprobe nur eine, nach Umständen nahe oder entfernte Vermutung der Echtheit begründe. Wenn dieses von je her immer wieder betonte Mißtrauen gegen die Schriftvergleichung irgend eine Berechtigung hat, dann liegt das in der Schwierigkeit der Sache selbst begründet und sollte jeden Richter abhalten, aus scheinbarer eigener Sachkunde über strittige Handschriften zu urteilen. Den Gefahren der gerichtlichen Schriftvergleichung will der holländische Gesetzgeber (im § 182 BGB.) dadurch aus dem Wege gehen, daß er bestimmt, daß bei strittigen Beweisurkunden das Gericht einen beauftragten Richter nebst drei Sachverständigen zur Feststellung der Echtheit oder Unechtheit der Urkunde zu benennen hat, falls es nicht selbst in der Lage ist, die Untersuchung vorzunehmen. (Für das Strafverfahren gilt diese Bestimmung nicht, wird aber zuweilen doch analog angewendet.)

Erst mit Anfang des 17. Jahrhunderts setzen die Bestrebungen zur wissenschaftlichen Erforschung und Begründung der Handschrift und deren Fälschung ein. Die drei ältesten Werke über die Untersuchung von Handschriften sind folgende:

Demelle, François, Avis pour juger des inscriptions en faux ou comparaison des écritures usw. (Paris 1609).

Camillo Baldi, Trattato come da una lettera missiva si conoscano la natura e qualità dello scrittore (Capri 1622).

Raveneau, Jacques, Traité des inscriptions en faux et reconnaissances d'écritures et signatures par comparaison (Paris 1665).

2. Die Vorbereitung des Gutachtens. Ehe der Sachverständige seine Tätigkeit beginnen kann, müssen die Grundlagen für seine Untersuchungen beschafft werden. Dies geschieht meistens durch die Polizeiexekutivorgane aus eigener Initiative oder auf Veranlassung der Untersuchungsbehörden. Da die Schriftuntersuchung ein Indizienbeweis eigener Art ist, war es notwendig, die Beamten eingehend und zuverlässig in der Sicherung dieses Beweismittels zu schulen, wozu in erster Linie die (zum ersten Male im Jahre 1905) von dem Schriftsachverständigen Dr. Georg Meyer und dem Verfasser ausgearbeitete „Anweisung zur Beschaffung von Vergleichungsschriftproben" dienen sollte, die bei der Berliner Kriminalpolizei seinerzeit eingeführt und in der (unten wiedergegebenen) neuen Fassung vom 1. IX. 1911 als dienstliche Anweisung den Beamten ausgehändigt wurde. Ihre Einführung hatte guten Erfolg und wurde in der Folgezeit von einer Reihe anderer Behörden des In- und Auslandes übernommen; leider wird diese sachverständige Anweisung noch zu wenig von den Gerichten selbst beachtet.

Anweisung zur Beschaffung von Vergleichungsschriftproben.

A. Aufnahme von Diktatschriftproben.

1. Bei der Aufnahme von Diktatschriftproben sind möglichst die gleichen Schreibumstände herzustellen, die bei der Anfertigung der verdächtigen oder bestrittenen Schriftstücke bestanden haben.

a) Es ist das gleiche Papierformat zu benutzen, also z. B. Briefbogen, Postkarten, Postabschnitt-, Telegramm-, Postanweisungs-, Wechsel-, Quittungsformular u. dgl.

b) Ist zu dem Schriftstück liniertes Papier verwendet worden, so soll auch die Schriftprobe auf gleichen, nötigenfalls herzurichtenden Linien niedergeschrieben werden.

c) Das gleiche Schreibmaterial ist zu verwenden (Tinte, Bleistift, Farbstift, spitze, breite, harte, weiche Stahlfeder, nötigenfalls auch Rundschriftfeder; ferner glattes oder rauhes Schreibpapier).

d) Falls in dem verdächtigen oder bestrittenen Schriftstück auffallend langsam und sorgfältig oder auffallend schnell und flüchtig oder auffallend schräg, steil, groß usw. geschrieben zu sein scheint, soll vom Beschuldigten neben einer gewöhnlichen, unbeeinflußten Schriftprobe auch eine solche aufgenommen werden, bei der er entsprechend langsam, schnell, schräg, steil, groß usw. zu schreiben hat. Zur Unterscheidung solcher Schriftproben ist diesen ein erläuternder Vermerk von dem Beamten beizufügen.

e) Macht der Schreibende den Versuch, seine Schrift zu verstellen, so muß man ihn möglichst schnell und viel schreiben lassen.

2. Die Schriftproben sind in der gleichen — deutschen, lateinischen, gemischten — Schriftart herstellen zu lassen, nötigenfalls auch in Drucktypenschrift.

3. Die Schriftprobe soll den ganzen Text oder doch einen längeren Absatz vom Anfang und Schluß des Schriftstückes wiedergeben, insbesondere auch solche Wörter, welche Rechtschreibungsfehler aufweisen.

4. Kürzere Schriftproben sind in mehrfacher Wiederholung aufzunehmen, besonders wenn es sich nur um gefälschte Unterschriften oder Urkundenzusätze handelt. In solchen Fällen empfiehlt es sich außerdem, einen kurzen, zusammenhängenden Text, in dem die Wörter oder Buchstaben der Fälschung in anderen Wortverbindungen, z. B. in Form eines kurzen Lebenslaufes vorkommen, zu diktieren.

5. Die Niederschrift der Schriftproben soll grundsätzlich nur nach Diktat geschehen. Dem Schreiber ist ein Einblick in das verdächtige Schriftstück vor oder bei der Diktatniederschrift nicht zu gestatten, einzelne Wörter dürfen ihm nicht buchstabiert werden. Fremdwörter sind nach ihrer Aussprache zu diktieren.

Falls der Beschuldigte erklärt, eine bestimmte Schriftart nicht schreiben zu können, z. B. Druckschrift oder bei Ausländern die deutsche Schrift, so ist er zu veranlassen, nach Vorlage einer Zeitung oder des betreffenden Schriftstückes die Schriftprobe anzufertigen.

In besonderen wichtigen Fällen sind auch die etwa noch vorhandenen Schriftproben aus der Schulzeit des Beschuldigten zu beschaffen, namentlich auch, wenn der Beschuldigte seine Schreibfähigkeit irgendwie bestreitet.

6. Außergewöhnliche Umstände, die bei Aufnahme von Schriftproben vorhanden waren, z. B. große Erregung des Schreibers, Dunkelheit oder schlechte Beleuchtung, Kälte, Hitze, schlechtes oder ungenügendes Schreibmaterial usw., sind von dem aufnehmenden Beamten in den Akten zu vermerken, namentlich wenn der Schreiber selbst auf die ihn störenden Umstände aufmerksam gemacht hat.

B. Anderes Vergleichungsmaterial.

7. Außer den Diktatschriftproben sind auch unbeeinflußt entstandene Schriften von der Hand des Beschuldigten zu beschaffen, wie Briefschaften, Notizbücher, Geschäfts- und Haushaltungsbücher, Mietverträge, Quittungen, polizeiliche An- und Abmeldungen, Stellengesuche, Bewerbungsschreiben, Steuererklärungen, Entschuldigungsschreiben (beim Ausbleiben infolge von Krankheit usw.), Beschwerden und Gesuche in Personalakten, Anträge in Grundbuchakten u. dgl. Im Zweifel ist die Urheberschaft sowie der Zeitpunkt (Monat und Jahr) der Niederschrift der abgeforderten Schriftproben festzustellen und in den Akten zu vermerken.

Die zu vergleichenden Handschriften sollen möglichst aus der gleichen Zeit herrühren. Wird z. B. bei Urkundenfälschungen der Name einer bestimmten Person mißbraucht, so ist auch von dieser Person eine Handschrift (Unterschrift) zu beschaffen.

8. Werden in besonders wichtigen Fällen Durchsuchungen bei verdächtigen Personen nach Handschriftenmaterial notwendig, so ist auf die Sicherstellung des Schreibmaterials besonderer Wert zu legen, namentlich auf Schreibpapier, Blei- und Farbstifte, Tinten, Löschblätter, Stempel, Kopierpapier, Hektographenblätter, Briefumschläge, Schreibübungen auf etwa weggeworfenen Zetteln, zerrissene oder verbrannte Schriftstücke im Papierkorb oder im Ofen usw.

Als Tintenproben genügen, wenn nicht die Beschlagnahme des ganzen Tintenvorrats angeordnet wird, einige jeweils mit reiner Feder geschriebene Wörter, jede Tintenprobe auf besonderem Blatt Papier.

Hat der Täter herausgerissene Blätter eines Buches oder Teile eines Briefbogens zu dem zu untersuchenden Schriftstück verwendet, so ist nach dem dazugehörigen Buch oder Briefbogenteil zu fahnden.

C. Wann und wie sind Schriftproben zu den Akten zu nehmen?

9. Außer den Fällen einer ausdrücklichen Anordnung sind Schriftproben schon bei der ersten Vernehmung zu beschaffen, wenn vorauszusehen ist, daß die Feststellung eines Schreibers, sei er Beschuldigter oder Zeuge, z. B. bei anonymen Anzeigen, für das Strafverfahren von Wichtigkeit sein kann, und wenn zu befürchten ist, daß der Vernommene sich weiteren Feststellungen leicht entziehen könnte, z. B. durch Veränderung des Aufenthaltes oder durch Flucht. In allen anderen Fällen ist erst der Bescheid der vorgesetzten Dienststelle einzuholen, ob und von wem Schriftproben aufzunehmen oder einzufordern sind.

10. Um die Schriftvergleichung zu erleichtern, sind die Schriftproben auf lose Blätter zu schreiben, die, mit dem Namen des Schreibers versehen, den Akten in einer Hülle beizufügen sind. Ebenso sind die verdächtigen Schriftstücke, auch anonyme Anzeigen beleidigenden Inhalts, nicht in die Akten zu heften, sondern mit den dazu gehörigen Briefumschlägen in eine besondere beigeheftete Hülle zu nehmen. Die zur Vergleichung dienenden Schriftproben dürfen mit anderen als ihre Herkunft bezeichnenden Vermerken nicht beschrieben werden.

11. Jede Schriftprobe muß den Namen ihres Urhebers enthalten, andere zur Vergleichung beigefügte Schriftproben müssen von deren Urhebern ausdrücklich anerkannt und mit einem entsprechenden Vermerk versehen und numeriert werden.

12. In besonders wichtigen und schwierigen Fällen ist ein Schriftsachverständiger vorher zu Rate zu ziehen.

Diese „Anweisung“ geht von folgenden drei wichtigen Grundsätzen aus, die eine genaue Einhaltung der Einzelvorschriften zur Bedingung machen:

a) Das Vergleichungsmaterial muß einwandfrei sein, d. h. auch wirklich von der in Frage kommenden Person herrühren.

b) Das Vergleichungsmaterial muß umfangreich genug sein und aus der in Frage kommenden Zeit stammen.

c) Das Vergleichungsmaterial muß sich möglichst den bei Entstehung der strittigen Urkunde vorherrschenden Schreibumständen anpassen.

3. Die wissenschaftlichen Grundlagen der Schriftvergleichung. Die Identifizierbarkeit einer Handschrift beruht auf der tatsächlichen Wiedererkennungsmöglichkeit hinsichtlich der eigenen und der uns bekannten Handschrift anderer Menschen, ohne daß wir vom Inhalt des Geschriebenen Kenntnis zu nehmen brauchen. Nun lehrt aber auch die Erfahrung schon an diesem alltäglichen Beispiel, daß auch leicht Irrtümer unterlaufen, nämlich bedingt einmal durch den zu geringen Umfang des Schreibmaterials, dann durch eine irgendwie eingetretene Veränderung der Handschrift. Von diesen Ausnahmen abgesehen, ergeben sich folgende Grundlagen für die Schriftvergleichung: Die Handschrift eines jeden Menschen entwickelt sich aus den Schulanfängen zu einer sogenannten „ausgeschriebenen“, d. h. individuellen Schrift, die an ihren „Merkmalen“ erkennbar ist und bleibt. Unter Merkmalen hat man die individuellen Abweichungen von den neutralen Schulschriftformen zu verstehen, die teils in immer wiederkehrenden Vereinfachungen oder Verzierungen (Verschnörkelungen) der Einzelformen oder in der eigenartigen Bildung von Schriftformen und Bewegungseigenarten zum Ausdruck kommen. Es sind im Grunde genommen die sichtbar fixierten, mehr automatisch entstehenden Ausdrucksbewegungen eines Menschen. Nicht nur die Einzelform als solche, sondern auch im Verbande mit ihrer Umgebung weist das Geschriebene regelmäßig solche individuelle Merkmale auf; im letzteren Falle spricht man von „Komplexmerkmalen“. Wenn z. B. das t am Anfang, in der Mitte oder am Ende eines Wortes steht, oder in Verbindung mit einem r (tr), z (tz), s (st) auftritt, können die einzelnen t-Formen unter sich wohl abweichend erscheinen, sind aber immer wieder in den bezeichneten Verbindungen: tr, tz, st gleich wiederkehrend. Fest steht nun, daß die Handschrift als Produkt von Hand und Hirn, durch körperliche und seelische Faktoren bedingt ist und daß es, im Gegensatz z. B.

zum Fingerabdruck oder zur mechanischen Schreibmaschinenschrift, keine absolut, sondern nur relativ gleich bleibenden Merkmale gibt. Das Wiederkehren dieser individuellen, nur relativ konstanten Schriftmerkmale setzt nicht eine einzige Einzelform, sondern eine Mehrzahl solcher in natürlicher Schreibbewegung voraus und bewegt sich in einem bestimmten Kreise von mehr oder weniger stark hervortretenden Schwankungen im Schriftbild.

Man spricht daher, um diese an sich abweichenden, aber nicht identitätswidrigen Merkmale zu rechtfertigen, von einem großen oder geringen „Schwankungsgrad" (oder -radius, oder -breite, oder -zone). Um diesen Schwankungsgrad einigermaßen zuverlässig finden zu können, bedarf es immerhin eines größeren Umfanges von Schreibleistungen der betreffenden Person, möglichst zu verschiedenen Zeiten entstanden; denn die Handschrift ist das natürliche Spiegelbild der zur Zeit des Schreibaktes vorherrschenden körperlichen und seelischen Verfassung des Schreibers. Die Schriftuntersuchung ist aus diesem Grunde um so schwieriger, je geringer der Umfang der zu vergleichenden Handschriften ist und je weniger Anhaltspunkte für die Erforschung der Schriftmerkmale eines Menschen gegeben sind. Daher wäre es auch unrichtig, wenn bei geringem Umfang des zu untersuchenden strittigen Schriftobjektes dem Sachverständigen ein ebenso geringes Vergleichungsmaterial zur Verfügung gestellt würde. Man kann vielmehr sagen, daß um so mehr Vergleichungsmaterial beschafft werden muß, je geringer der Umfang des strittigen Schriftobjektes ist.

Was nun die Methode der Schriftvergleichung betrifft, so ist sie jedenfalls nicht in dem vom Nichtsachverständigen beliebten wahllosen Heraussuchen von Ähnlichkeiten und Übereinstimmungen äußerlicher Schriftformen zu sehen, sondern in der systematischen Schriftanalyse. Der Sachverständige muß nicht nur die Merkmale der zu untersuchenden Handschriften feststellen, er muß auch wissen, welchen Beweiswert sie im Einzelfalle haben. Das von mir vorgeschlagene und in der Praxis mit gutem Erfolg angewandte Einteilungsprinzip in primäre und sekundäre Merkmale zwingt zur genaueren Bewertung der einzelnen Schriftindizien, analog den sonstigen kriminalistischen Beweismethoden. Die primären Merkmale stellen einerseits selten vorkommende, andererseits einzigartige Schriftformen dar, in engster Verbindung mit der individuellen Schreibschnelligkeit. D. h. nicht die Nachahmungsfähigkeit einer bestimmten eigenartigen Schriftform ist entscheidend, sondern ihre Bildung in fließend fortlaufendem, also individuellem Schreibablauf. Zu den primären Merkmalen sind auch die nicht unterdrückbaren Ausdrucksformen zu rechnen, z. B. die Zitterformen des Greises oder Alkoholikers.

Diesen gegenüber stehen die an Zahl unendlichen sekundären Merkmale, wie sie sich in den Handschriften verschiedener Menschen oft wiederholen und in den allgemein verbreiteten Schriftvereinfachungen (z. B. Weglassen des Brückenzuges beim deutschen r, v, w, g, a) oder Hinzufügungen (z. B. schnörkelreiche Ausschmückung mancher Großbuchstaben oder der Unterschleifen von g, h, p, z) bemerkbar machen. Sie sind als Merkmal für sich betrachtet, nicht beweisend für eine Schriftidentität und können nur durch ihren oft ganz eigenartigen Komplex, d. h. Verbindung mit anderen sekundären Merkmalen einen Beweis darstellen.

Daß also die primären Merkmale einen viel höheren Beweiswert haben als die sekundären, ist logisch, aber auch der Relativität aller Beweisindizien unterworfen.

Eine wichtige Voraussetzung für die richtige Beurteilung der Schriftmerkmale ist die Kenntnis der Schriftveränderungsmöglichkeiten. Die unwillkürlichen, größtenteils auch unbewußten Veränderungen können physischen und psychischen Gründen entspringen, z. B. Alter, Krankheit (besonders des Geistes), Verwundung, schlechte Beleuchtung, ungünstige und ungewohnte Schreibumstände (besonders des Schreibmaterials), Angst- oder Rauschzustände u. dgl. Zu den willkürlichen Veränderungen gehören vor allem die Verstellungsformen. Alle diese Veränderungsfaktoren muß der Sachverständige kennen und bei seinen Untersuchungen beachten. Sie sind es gerade, die ein besonderes Studium und eine besondere Sachkunde bedingen, ehe ein Schriftkundiger zu gerichtlichen Schriftuntersuchungen und Begutachtungen reif ist, und wie sie bei einem Richter niemals ohne weiteres vorausgesetzt werden kann.

Der Sachverständige darf sich nicht einseitig auf die Vergleichung von Einzelformen beschränken, sondern muß auch alles, was mit Schreibgewohnheiten zusammenhängt, berücksichtigen, z. B. Raumeinteilung (insbesondere bei der Anschrift, der Anrede, des Briefschlusses), Randbildung, Schriftlage, Rechtschreibung usw. Jede Methode, die auf einem Überschätzen eines einzelnen Merkmals beruht, ist unrichtig und daher zu verwerfen. So hat es sich in der Praxis gezeigt, daß die Winkelmessung und die sogenannte Rhythmusmessung (bekannt unter der Bezeichnung „Graphometrie") zu irrigen Schlußfolgerungen und daher zu Fehlgutachten führen. Man kann wohl die Schriftlage durch den Winkelmesser und die Schriftproportionen mit dem Reduktionszirkel messen, aber die gefundenen Werte können nur Durchschnittswerte darstellen und nur die Bedeutung eines sekundären Merkmals haben. Der Schriftrhythmus läßt sich ebenso wenig messen wie das Formniveau; beide unterliegen nur der subjektiven Abschätzung des Sachverständigen und können deswegen niemals von ausschlaggebender Bedeutung sein. Als psychisch bedingtes Produkt verträgt die Handschrift keine Messungen, wie z. B. die rein mechanisch entstandene Schreibmaschinenschrift.

4. Die technischen Hilfsmittel der Schriftvergleichung. Je nach den spezialisierten Untersuchungsarten ist die Anwendung bestimmter technischer Hilfsmittel erforderlich. Bei der allgemeinen Schriftvergleichung zur Feststellung des Urhebers eines strittigen Schriftstückes, insbesondere z. B. von anonymen Briefen und den meisten Unterschriftfälschungen, genügen Lupen und einfache Mikroskope mit 20—30-facher Vergrößerung. Sobald aber die Sichtbarmachung oder Entzifferung ausgelöschter Handschriften zum Beweisthema gehört, sind die modernsten Untersuchungsmethoden chemischer und photochemischer Art nötig. Die Untersuchung mit der Analysen-Quarzlampe und das Photographieren mit ultravioletten und infraroten Strahlen gehört aber zur Zuständigkeit des entsprechend vorgebildeten Fachmannes. Der Besitz einer Quarzlampe befähigt noch nicht zur Vornahme zuverlässiger Untersuchungen, da die Strahlenwirkung und ihre sachverständige Beurteilung nicht so einfach und mechanisch ablesbar ist, wie es die Kataloge versprechen, so daß Irrtümer durch optische Täuschungen leicht eintreten können. Das Gutachten, das in einen beschreibenden Teil unter Anführung der für oder gegen eine angenommene Schriftidentität sprechenden Merkmale und einen die Schlußfolgerungen aus dem ganzen Befunde zusammenfassenden Teil zerfällt, muß klar und deutlich sein, so daß es auch von den Prozeßbeteiligten leicht und sicher nachgeprüft werden kann; dies ist zur Bildung der richterlichen Überzeugung unerläßlich. In wichtigen Fällen empfiehlt es sich, die Einzelindizien in Form von photographischen Vergleichungstabellen dem Gutachten beizufügen oder in das Gutachten selbst einzuarbeiten. Manchmal ist es wünschenswert, daß sich der Richter selbst mit Hilfe einer guten Lupe oder eines Mikroskopes von einem wichtigen Einzelbefund (z. B. einer entscheidenden Strichkreuzung) überzeugt. Zu diesem Zwecke ist ein von den Lomarawerken für Optik (Berlin-Steglitz) in den Handel gebrachtes Taschenmikroskop (20—50fache Vergrößerung bei nur etwa 25 g Gewicht, in Form eines Füllfederhalters) wie kaum ein zweites geeignet, besonders wenn der Sachverständige selbst noch Untersuchungen am Tatort oder im Gerichtssaal vorzunehmen hat.

Die Photographie selbst kann niemals eine Schriftidentität entdecken und begründen, sie ist lediglich als wirksames Demonstrationshilfsmittel heranzuziehen. Auf den Kopf des Sachverständigen kommt es an, nicht auf die photographische Linse; denn in der Geschichte ist festgestellt worden, daß mit Hilfe der photographischen Künste auch schon Unwahrheiten „bewiesen" worden sind. Allenfalls bei gewissen Arten von Urkundenfälschungen (z. B. Radierungen, Sichtbarmachen ausgelöschter Schriftzüge, Tintenuntersuchungen) kann die photographische Kamera dem Sachverständigen unersetzliche Dienste leisten. Wo es aber wesentlich auf eine überzeugende Demonstrierung der Befunde des Gutachtens ankommt, wird man die erwähnten photographischen Vergleichungstabellen nicht vermissen wollen. Es muß aber ausdrücklich betont werden, daß eine mangelhafte Ausbildung des Sachverständigen noch viel schlimmer ist als eine mangelhafte Ausrüstung mit Hilfsapparaten.

5. Die Auswahl des Sachverständigen und Reformbestrebungen. Die Auswahl des Schriftsachverständigen erfolgt nach zwei Richtungen: einmal vor seiner allgemeinen Vereidigung für einen bestimmten Gerichtsbezirk, sodann für den besonderen Prozeßfall. Den Justizverwaltungen der Länder sind gewisse Richtlinien gegeben worden, die ungefähr jenen entsprechen, wie sie die allgemeine Verfügung des preußischen Justizministeriums vom 5. II. 1900 (JMinBl. 1900, S. 48) enthält:

> § 2. Die Auswahl erfolgt von Amts wegen ohne Rücksicht auf etwaige Anträge. Vor der Auswahl sind Erkundigungen nach der Zuverlässigkeit und Sachkunde der zu beeidigenden Person einzuziehen.
>
> § 8, Ziff. 3. Der Name des Sachverständigen ist in den Verzeichnissen zu streichen . . . 3. wenn sich der Sachverständige als unzuverlässig erweist oder wenn sich erhebliche Bedenken gegen seine Sachkunde ergeben.
>
> Absatz 5. Die Richter und Staatsanwälte haben Wahrnehmungen, welche eine Streichung zu begründen geeignet sind, der zuständigen Stelle mitzuteilen.

Die Auswahl des Schriftsachverständigen nach den gesetzlichen Bestimmungen erfolgt durch den Richter (§ 73 StPO.) oder durch das Prozeßgericht (§ 404 ZPO.). Im Zivilstreitverfahren kann von Amts wegen die Begutachtung durch Sachverständige angeordnet werden (§§ 3, 144 ZPO.). Ein Sachverständiger kann aus denselben Gründen wie ein Richter abgelehnt werden (§§ 74, 22, 24 StPO. und § 404 ZPO.). Frühere Begutachtung durch privates Parteigutachten ist kein Ablehnungsgrund (JW. 86, 444). Da nach §§ 74, 22 Ziff. 4 StPO. ein Sachverständiger, welcher in der Sache als Polizeibeamter tätig gewesen ist, abgelehnt werden kann, sind die bei den Polizeiverwaltungen tätigen Kriminalbeamten der erkennungsdienstlichen Handschriftensammlungen als Schriftsachverständiger nicht geeignet. Gegen die Zuziehung der amtlichen Polizeigutachter haben sich in der Praxis sowohl auf seiten der Verteidigung als auch der nichtamtlichen Sachverständigen starke ablehnende Bestrebungen bemerkbar gemacht, da sie einmal als Kriminalbeamte nicht unabhängig genug seien, um völlig unparteiisch als Gutachter auftreten zu können, sodann weil die Schriftuntersuchungen und Begutachtungen ohne Gebührenberechnung erfolgen und bei der damit verbundenen Arbeitsüberhäufung keine Gewähr für ein zuverlässiges und verantwortungsvolles Arbeiten bestehe.

Die wichtigste Aufgabe der auf diesem Gebiete bestehenden Reformbestrebungen ist aber der seit einer Reihe von Jahren verlangte Befähigungsnachweis vor der allgemeinen Vereidigung der Sachverständigen für Schriftvergleichung. Um die sich immer wieder unangenehm bemerkbar machende Lücke auszufüllen, hat sich der seit 1924 bestehende „Deutsche Bund der gerichtlichen Schriftsachverständigen" in Berlin zur Aufgabe gestellt, Fachprüfungen für Bewerber als Schriftsachverständige abzuhalten, wovon aber die Justizverwaltungen zum Nachteil der Sache selbst bisher zu wenig Kenntnis genommen haben.

Schrifttum:

H. Schneickert, Die Bedeutung der Handschrift im Zivil- und Strafrecht, Leipzig 1906. — Derselbe, Leitfaden der gerichtlichen Schriftvergleichung, Berlin 1918. — Derselbe, Die Verstellung der Handschrift und ihr graphonomischer Nachweis, Jena 1925. — Osborn-Schneickert, Der technische Nachweis von Schriftfälschungen, Halle a. S. 1921. — Meyer-Schneickert, Arch. f. gerichtl. Schriftuntersuchungen, Leipzig 1907—1909. — Dr. Georg Meyer, Die wissenschaftlichen Grundlagen der Graphologie, 2. Aufl., Jena 1925. — Herm. U. Kantorowicz, in „Quellen u. Forschungen aus italienischen Archiven", Bd. 9, Rom 1906.

Hans Schneickert.

Schund- und Schmutzschriften, unzüchtige Schriften und Bilder.

1. Die sittlichen Anschauungen des Volkes und die aus ihnen geborenen Forderungen nach sittlicher Reinheit bilden den Gradmesser für die Beurteilung des sittlichen Wertes einer Schrift. Ob sittlich einwandfrei, ob unzüchtig, ob Schund, ob Schmutz, entscheidet das Scham- und Sittlichkeitsgefühl des Volkes. Das sittlich Verwerfliche braucht noch nicht unzüchtig zu sein; hierfür muß die Beziehung zum Geschlechtlichen hinzukommen und in dem Werk in einer Weise zum Ausdruck kommen, die das Anstandsgefühl normal empfindender Menschen auf geschlechtlichem Gebiet zu verletzen geeignet ist. Die mögliche Wirkung einer Schrift entscheidet. Wenn auch Zeit, Ort und Zweck der Verbreitung solcher Veröffentlichungen nicht ohne Einfluß auf ihre Bewertung sein können, so dürfte doch ein fortschreitendes Sichangleichen in den sittlichen Anschauungen über geschlechtliche Dinge allmählich zu einer gleichmäßigen Beurteilung führen. Eine wissenschaftliche oder künstlerische Bedeutung eines Werkes nimmt diesem nicht etwa unter allen Umständen den Charakter des Unzüchtigen. Nur wenn sie weitaus überwiegt und wenn durch sie zugleich das geschlechtlich Obszöne in den Hintergrund gedrückt ist, darf das Werk im ganzen als nicht unzüchtig bezeichnet werden.

2. Die Wechselbeziehungen zwischen unzüchtigen Werken sowie Schund- und Schmutzschriften und der Kriminalität sind vielgestaltig. Die kriminogene Bedeutung liegt nicht so sehr darin, daß etwa der Inhalt derartiger Gegenstände selbst eine strafbare Handlung verkörpert. In dieser Beziehung kommt vielmehr dem Umstand eine größere Bedeutung zu, daß der Einfluß, den diese Werke auf die Gestaltung der sittlichen Anschauungen Einzelner ausüben können, namentlich bei Personen jugendlichen Alters und solchen mit geringer Urteilskraft regelmäßig nachhaltig ist. Sie können eine irrige Vorstellungswelt über die sittlichen Grenzen bestimmter Betätigungen erzeugen, so den Boden für ein asoziales Verhalten vorbereiten und Hemmungen gegen das Verbrechen beseitigen. Wesentlicher als die unmittelbare Wirkung ist also die mittelbare. Gewiß kommt es nicht selten vor, daß die Darstellung eines kriminellen Vorgangs in einer Schrift oder auf einem Bild die Phantasie und die Neigung eines leicht beeinflußbaren Menschen zu einer Nachahmung des gleichen Vorgangs und damit zu eigener gleicher krimineller Betätigung veranlaßt. Für die

kriminogene Seite solcher Schriften ist aber ihre allgemein zersetzende Wirkung von ungleich größerer Bedeutung. Ihrer Art entsprechend werden unzüchtige Schriften und Bilder einen Anreiz in erster Linie zur Begehung von Sittlichkeitsdelikten zu geben geeignet sein.

3. Der Kampf gegen die Verbreitung solcher Veröffentlichungen muß auf den verschiedensten Gebieten geführt werden. So müssen gesetzgeberische Maßnahmen und solche der Verwaltung, Aufklärung durch Wort und Schrift, Schule und die dazu berufenen Organisationen zusammenwirken, um den Kampf erfolgreich zu gestalten.

4. Das Strafgesetzbuch bedroht im § 184 Abs. 1 Ziff. 1 die Verbreitung unzüchtiger Schriften, Abbildungen oder Darstellungen mit Strafe und stellt ihr die zum Zwecke der Verbreitung vorgenommene Herstellung, Ankündigung und Anpreisung sowie das Vorrätighalten gleich. Es verbietet ferner unter Strafandrohung die entgeltliche Überlassung oder Anbietung solcher Gegenstände an Personen unter 16 Jahren (§ 184 Abs. 1 Ziff. 2). Die gleiche Handlung ist auch dann strafbar, wenn den Schriften, Abbildungen oder Darstellungen zwar der unzüchtige Charakter fehlt, wenn sie aber das Schamgefühl gröblich verletzen (§ 184a). Öffentliche Mitteilungen aus solchen amtlichen Schriftstücken, die geeignet sind, Ärgernis zu erregen, sind durch den § 184b StGB. unter Strafandrohung gestellt, wenn die Schriftstücke Gerichtsverhandlungen zu Grunde lagen, für die die Öffentlichkeit wegen Gefährdung der Sittlichkeit ausgeschlossen war.

Die Denkschrift des Preußischen Justizministers „Nationalsozialistisches Strafrecht" hält den bestehenden strafrechtlichen Schutz gegen die Verbreitung unzüchtiger oder schamloser Schriften im allgemeinen für ausreichend; sie will ihn jedoch noch dahin ausgedehnt wissen, daß auch das Sichverschaffen solcher Schriften zum Zwecke der Verbreitung und damit die Einfuhr aus dem Ausland sowie die Vorführung unzüchtiger Darstellungen mit Strafe bedroht und daß das Schutzalter der Jugendlichen (§ 184a StGB.) auf 18 Jahre heraufgesetzt wird.

Die Gewerbeordnung verbietet das Feilbieten und Aufsuchen von Bestellungen im Umherziehen bezüglich Druckschriften, anderer Schriften und Bildwerke, sofern diese geeignet sind, in sittlicher oder religiöser Beziehung Ärgernis zu geben (§§ 56 Ziff. 12, 148 Ziff. 7a). Die bezeichneten Gegenstände sind auch vom ambulanten Gewerbebetrieb durch die Bestimmungen der §§ 42a, 148 Ziff. 5 GewO. ausgeschlossen.

5. Die heranwachsende Jugend soll durch das „Gesetz zur Bewahrung der Jugend vor Schund- und Schmutzschriften" vom 18. XII. 1926 gegen die Gefahren aus solchen Literaturerzeugnissen geschützt werden. Die Herausbildung des Begriffes Schund- oder Schmutzschriften im materiell-rechtlichen Sinne hat man der Wissenschaft und der Praxis überlassen. Abbildungen, sonstige Darstellungen, Plakate und Anzeigen werden von dem Gesetz nicht betroffen. Die Schundschrift trägt den Charakter des für Jugendliche nach jeder Richtung hin Wertlosen. Bei der Schmutzschrift kommt hinzu, daß ihr Inhalt auch noch die Eigenschaft des sittlich Unreinen hat. Beide — Schund- und Schmutzschriften — stellen ihrer Wirkung nach eine Gefahr für jugendliche Personen dar.

Das vorerwähnte Gesetz und die zu ihm ergangenen Ausführungsbestimmungen (VO. des Reichsministers des Innern über Schund- und Schmutzschriften vom 23. XII. 1926) regeln das Verfahren, in dem Schriften zu Schund- oder Schmutzschriften — im formellrechtlichen Sinne — dadurch erklärt werden können, daß ihre Aufnahme in die Liste der Schund- und Schmutzschriften angeordnet wird. Diesem Verfahren dürfen Schriften wegen ihrer politischen, sozialen, religiösen, ethischen oder weltanschaulichen Tendenz nicht unterworfen werden. In dem Prüfverfahren treffen auf entsprechenden Antrag der Antragsberechtigten — Landeszentralbehörden und Landesjugendämter — die Prüfstellen — in München und Berlin —, die mit einem Vorsitzenden und acht Sachverständigen (je zwei aus den Kreisen der Kunst und Literatur, des Buch- und Kunsthandels, der Jugendwohlfahrt und Jugendorganisationen sowie der Lehrerschaft und Volksbildungsorganisationen) besetzt sind, in nicht öffentlicher Sitzung die Entscheidung darüber, ob eine Schrift auf die Liste gesetzt werden soll. Wird dem Antrag von der Prüfstelle stattgegeben, so kann auf Antrag des Reichs, eines Landes, des Verfassers oder des Verlegers ein Verfahren bei der Oberprüfstelle (in Leipzig) anhängig gemacht werden, das sich gegen eine Aufnahme der Schrift in die Liste richtet. Hat dagegen die Prüfstelle die Aufnahme der Schrift in die Liste abgelehnt, so gesteht das G. vom 18. XII. 1926 — außer den Antragsberechtigten — sowohl dem Vorsitzenden der Prüfstelle als auch zwei an der Entscheidung beteiligten Beisitzern das Recht zu, im Wege der Beschwerde, die binnen 2 Wochen seit der Entscheidung bei der Oberprüfstelle einzulegen ist, die Oberprüfstelle zu einer Nachprüfung dieser Entscheidung zu veranlassen. Der

Vorsitzende der Oberprüfstelle ist ein Vertreter des Reichsministeriums des Innern. Ihm sind sechs Beisitzer sowie Sachverständige aus den gleichen Kreisen wie bei den Prüfstellen beigegeben. Im Einzelfall entscheidet die Oberprüfstelle in der Besetzung mit dem Vorsitzenden, zwei Beisitzern und vier Sachverständigen (je einem aus den erwähnten Kreisen).

Dem Vorsitzenden der Oberprüfstelle liegt auch, falls nicht inzwischen ein Antrag gegen die Aufnahme einer Schrift gestellt ist, die Pflicht ob, aus den ihm mitgeteilten Entscheidungen der Prüfstellen, die die Aufnahme von Schriften in die Liste anordnen, eine Liste der Schriften aufzustellen und sie binnen 3 Wochen seit dem Eingang der Entscheidung im „Deutschen Reichsanzeiger" und im „Buchhändler-Börsenblatt" zu veröffentlichen. Das Gleiche gilt bei einer entsprechenden Entscheidung der Oberprüfstelle. Anträge auf Streichung einer Schrift von der Liste unterliegen der Entscheidung der Oberprüfstelle.

Die öffentliche Bekanntmachung der Aufnahme einer Schrift in die Liste gibt der Schrift das Merkmal einer Schund- oder Schmutzschrift in formellrechtlichem Sinne. Sie unterwirft die Schrift einer Reihe von Beschränkungen. Es ist verboten, die Schrift im Umherziehen feilzuhalten, anzubieten oder anzukündigen, Bestellungen auf sie zu suchen oder entgegenzunehmen. Ferner ist es untersagt, sie im stehenden Gewerbe, von Haus zu Haus oder auf öffentlichen Wegen, Straßen, Plätzen oder an anderen öffentlichen Orten feilzuhalten oder anzukündigen oder sie innerhalb der Verkaufsräume und in Schaufenstern oder an anderen von der Straße aus sichtbaren Orten zur Schau zu stellen oder auf sie Bestellungen aufzusuchen. Sie darf auch an Personen unter 18 Jahren weder zum Kauf angeboten noch innerhalb eines gewerblichen Betriebes entgeltlich oder unentgeltlich überlassen werden. Den Reichs-, Staats- und Gemeindebehörden ist die Pflicht auferlegt, dafür zu sorgen, daß in keiner ihrer Einrichtungen Kindern oder Jugendlichen eine solche Schrift zugänglich gemacht wird.

Bei periodischen Druckschriften — mit Ausnahme politischer Tageszeitungen und politischer Zeitschriften — besteht insofern noch eine Besonderheit, als sie auf die Dauer von 3—12 Monaten den Beschränkungen durch Aufnahme in die Liste unterworfen werden können, falls mindestens drei innerhalb Jahresfrist erschienene Nummern Schund- oder Schmutzschriften im formellen Sinne werden.

Eine vorsätzliche oder fahrlässige Nichtbeachtung der Beschränkungsbestimmungen sowie der Abdruck und die Vervielfältigung der Liste zu Anpreisungszwecken ist mit Strafe bedroht.

6. Die Bekämpfung der Schriften kann sich nicht nur auf gesetzgeberische Maßnahmen beschränken. Diese reichen allein nicht aus; sie müssen eine wertvolle Ergänzung in einer allgemeinen Erziehungsarbeit finden. Beschaffung guter billiger Literatur, Wecken des Verständnisses für sie, Einrichtung öffentlicher Büchereien, Errichtung von Jugendlesehallen, verständnisvolle Mitarbeit des Buchhandels, Aufklärung im Rundfunk sind z. B. Mittel, die geeignet sind, zum Erkennen guter literarischer Erzeugnisse und zur Freude an ihnen zu erziehen und dadurch das Verlangen nach Schund- und Schmutz- und unzüchtigen Schriften von vorn herein zurückzuhalten. Öffentliche und private Organisationen, darunter auch die sogenannten Sittlichkeitsvereine leisten hier wertvolle Dienste.

Die polizeiliche Tätigkeit auf diesem Gebiet erstreckt sich insbesondere auf eine Überwachung aller Stellen, an denen Schrift- oder Bildwerke der fraglichen Art möglicherweise feilgehalten werden (Zeitungsstände, Buchhandlungen, Kioske, Wagenbuchhandlungen, Mietbüchereien, Vergnügungslokale usw.). Der Kampf gegen den Handel mit solchen Veröffentlichungen vom Ausland her wird in engster Zusammenarbeit von den Polizei-, Gerichts-, Post- und Zollbehörden geführt. Beschlagnahme und Einziehung der in Frage kommenden ausländischen Sendungen, Beschlagnahme des inländischen Vermögens des ausländischen Versenders und die internationale Zusammenarbeit der Polizeibehörden der verschiedenen Länder vermögen hier oft zur Ermittlung und Unschädlichmachung des ausländischen Versenders zu führen. Wertvolle Fingerzeige für ihre Tätigkeit ergeben sich oft für die Polizei aus der Beobachtung der Presse.

7. Das Bestreben, den internationalen Handel mit unzüchtigen Schriften usw. zurückzudrängen, führte bereits am 4. V. 1910 zum Abschluß des Pariser „Abkommens zur Bekämpfung der Verbreitung unzüchtiger Veröffentlichungen" (aufrechterhalten durch Art. 282 Ziff. 18 des Versailler Friedensdiktats), das die Vertragsstaaten zur Errichtung einer Behörde verpflichtet, die mit der Erfüllung der in dem Abkommen im einzelnen festgelegten Aufgaben betraut werden sollte. Diese Aufgaben erstrecken sich hauptsächlich auf die Sammlung und Mitteilung von Nachrichten, die für die Vertragsstaaten im Interesse einer wirksamen Bekämpfung unzüchtiger Veröffentlichungen wissenswert erscheinen. Eine einheitliche Gestaltung der

Gesetzgebung und des Kampfes gegen die Verbreitung, das Anzeigen und das Inverkehrbringen unzüchtiger Veröffentlichungen sowie die Regelung der gerichtlichen Zuständigkeit und der internationalen Rechtshilfe auf diesem Gebiet erstrebt die Genfer Konvention vom 12. IX. 1923 („Internationale Übereinkunft zur Bekämpfung der Verbreitung und des Vertriebs unzüchtiger Veröffentlichungen"). Beiden Abkommen ist das Deutsche Reich beigetreten.

8. In dem Kampf gegen unzüchtige Veröffentlichungen steht die „Deutsche Zentralpolizeistelle zur Bekämpfung unzüchtiger Bilder, Schriften und Inserate" in vorderster Linie. Sie ist bei dem Polizeipräsidium Berlin errichtet, dem die Erfüllung der in den Art. 1 und 3 des obengenannten Pariser Abkommens vom 4. V. 1910 den Vertragsstaaten auferlegten Aufgaben übertragen sind. Die Arbeit der genannten Behörde gestaltet sich auch in ihrer Eigenschaft als innerdeutsche Zentrale für die Bekämpfung unzüchtiger Schriften usw. außerordentlich vielgestaltig. Sie beobachtet, sie sammelt, sie gibt anderen Behörden Auskunft und Rat, sie kontrolliert, sie stellt Verzeichnisse über das in Betracht kommende Schriftwerk (z. B. den sogenannten Polunbi-Katalog) auf und vermag namentlich in letzter Zeit unter Anwendung des § 7 der VO. des Reichspräsidenten zum Schutze des Deutschen Volkes vom 4. II. 1933 einen besonders energischen Kampf gegen alle Auswüchse auf diesem Gebiete dadurch zu führen, daß sie — außerhalb eines gerichtlichen Verfahrens — die in Betracht kommenden Druckschriften beschlagnahmt und einzieht. Sie läßt es sich auch insbesondere angelegen sein, den Kampf gegen den internationalen Handel mit unzüchtigen Schriften und Bildern zu führen. Sie arbeitet daher insoweit in engstem unmittelbarem Verkehr mit den in Betracht kommenden ausländischen Behörden. In der Tätigkeit dieser Behörde, deren Zusammenarbeit mit anderen Behörden durch viele Verwaltungsbestimmungen sichergestellt ist, spiegelt sich besonders scharf das Streben nach einer Durchsetzung gesunder Sittenanschauungen des deutschen Volkes wider.

Schrifttum:

Hagemann, „Schund- und Schmutzliteratur" in von Bitter, Handwörterbuch der Preußischen Verwaltung, Berlin und Leipzig 1928. — Albert Hellwig, „Schundliteratur" in Clostermann, Heller und Stephani, „Enzyklopädisches Handbuch des Kinderschutzes und der Jugendfürsorge", 2. Aufl., Leipzig 1930. — Derselbe, „Schund und Schmutz, Gesetz zur Bewahrung der Jugend vor Schund- und Schmutzschriften" in Dünner, Handwörterbuch der Wohlfahrtspflege, 2. Aufl., Berlin 1929. — Derselbe, Jugendschutz gegen Schundliteratur. Gesetz zur Bewahrung der Jugend vor Schund- und Schmutzschriften, Berlin 1927. — Karl Kaisig, Zum Kampf gegen die Schundliteratur, Oppeln 1909. — Max Marcuse, Handwörterbuch der Sexualwissenschaft, 2. Aufl., Bonn 1926. — Herbert Meißner, Das Schund- und Schmutzgesetz in seiner strafrechtlichen Bedeutung, Berlin-Buchholtz 1929. — Dr. Peter (Leipzig), Die Aufgaben der Polizei bei der Bekämpfung unzüchtiger Schriften, Abbildungen und Darstellungen, im Arch. f. Krim. Bd. 83, Leipzig 1928. — Richter, Der Kampf gegen Schund- und Schmutzschriften in Preußen auf Grund des Gesetzes zur Bewahrung der Jugend vor Schund- und Schmutzvorschriften vom 18. XII. 1926, Berlin 1929. — E. Schultze, Die Schundliteratur, 2. Aufl., 1911. — Karl Schumann, Das Gesetz zur Bewahrung der Jugend vor Schund- und Schmutzschriften vom 18. XII. 1926, Borna-Leipzig 1929. — Fritz Thiel, Der öffentlich-rechtliche Schutz der Jugend. Quakenbrück 1929. — Hans Wingender, Erfahrungen im Kampf gegen Schund- und Schmutzschriften. — Derselbe, Bekämpfung von Schmutz- und Schundliteratur in „Beiträge für Jugendwohlfahrtspflege" Landesjugendamt der Rheinprovinz, Düsseldorf 1928.

Wilhelm Kesseböhmer.

Schußwaffen.

1. Begriff nach dem G. über Schußwaffen und Munition vom 12. IV. 1928, § 1: „Waffen, bei denen ein Geschoß oder eine Schrotladung mittels Entwicklung von Explosivgasen oder Druckluft durch einen Lauf getrieben wird." Allerdings unterliegen nach der Ausführungs-VO. vom 13. VII. 1928 § 1 bestimmte Arten von Schußwaffen nicht den Vorschriften dieses Gesetzes.

Die Schußwaffen werden in Geschütze und Handfeuerwaffen eingeteilt; mit den ersteren wird der Kriminalist kaum jemals zu tun bekommen. Maschinengewehre und Pistolen können bei Aufruhr und Straßenkämpfen bedeutsam werden. In Amerika befinden sich leichtere 50- und 100schüssige Maschinengewehre (sogenannte Thompson-gun) vielfach sowohl in den Händen der Polizei wie im Besitze von Verbrechern und gelangen auch oft genug zur Anwendung.

Bei den Handfeuerwaffen unterscheiden wir lange und kurze und halten bei den ersteren Kriegs-, Jagd- und Scheibenwaffen aus einander. Unter die Kriegswaffen rechnen wir Militärgewehre und Karabiner — vgl.

hierzu § 1 Ziff. 4 des G. über Kriegsgerät vom 27. VII. 1927. Jagdgewehre sind entweder gezogene Büchsen für Kugel- oder glatte Flinten für Schrotschuß. Zu den Scheibenwaffen zählen die eigentlichen Scheibenbüchsen und die Kleinkalibergewehre; zu den kurzen Handfeuerwaffen gehören Pistolen und Terzerole, Revolver und Selbstladepistolen. Bestimmte Ausführungen von den letzteren sind Kriegswaffen und fallen unter § 1 Ziff. 6 des KriegsgeräteG.

2. Geschichtliches — für den Kriminalisten insofern praktisch bedeutsam, als ältere Modelle noch häufig in Sammlungen vorkommen, im Antiquitätenhandel Wertstücke darstellen und daher von Dieben begehrt sind. Schießpulver angeblich im Orient schon 80 v. Chr. im Gebrauch, 690 n. Chr. nachweislich (Belagerung von Mekka), Sage von Berthold Schwarz (1280—1320). Um 1450 Handfeuerrohre mit Lunte. Wie auch die nachfolgenden Modelle „Vorderlader" — Pulver und Geschoß von der Mündung aus in den Lauf geladen. Am hinteren Ende des Laufes das „Zündloch" mit der „Pfanne"; das auf die letztere geschüttete Zündpulver („Zündkraut") mit einer Lunte entzündet. Um 1420 Schlangenhahn mit eingeklemmter Lunte, um 1430 Schlangenhahn mit Feder und Drücker (Abzug) zum Losschnellen der Lunte. 1515 Radschloß — Reibung eines Stahlrades an Schwefelkies erzeugt Funken, die das Zündpulver entzünden. Die Läufe der Kugelgewehre mit schraubenartig gewundenen Zügen versehen, um dem Geschosse eine gestreckte Flugbahn und größere Tragweite zu verleihen (fortdauernde Drehung des Geschosses um seine Längsachse). Zum Zielen bei der Schrotflinte das Korn, bei der Büchse Visier und Korn. „Stechschlösser" zum leichteren Abziehen, Versuche Hinterlader und Revolver zu konstruieren.

1558 Schnapphahnschloß, 1650 zum Stein- oder Batterieschloß verbessert. Ein in das „Maul" des Hahnes geklemmter Feuerstein — beim Schnapphahnschloß noch Schwefelkies — schlägt gegen einen verstählten Fortsatz („Batterie") des Pfannendeckels, erzeugt Funken und öffnet zugleich die Pfanne. Doppelflinten und -büchsen, die Läufe neben oder über einander liegend. „Büchsflinten" mit einem Kugel- und einem Schrotlauf. Gewehre mit 4 und 6 Läufen, desgleichen mit drehbaren Läufen und nur einem Schloß — „Wender". 1764 das Knallquecksilber entdeckt, daraus um 1800 ein durch Schlag zu entzündendes „Zündpulver" gefertigt. „Patent"-, „Schnapp"-, „chemische Schlösser". 1807 Zündhütchen-Perkussionsgewehre. Munition: Für Büchsen zuerst Rundkugeln, dann Spitz- und zylindrische „Katzenkopf"-Geschosse, alle stets in gefettete „Pflaster" gewickelt. Schrote in verschiedenen Stärken (Vogeldunst, Hühner- und Hasenschrot, Reh- und Sauposten, heute nach Nummern). Pfropfen hält die Schrote im Laufe. Pfropfen und Pflaster früher wichtige Überführungsstücke bei Verbrechen — Zeitungsreste, Buchblätter, Schriftstücke, Wäschereste usw. Schon früh Geschosse und abgemessene Pulverladungen in Papierhülsen zu „Patronen" vereinigt.

Zündnadelgewehr von Dreyse, 1827 Vorderlader, 1836 als erster brauchbarer Hinterlader herausgebracht, 1841 im preußischen Heere eingeführt. 1848 erste gasdichte Hinterladerjagdwaffe, „Schnelladegewehr" von Barella. 1845 die ersten Metallpatronen, „Flobert"-Patronen für „Teschings", in den Bodenrand der Metallhülse die Ladung von Knallquecksilber eingepreßt. „Randfeuerpatrone" von Sharp, das in den Bodenrand gepreßte Knallquecksilber nur Zündmasse für die Pulverladung — unsere heutige Kleinkaliberpatrone. „Repetiergewehre" von Spencer und Winchester. Röhrenmagazin, bei dem ersteren Modell im Kolben, bei dem zweiten als Magazinlauf. Winchestergewehre mit Zentralzündung noch heute in der ganzen Welt verbreitet.

1832 Lefaucheux- oder Stiftzündungsgewehre — ein seitlich aus der Patrone ragender Zündstift schlägt auf die innen liegende Zündpille. 1850 Zentralfeuer — das Zündhütchen in den Boden der Patrone auf einen durchlochten „Ambos" gepreßt. Feststehender oder Kipplauf. Feststehend: Blockverschluß, Fallblock, berühmt System Henri-Martini, früher häufig an Militärgewehren, noch heute viel bei Pürsch- und Scheibenbüchsen im Gebrauch. Vertikalblockverschluß bei modernen Pürsch- und Scheibenbüchsen. Zylinder- oder Kammerverschluß bei allen neuzeitlichen Militärgewehren und den meisten modernen Pürschbüchsen. Kipplaufverschlüsse vor allem bei Schrotflinten, Exzenter-, Lancasterverschluß (Hebel unter dem Lauf), Rouxverschluß (Hebel unter dem Abzugbügel), dreifacher Verschluß (Hebel zwischen den Hähnen auf dem System), Greenerverschluß (dasselbe mit Querriegel).

3. Kurze Handfeuerwaffen, gleichmäßig mit den langen fortgeschritten. Lunten-, Radschloß-, Steinschloß- und Perkussionspistolen, die letzteren als Zweikampfwaffen heute noch im Gebrauch. Das Schloß bei der Pistole seitlich am Schloßblech, beim Terzerol mitten im Schaft hinter dem Lauf. Doppelläufige Pistolen — Läufe neben oder über einander, oft mit nur einem Schloß, entweder „Wender" oder Pfanne mit zwei abwechselnd verschließ-

baren Zündlöchern. Die „Wender“ auch mit drei und mehr Läufen. Erster „Bündelrevolver“ mit Luntenschloß schon in der ersten Hälfte des 16. Jahrhunderts (England) mit Radschloß in Deutschland 1648. Das Perkussionsschloß ermöglichte Herstellung von handlichen Bündelrevolvern mit 5 oder 6 drehbaren Läufen und Pistons. 1815 Revolver von Lenormand, drehbare Walze mit 6 Bohrungen und einem Lauf. 1835 Vorderladerrevolver von Colt, erlangt infolge der Indianerkämpfe Weltruf.

Kriegsgewehre und Karabiner, Werdergewehr mit Blockverschluß, Zylinderverschluß: französischer Chassepot, Mauser Modell 71 Einzellader, 71/84 Repetiergewehr, Röhrenmagazin, 11 mm. 1886 Erfindung des rauchschwachen Pulvers. Modell 88 Rahmenlader, 5 Schuß, Nickelmantelgeschoß, 7,9 mm, Modell 98 Streifenlader 5 Schuß, Spitz-(S-)-Geschoß. Automatische Selbstladegewehre (Ausland).

Jagdgewehre. Büchsen mit feststehendem Lauf. Systeme Martini, Mauser 71, Repetierbüchsen 88 und 98. Im Auslande Winchester. Selbstladebüchsen (Browning). Kipplaufbüchsen, neuerdings hahnlos (Selbstspanner, Schloß spannt sich beim Öffnen des Verschlusses). Doppelbüchsen, heute gewöhnlich hahnlos. Flinten fast ausschließlich Doppelflinten, meist hahnlos. Billige einläufige Schrotflinten mit feststehendem Lauf und Mauserverschluß. Winchester-Repetierflinten, Selbstladeflinten (Rückstoßlader), System Browning, Sjögren, Dreyse usw. Büchsflinten, „Bockbüchsflinten“ mit übereinander liegenden Läufen. Drillinge, zwei Schrotläufe, darunter ein Kugellauf, beliebteste Jagdgewehre, Doppelbüchsdrillinge, zwei Kugelläufe, ein Schrotlauf. Vierlinge selten. Zielfernrohre an Büchsen, Büchsflinten und Drillingen.

Scheibenwaffen. Eigentliche Scheibenbüchsen mit schwerem bayerischem oder Tiroler Schaft, meist Blockverschluß; Diopter (runde Scheibe mit haarfeinem Loch) zum genauen Zielen. „Wehrmannsbüchsen“, einschüssig, für Scheibenpatronen, in der äußeren Form genau den Militärgewehren gleichend. Übungs- und Sportwaffen: Flobertteschings Kaliber 6 und 9 mm für schwache Patronen, mit Hahn und Warnant- oder Remingtonverschluß. „Kleinkaliberbüchsen“ in den verschiedensten Ausführungen, mit Block- oder Zylinderverschlüssen, oft mit Zielfernrohren. Winchester-Repetierbüchsen Kaliber 22, beliebte Kunstschützenwaffe, halbautomatische und automatische Kleinkaliberbüchsen. „Zimmerstutzen“ mit kurzen Einsteckläufchen 4 mm (s. AusführungsVO. zum SchußwaffenG. § 1, Ziff. 2d).

Munition — für Büchsen: Zentralfeuer, heute nur noch Metallpatronen, zylindrische, kegel- oder flaschenförmige Hülsen. Blei-, Kupfer- oder Nickelmantelgeschosse, die beiden letzteren meist Teilmantel mit Bleispitze. Flach- oder Rundköpfe, bzw. Hohlspitz-, Torpedo-, Teilkern-, Reifring-, Stahlkerngeschosse u. a. m. Kaliber selten noch 11 und 11½, meist 6,5, 6,7, 8, 8,2, 9, 9,3, 9,5, 10,75 mm. Englische Kaliber nach Tausendstel, amerikanische nach Hundertstel englischer Zoll bezeichnet. 1 englischer Zoll = 2,54 mm. Also englische Kaliber 320, 380, 440, 450 usw., amerikanische 32, 38, 44, 45 usw. Flobertwaffen Randfeuer 6 und 9 mm in verschiedenen Längen (Rund- oder Spitzkugel), Kleinkaliberbüchse 22 long rifle (lang für Büchsen). Schrotpatronen selten Metall (Kynoch), meist Pappe mit inwendiger Metallverstärkung. Kaliber 12, 16, 20, 24, 28 usw. Die Bezeichnung, von den alten Vorderladerbüchsen übernommen, gibt die Zahl der Rundkugeln an, die in für den Lauf passender Größe zusammen ein Pfund wiegen würden. 16 Kugeln bestimmter Größe wiegen ein Pfund, der für sie passende Lauf hat Kaliber 16. Schrotnummern, in Deutschland heute von 6/0 (5½ mm), immer um ¼ mm kleiner werdend bis 14 (1 mm), Posten von I (10 mm) bis VI (6 mm), Flintenlaufgeschosse mit besonderen Rippen und Führungen (Brennecke, Stendebach).

Zerlegbare Gewehre für Wilddiebe, Lauf und Schaft schnell zu trennen; oft beide nochmals in mehrere Teile zerlegbar. Kolben häufig nur ein Drahtgestell. SchußwaffenG. vom 12. IV. 1928 § 24 verbietet Herstellung, Handel, Einfuhr, Führen und Besitz („zum schleunigen Zerlegen über den für Jagd- und Sportgewehre allgemein üblichen Umfang hinaus besonders eingerichtet“). Knalldämpfer, Erfindung von Percy Maxim, ein kurzes auf den Lauf zu schraubendes Rohr, im Inneren propellerartig gebogene Scheiben beweglich angeordnet, sämtlich derart durchbohrt, daß das Geschoß passieren kann. Pulvergase verfangen sich in den Scheiben, setzen sie in drehende Bewegung, diese lenkt die Gase ab und dämpft den Knall. Herstellung, Handel, Führen, Besitz, Einfuhr verboten (§ 24 SchußwaffenG.). Trotzdem heimliche Einzelherstellungen, selbst aus Holz und Pappe: Stockflinten, Schießspazierstöcke Lauf (glatt oder gezogen), wie ein Spazierstock mit Holz oder Rohr bekleidet. Schloßteile im Griff oder in einem besonderen, anzuschraubenden Kolben untergebracht (Verbot in § 24 SchußwG.).

Druckluftwaffen. Früher Windbüchsen, erfunden 1560, stark komprimierte Luft im Stahlkolben oder in anzuschraubender Kupferflasche. Heute nur Übungsgewehre mit schwachem Luftdruck im Gebrauch (vgl. AusführungsVO. zum SchußwG. § 1, Ziff. 2c).

Kurze Handfeuerwaffen: Pistolen. Vorderlader noch als Duellpistolen. Scheibenpistolen meist Kaliber 22, mit Kipplauf — mit und ohne Hahn —, bei feststehendem Lauf manchmal Zylinder-, meist Blockverschluß. Kleine Flobertpistolen 6 mm, früher billiger Massenartikel, trotz der schwachen Patrone gefährlich. In Amerika gleich große Pistolen, ein- und doppelläufig, für starke Patronen 11 mm eingerichtet, „Derringer". „Bärpistole" mit zwei Läufen und drehbarer Kammer für vier Schuß.

Revolver: Randfeuer und Lefaucheux selten. Zentralfeuer: mit oder ohne Hahn, festes Gehäuse, Ladeklappe: Bulldog mit kurzem, Constabulary mit längerem Lauf. Amerikanische Revolver — Colt, Smith & Wesson, Iver Johnson u. a. m. — mit Kipplauf oder seitlich ausschwingender Walze. Zahllose belgische und spanische Nachahmungen. Kaliber 5, 7, 9, 12 mm, auch viel Revolver für Patronen der Selbstladepistolen 6,35 und 7,65 eingerichtet. Amerikanische 22 (Scheibenrevolver), 32, 38, 44, 45. Besonderes Modell Velodog 5,75. Ausländischer Armeerevolver: Schweizer Ordonnanz, französischer Lebel, russischer Nagant, englischer Webley. Einziger automatischer Revolver Webley-Fosbery.

Selbstladepistolen — Rückstoßlader, automatische Pistolen. Bergmann 1896, Mauser, Borchardt. 1900 Browning. Seitdem zahllose Fabrikate und Modelle. Kriegswaffen: Browning Modell 1903, 9 mm, Parabellum (08, Luger), 7,65 flaschenförmige Hülse und 9 mm, Mauser 7,63 flaschenförmig und 9 mm (beide in 7,65 bzw. 7,63 mit kurzem Laufe nicht dem KriegsgeräteG. vom 27. VII. 1927 unterworfen), Steyr, Bayard u. a. m. Amerikan. Coltpistole 45 (11,5 mm). Taschenpistolen, verbreitete Marken: früher Dreyse, jetzt Mauser (Taschenmodell, nicht mit dem Kriegsmodell zu verwechseln), Sauer, Ortgies, Stock, Simson, Schmeißer, Mann, Lignose, Kommer, Menz, Walther u. a. m. Neu die Waltherpolizeipistole mit äußerem Hahn, Patrone stets im Lauf, Schloß nicht gespannt. Daneben viele Marken von inzwischen wieder verschwundenen Fabriken im Handel und namentlich in Verbrecherhänden, etwa Langenhan, Jäger, Schwarzlose, Menz, Zehna, Beholla, Menta und viele andere mehr. Ausländische, beispielsweise: engl. Webley-Scott, amerikan. Colt, Savage, Remington, Smith & Wesson, belg. Browning (Modelle 1900, 1906, 1912), Bayard, Clément, Melior usw., öst. Steyr (Taschenmodell), ungar. Frommer und andere. Unübersehbar die Menge der spanischen Marken und Modelle — etwa Alkar, Astra, Trust, Walman, Royal, Vesta, Looking-glass, Gloria, Venus, Zuleika, Seam, Viktoria, Titanic, Fortuna, Express, Star und andere. Taschenpistolen meist in Kaliber 6,35 mm (25 engl. Zoll), 7,65 (32); größere Kaliber (9 mm) in Deutschland verboten (KriegsgeräteG. § 3 Ziff. 6). Scheibenselbstladepistolen 22: Reising, Walther, Stock. Verbreitete Patronenfabrikate und Hülsenzeichen: deutsche Rheinisch-Westfälische Sprengstoff-AG. Nürnberg (N), Karlsruher Industriewerke Stuttgart (DWM), Genschow, Durlach (früher D, dann G. G. & Co., dann Geco), Sellier & Bellot, Schönebeck (SB.), Dreyse & Collenbusch, Rheinmetall (RMS.) deutsche Werke AG., Berlin (DWA.); öst. Hirtenberger (vier Sterne), belg. Fabr. nat. d'armes de guerre (FN.), amerikan. Winchester Rep. Arms Co. (WRA.); Remington, Union Metallic-Cartr. Co. (UMC.), Colt, Union States Cartridge Co. (USC.).

4. Beschuß der Handfeuerwaffen, RG. vom 19. V. 1891 betr. Prüfung der Läufe und Verschlüsse von Handfeuerwaffen. Beschußstempel (Kronen, Adler, Buchstaben usw.), Zur Zeit belgische, französische, englische, österreichische und spanische Stempel in Deutschland anerkannt. Neues Beschußgesetz in Vorbereitung.

5. Kriminalistisches: Sachverständige: Erfahrene Büchsenmachermeister, evtl. technische Leiter in Waffenfabriken, Versuchsanstalten für Handfeuerwaffen (Wannsee bei Berlin, Neumannswalde bei Neudamm), Gerichtsärzte (Schußverletzungen), Gerichtschemiker (etwa Pulverspuren und Rückstände, Legierungsbestimmungen bei Geschossen, Mikrophotographie usw.). Im ersten Angriffe zu achten auf Hülsen, Geschosse und Schußspuren. Ausgeworfene Hülsen bei Repetierpistolen. Lage jeder einzelnen Hülse unter Umständen für den Sachverständigen wichtig, daher genaue Lagebezeichnungen, an jeder Hülse Zettel mit Nummer befestigen, Skizzen. Häufig Ermittlung des Pistolenfabrikates und Modelles möglich, gegebenenfalls auch Nachweis der Zugehörigkeit zu einer bestimmten Waffe. Anhaltspunkte geben dem Sachverständigen etwa Spuren des Patronenlagers, des Ausziehers, des Auswerfers, falls die Waffe einen solchen hatte, des Stoßbodens, des Schlagbolzenloches usw. Näheres s. im Art. Schußwaffenuntersuchung unten S. 523ff. Geschosse (Achtung auf fehlgegangene Schüsse), Metallegierungen der Geschosse (Söderman), Zahl und Besonderheiten der Züge. Bei Repetierpistolen Felderzahl meist 6, seltener 4, 5, 7 und 8. Drallrichtung: Bei Colt, Bayard und vielen spa-

nischen Pistolen Links-, sonst überwiegend Rechtsdrall. Messung des Drallwinkels, der Felderbreite, Bestimmung sonstiger Merkmale Aufgabe des Sachverständigen. Schußspuren: Ein- und Ausschüsse, Kontusionsring, Brandsaum, Pulvereinsprengungen und Schwärzungen geben Anhaltspunkte für Fern- oder Nahschuß. Schußlöcher in Kleidungsstücken. Von den Geschossen gestreifte Gegenstände — Äste, Blätter usw., Flugbahnen der Geschosse evtl. Streukegel von Schroten lassen Schlüsse auf die Standorte der Schützen zu. Durchschossene Fensterscheiben usw. Lage von am Tatorte gefundenen Waffen stets genau vermerken, oft für die Frage „Mord oder Selbstmord" entscheidend.

6. Schreckschuß- und Scheintotpistolen — äußerlich genau scharfschießenden Pistolen und Revolvern gleichend. Bei den Schreckschußpistolen der Lauf geschlossen, Pulvergase der Platzpatronen ziehen durch eine oben im Laufe befindliche Öffnung. Scheintotpistolen schießen Patronen mit einem zerstäubenden Pulver usw., das starke Reizwirkungen auf die Schleimhäute auslöst (Husten, Tränen usw.). Neuerdings Scheintotpistolen in Form von Füllfederhaltern. Vgl. auch AusführungsVO. zum SchußwG. § 1 Ziff. 4).

Schrifttum:

Christ. Friedr. Thon, Die Schießkunst, Ilmenau 1824. — August Demmin, Die Kriegswaffen in ihren geschichtlichen Entwicklungen, 1864. — Erich Anuschat, Pistolen- und Revolverschießen im Polizeidienst, Berlin 1928 (bei Gerstmann, jetzt bei O. Schwartz). — W. Greener, The gun and its development, London. — Schmuderer-Maretsch, Jagd- und Sportwaffenkunde, Berlin. — Derselbe, Die Lehre vom Schuß, 2. Aufl., Berlin 1926. — Richard Mahrholdt, Handbuch für Waffenfreunde, Innsbruck. — Albert Preuß, Die Jagdwaffen, Neudamm. — Derselbe, Lehrbuch des Flintenschießens, Neudamm. — Gerhard Bock, Moderne Faustfeuerwaffen, 2. Aufl., Neudamm. — Georg Koch, Die Jagdgewehre der Gegenwart, Weimar 1891. — Derselbe, Jagdwaffenkunde, Berlin. — Wild-Queisner und Schmuderer, Die Kunst des Schießens mit der Büchse, 5. Aufl., Berlin 1925. — Bernhard Deinert, Die Kunst des Schießens mit der Schrotflinte, Berlin 1922. — Konrad Eilers, Handbuch der praktischen Schußwaffenkunde, 3. Aufl., Berlin. — Harry Söderman, L'expertise des armes à feu courtes, Lyon 1928. — Mezger-Hees, Die Bestimmung des Pistolensystems aus verfeuerten Hülsen und Geschossen, ein Mappenwerk mit 158 Tafeln, Stuttgart, Text in Groß' Arch. f. Krim., Bd. 89. — Hofmann-Kolisko, Lehrbuch der gerichtlichen Medizin, Berlin u. Wien. — Straßmann, Lehrbuch der gerichtlichen Medizin, Berlin. — Marx, Einführung in die gerichtliche Medizin, Berlin. — Georg Puppe, Atlas und Grundriß der gerichtlichen Medizin, München 1908. — Werner Hoche, Das Schußwaffengesetz, Berlin 1931. — Josef Deeg, Taschenbuch für das Waffen- und Munitionsgewerbe, München 1929.

Erich Anuschat.

Schußwaffenuntersuchung.

Die Untersuchung der Schußwaffen in der Rechtspflege ist von der Munitionsuntersuchung und der Untersuchung des beschossenen Gegenstandes nicht zu trennen. Darum sollen alle drei Gruppen von Beweismitteln hier auch neben einander behandelt werden, denn die zu beantwortenden Fragen überschneiden sich häufig.

Bei den engen Beziehungen, die zwischen Waffe, Munition und beschossenem Gegenstand bestehen, ist es ersichtlich, daß das Ergebnis derartiger Untersuchungen häufig klarer und die kriminalistische Beurteilung eines Falles zuverlässiger wird, wenn möglichst alle 3 Gruppen von Beweisstücken vertreten sind. Das wird freilich nicht immer der Fall sein und der Kriminalist muß sich daher häufig nur mit Teilen der Munition begnügen, die er bei einem Verbrechen am Tatort findet, denn die Waffe ist nicht da und das Geschoß hat sein Ziel verfehlt oder es durchschlagen.

Die Fragen, die sich in Kriminalfällen auf dem Gebiete der Schußuntersuchung ergeben, sind meist immer dieselben oder doch sehr ähnlicher Art. Fast immer handelt es sich darum, ob eine Straftat mit einer bestimmten Waffe begangen ist, oder es fragt sich, welche Art Waffen in Betracht kommen und unter welchen Umständen geschossen ist. Diese Fragen lassen sich zwar nicht immer, aber doch sehr häufig auf Grund einer Untersuchung der erwähnten Beweisstücke und unter Beachtung aller Begleitumstände der Tat so eindeutig beantworten, daß der Ermittlungsbeamte sehr wesentliche Fingerzeige erhält.

Wichtig ist bei der Schußwaffenuntersuchung, daß die Beweisstücke, besonders eine Waffe selber, unverändert in die Hand des Sachverständigen gelangen, denn nur so kann er sich von der Beschaffenheit des Beweisstückes nach der Tat ein zutreffendes Bild machen. Fehler in dieser Hinsicht sind später meist nicht wieder gut zu machen, daher sind Änderungen an den Beweisstücken zu vermeiden, Versuche damit zu unterlassen.

Ist aus ganz zwingenden Gründen an einer Waffe irgend etwas vorgenommen worden, so ist die Veränderung protokollarisch festzulegen und dem Sachverständigen zur Verhütung von Trugschlüssen unbedingt mitzuteilen. Weiter muß er alles Nähere über die Auffindung und das mutmaßliche Schicksal der Beweisstücke, soweit dies bekannt ist, wissen. Versuche mit einer Waffe vor der eigentlichen Untersuchung vernichten häufig ihren Wert als Beweismittel.

A. Die Waffe. Es gibt zwei Arten von Handfeuerwaffen, nämlich die Handfeuerwaffen schlechthin, die für den zweihändigen Gebrauch bestimmt sind, wie Gewehre und Büchsen, und die für einhändigen Gebrauch berechneten Faustfeuerwaffen, zu denen Revolver und Pistolen zählen (vgl. d. Art. Schußwaffen oben S. 519ff.). Die Untersuchung aller Handfeuerwaffen für kriminalistische Zwecke geschieht nach den nämlichen Grundsätzen unter jeweiliger Beachtung der besonderen Charaktereigenschaften der betreffenden Waffe.

Von allen Waffen sind die Faustfeuerwaffen aber die verbreitetste Gattung und sie begegnen uns daher bei Straftaten am häufigsten, zumal da sie hierfür geeigneter sind als langläufige Schußwaffen. Sie sind zwar angeblich nur „Verteidigungswaffen", die dem Selbstschutz dienen, werden aber trotzdem sehr häufig bei Begehung von strafbaren Handlungen verwendet. Da noch sehr zahlreiche Waffen in der Bevölkerung stecken, hat das RG. über Schußwaffen und Munition vom 12. IV. 1928 einen merklichen Einfluß hierauf bisher noch nicht gehabt.

Den Kriminalisten interessieren vorzugsweise Kugelwaffen, d. h. Schußwaffen, die aus einem fast stets gezogenen Lauf ein einzelnes Geschoß verfeuern, das fälschlich als Kugel bezeichnet wird, obwohl es heute fast nie mehr rund ist. Kommen derartige Waffen zur Untersuchung, so ist die erste Frage meist, ob sie frisch beschossen sind und wenn ja, so frisch, daß sie bei einer kurz zuvor begangenen Straftat Verwendung gefunden haben können. Diese Frage läßt sich im allgemeinen bei allen Handfeuerwaffen entscheiden. Zunächst spielt die allgemeine Sauberkeit des Laufinneren hierbei eine wichtige Rolle. Längere Zeit unbenutzt in der Tasche getragene kurzläufige Waffen, wie Pistolen und Revolver, enthalten häufig eine Sammlung kriminalistischer Leitelemente, aus denen das ganze Tun und Treiben, die Kleidung des Trägers und die Nichtbenutzung zur kritischen Zeit mit Gewißheit herausgelesen werden können.

Der frische Beschuß einer Waffe ist am sichersten bei Schwarzpulverschuß zu erkennen. Kurz nach dem Schuß ist das Laufinnere grauschwarz und zeigt den bekannten „Pulvergeruch", der von Sulfiden herrührt. Nach und nach treten im dunklen Belag des Laufes hellere Stellen auf, die zunehmen, bis spätestens in etwa 14 Tagen der Lauf grauweiß gekörnt erscheint. Diese Umwandlung kommt dadurch zu stande, daß das im Lauf vorhandene schwarze Bleisulfid durch den Luftsauerstoff zu weißem Bleisulfat oxydiert wird. Im übrigen erhält der zunächst dunkle Verbrennungsrückstand des Schwarzpulvers neben unverbrannter Kohle noch Kalziumkarbonat und reagiert daher stark alkalisch, was den Lauf vor Rost schützt. Auch nach Schrotschuß, der nur wenig Blei absetzt, wird das Laufinnere später weiß. Der Umwandlungsprozeß der Schwarzpulverrückstände wird beeinflußt von der Luftfeuchtigkeit und dem Luftzutritt, vollzieht sich also — vorausgesetzt daß es nicht regnet — bei einer im Freien liegenden Waffe schneller als bei einer in der Schublade im Zimmer aufgehobenen. Im letzteren Fall spielt die Zimmertemperatur eine Rolle. Bemerkenswert ist, daß sogenanntes „Naßbrandpulver", ein Schwarzpulver, das in Jagd- und Scheibenbüchsen Verwendung findet, sich nach dem Schuß anders verhält. Es liefert zwar einen tief schwarzen Rückstand, der aber nicht antrocknet, sondern Feuchtigkeit begierig anzieht, sich dadurch länger frisch erhält und infolge dessen einen frischeren Beschuß vortäuschen kann. An der chemischen Zusammensetzung ist der Rückstand des Naßbrandpulvers nicht zu erkennen. Mit Schwarzpulver geladene Patronen für Faustfeuerwaffen enthalten meist Bleigeschosse. Ausnahmen kommen vor.

Bei der ständig zunehmenden Verbreitung der Munition mit „rauchlosem", richtiger rauchschwachem Treibmittel begegnen uns hiermit geladene Patronen und damit beschossene Waffen heute am häufigsten. Eigentlich sollten „rauchschwache Schießmittel" rückstandslos im Lauf verbrennen, jedoch ist das nicht der Fall. Es hinterbleibt vielmehr im Lauf ein geringer, meist schwach grau gefärbter feiner Rückstand, der hygroskopisch ist und das Rosten des Laufs begünstigt. An der Mündung des ganz frisch beschossenen Laufs ist ein abwischbarer leichter Saum von grauer Farbe, wie der Überzug innen, zu erkennen. Davon abgesehen erscheint bei Kugelwaffen, und zwar bei Waffen mit Rechtsdrall die linke Felderkante auffallend blank, weil sie besonders vom Geschoß beansprucht, d. h. abgerieben wird. Von Bedeutung ist weiter das Aussehen der Zugrücken, an denen sich ein frischer Beschuß häufig als Streifen bemerkbar macht, vorausgesetzt daß das Geschoß die Seelenwandung berührt hat. An der linken Felderkante beginnt nach etwa 12 Stunden der Rostansatz und schreitet über das Feld und den übrigen Lauf fort, so daß dieser nach etwa 8 Tagen ziemlich gleichmäßig verrostet erscheint. Mit dem Laufprüfer läßt sich dieser Vorgang verfolgen. Beim Liegen der Waffe im Freien geht der Prozeß wesentlich schneller vor sich. Es zeigt sich dann meist ein Unterschied zwischen der Mündung und den hinteren Teilen des Laufs. Ebenso beeinflußt das Metall des verfeuerten Geschosses den Alterungsprozeß, so daß ein Lauf nach dem Verfeuern eines Kupfermantelgeschosses schneller rosten kann als nach dem Verfeuern eines Geschosses mit Nickelmantel. Das hat seinen Grund in elektrolytischen Vorgängen, deren Erörterung hier zu weit führen würde. Nach etwa 20 Tagen tritt eine nicht mehr verfolgbare weitere Rostbildung ein, die zu Ausblühungen auf der Laufwandung führt. Auch dann noch ist die Lagerung der Waffe von Einfluß auf die Rostbildung. Von der Patronenhülse abgerissene Messingteilchen finden sich oft im Lauf und können durch ihr Aussehen ebenfalls Fingerzeige für das Alter des Beschusses geben. Der Beschaffenheit des Laufs im „Übergang" kommt noch besondere Bedeutung zu, da die Zersetzungsgase des Treibmittels hier bei höchster Temperatur angreifen. Schließlich gibt das Aussehen von Pulverresten selber, im Lauf, am Verschluß und der Oberfläche der Kammerteile, Anhaltspunkte für die letzte Benutzung einer Schußwaffe.

Am Lauf und an der Kammer einer Schußwaffe offenbart sich auch in sehr vielen Fällen, ob mit ihr ein unmittelbarer Nahschuß auf einen Menschen oder dessen Kleidung abgegeben worden ist. Bei „aufgesetztem Schuß" werden durch den „Sog", d. h. durch die nach dem Schuß in das Laufinnere stürzende kältere Luft Teilchen vom beschossenen Gegenstand mit in den Lauf gerissen. Dies findet man ziemlich regelmäßig bei Selbstmörderwaffen, so daß hieraus ein Schluß auf Selbstmord oder doch eventuell Tötung auf Verlangen gezogen werden kann, da gegen den Willen eines Menschen die Mündung wohl nicht fest auf seinen Körper gesetzt werden kann. In Verbindung hiermit mag erwähnt werden, daß Selbstmörderwaffen weiter häufig, wenn dies nach den sonstigen Umständen möglich ist, frische Sturzschäden aufweisen, die mikroskopisch als solche erkennbar sind. Hiervon abgesehen können allgemeine kriminalistische Merkmale, Leitelemente der verschiedensten Art sowie Schäden und Reparaturen an einer Waffe bei der Aufklärung einer Straftat von Bedeutung sein. Verwertbare Fingerabdrücke werden an Schußwaffen fast nie gefunden. Die Waffen tragen meist Firmenbezeichnungen und Nummern, die häufig entfernt werden. Ihre Lesbarmachung ist möglich. Einige ausländische Firmen bringen keine Namen an, müssen aber dafür immer versteckte Zeichen einschlagen, an denen die Herkunft der Waffe erkennbar ist. Das gilt z. B. für solche Pistolen, die ohne Herstellerfirma erzeugt werden und in den Verbrauchsländern einen Fantasienamen oder den des Händlers bekommen.

B. Die Munition. Die moderne Hinterladerpatrone besteht aus der Patronenhülse mit dem Zündhütchen und der eigentlichen Ladung, dem „Schuß", d. h. Treibmittel und Geschoß. Die Hülse kann aus Pappe, wie bei der Schrotpatrone, oder aus Metall sein. Letzteres trifft durchweg für Kugelpatronen zu. Das Zündhütchen ist Messing oder Kupfer und enthält innen den Zündsatz von verschiedener Zusammensetzung. Es wird bei „Randfeuerzündung" durch den im Bodenrand der Hülse eingepreßten Zündsatz vertreten. Beim Schuß entzündet der Stoß des Zündstiftes den schlagempfindlichen Zündsatz und dieser das Treibmittel, dessen Zersetzungsgase das Geschoß bzw. die Schrotladung aus dem Lauf treiben. Dabei tritt ein nach allen Seiten wirkender starker Druck bis zu Tausenden von Atmosphären auf, der die Hülse fest in das Patronenlager preßt und von dem ein Teil bei den automatischen Waffen zum Wiederladen und Spannen verwendet wird. Es ist leicht ersichtlich, daß bei der Anpressung des weicheren Messings an die aus Stahl hergestellten Teile der Waffe die an diesen vorhandenen Unebenheiten und Störungen der Oberfläche (Bearbeitungsspuren usw.) sich im weicheren Messing der Hülse abdrücken können. Außerdem greifen noch diejenigen Teile des Schlosses, die am Lade- und Entladevorgang beteiligt sind, die Patronen an. Geschieht letzteres automatisch, wie bei den Selbstladewaffen, so sind die hierdurch an der Hülse hervorgerufenen Spuren meist gut und mit einer gewissen Regelmäßigkeit ausgebildet. Es sei aber schon hier darauf hingewiesen, daß nicht immer alle Spuren einer bestimmten Waffe an jeder Hülse ausgeprägt sein müssen.

I. Untersuchung abgefeuerter Patronenhülsen. Bei der Patronenhülse erhebt sich, wie bei der Waffe selber, häufig die Frage, wie lange sie abgefeuert ist. Bei frisch abgefeuerten Hülsen sind alle Oberflächenverletzungen noch nicht oxydiert und staubfrei. Handelt es sich um Kugelpatronen, besonders um solche für automatische Pistolen bestimmte, so ist die vom austretenden Geschoß häufig hervorgerufene innere Abschürfung am Rand noch als frisch zu erkennen. Im Inneren der frisch verfeuerten Hülse befindet sich, wenn sie rauchschwaches Pulver enthielt, ein ganz leichter hellgrauer, feiner gleichmäßiger Überzug, der leicht sauer reagiert und nach und nach etwas dunkler wird. In alten Hülsen ist das Messing häufig grün angelaufen, so besonders bei Schwarzpulver-Revolverpatronen. Teilchen von rauchschwachem Pulver, die in der alten Hülse verblieben sind, können durch aufgenommenes Messing vollkommen grün gefärbt sein. Bei allen Hülsen ist ferner der Zustand der Zündöffnung und der Innenseite des Bodens zu beachten. An den Zündöffnungen beginnt die Oxydation des Metalls. Feuchte Lagerung kann die Alterung der Schußmerkmale einer Patronenhülse beschleunigen. Fäulnisstoffe färben jede Hülse sofort dunkel.

Bei Schrotpatronen wird zur Untersuchung zunächst das ganze Pappstück abgeschnitten, wodurch die Zündglocke zugänglich wird. Die Pappe selber wird mikroskopisch auf Veränderungen und Anlagerungen untersucht. Geeignetes Vergleichsmaterial ist bei der Beurteilung von abgefeuerten Patronenhülsen stets wichtig, da die Erzeugnisse der einzelnen Munitionsfabriken sich verschieden verhalten.

Die wichtigste Frage bezüglich einer Patronenhülse ist im allgemeinen die, ob sie aus einer bestimmten Waffe verfeuert ist. Diese Frage läßt sich bei Faustfeuerwaffen im allgemeinen eindeutig beantworten, während bei Jagdwaffen, Büchsen und Militärgewehren Unsicherheiten auftreten können. Von den bekannten automatischen Pistolen bereitet nur die Pistole 08 Schwierigkeiten, die aber durchaus nicht unüberwindlich sind. Man kann allgemein sagen, daß die Verhältnisse bei den Pistolen über 7,65 mm Kaliber ungünstiger werden.

Die an einer Patronenhülse vorhandenen Schußmerkmale gliedern sich in die des Systems, die also mit dem Bau der betreffenden Waffe schlechthin zusammenhängen, dann in die von den normalen Bearbeitungsspuren an der Waffe hervorgerufenen und in die rein individuellen Merkmale der einzelnen Waffe, die entweder durch Abnutzung oder manuelle Bearbeitung einzelner Teile entstanden sind. Die beiden ersten Gruppen finden sich zwar mehr oder minder deutlich bei den Hülsen verschiedener Waffen gleichen oder ähnlichen Systems, sie sind aber in ihrer Ausbildung und Lage zu einander doch so verschieden, daß sie allein eine Unterscheidung der Waffen mit Gewißheit durchweg ermöglichen. Gerade diese Merkmale sind die bekanntesten und werden am häufigsten zur Identifizierung von Waffen verwendet. Die Abnützungs- und individuellen Spuren können sehr verschieden sein. Sie können an allen Teilen der Waffe auftreten, die mit der Patrone in Berührung kommen.

Die einzelnen Schußmerkmale an der Patronenhülse sind:

1. Der Stoßbodenabdruck auf dem Zündhütchen, eventuell auch auf dem übrigen Hülsenboden. Die Spuren sind an der Waffe überwiegend durch Bearbeitung, u. U. auch durch Rost hervorgerufen. Hierher gehört auch das Schlagbolzenloch, das sich nicht immer ausprägt.

2. Die Angriffsspur der Ausziehkralle vor, auf und hinter dem Hülsenrand kann sehr verschieden ausgebildet sein und zu einer individuellen Spur werden. Sie fehlt nur bei sehr wenigen Pistolen, findet sich auch bei Jagdwaffen und ist durch die Konstruktion der Waffe bedingt.

3. Der Anschlag, d. h. die von dem Ausstoßer hervorgebrachte Spur. Sie findet sich nur bei Selbstladewaffen, kann aber nicht nur fehlen bei Pistolen ohne Ausstoßer, bei denen der Schlagbolzen die Rolle des Ausstoßers übernommen hat, sondern auch bei einzelnen Hülsen solcher Pistolen, die mit einem Ausstoßer ausgerüstet sind. Ausstoßer und Auszieher stehen in einem bestimmten Verhältnis zu einander, das bei den einzelnen Pistolen verschieden ist. Die Lage beider zu einander ist ein Systemmerkmal.

4. Der Schlagbolzeneindruck im Zündhütchen und seine Lage. Der Schlagbolzeneindruck fällt wegen seiner Größe auf. Er wird besonders dann, wenn er exzentrisch liegt, vom Laien für ein wertvolles Identifizierungsmerkmal gehalten. In den weitaus meisten Fällen sind die an ihm vorhandenen wertvollen Spuren aber mikroskopischer Art. Sie neigen, abgesehen von der Lage des Schlagbolzenloches, am meisten zur Veränderung. Sie können absichtlich oder unabsichtlich, z. B. durch Stoßen gegen die Schlagbolzenspitze beim Reinigen der Waffe, am leichtesten verändert werden. Außerdem ist der Schlagbolzen verhältnismäßig leicht zerbrechlich und wird von allen Teilen einer Waffe am ehesten erneuert. Ein neuer Schlagbolzen hat natürlich auch neue Merkmale.

5. Die Zubringespur auf dem Hülsenrand. Sie findet sich mehr oder minder,

aber sehr verschieden deutlich bei allen automatischen Pistolen und rührt von der unteren Kante des Stoßbodens her, die die Patrone in den Lauf eingeführt hat. Die Zubringespur ist eine sehr feine Schartenspur, Photogramme von ihr wirken sehr überzeugend.

6. Die Magazinspuren, hervorgerufen durch die Lippen oder andere Teile des Magazins. Sie sind also keine Spuren der eigentlichen Waffe. Sie können von besonderer Bedeutung werden bei Versagern oder bei herausrepetierten Patronen, die am Tatort oder bei einem Verdächtigen gefunden werden. Auch kann aus den Spuren an einem gefundenen Magazin u. U. die Zugehörigkeit zu einer bestimmten Waffe gefolgert werden. Im allgemeinen sind Magazinspuren nicht sehr charakteristisch. Ihre Verwertung ist möglich, sie hat aber für die Praxis eine nur untergeordnete Bedeutung.

Natürlich finden sich die besprochenen Spuren in ihrer Gesamtheit nur selten am Beweismaterial und nur bei vollautomatischen Waffen. Bei anderen Schußwaffen fehlen alle die Spuren, die durch den Selbstladevorgang bedingt sind. Dafür können aber von einzelnen Waffen infolge ihrer besonderen Eigenschaften noch an den Patronenhülsen Merkmale, wie Biegungen, Einbeulungen und Kratzer in der verschiedensten Art und an den verschiedensten Stellen hervorgerufen werden, die man erst bei einer Untersuchung beobachtet und die als rein individuelle Merkmale hohe Beweiskraft haben. Ebenso haben einige Systeme automatischer Pistolen konstruktive Besonderheiten, deren Wirkung auf die abgefeuerte Hülse zum Ausdruck kommt. Es gilt also der Grundsatz, daß eine Waffe im allgemeinen an den aus ihr verfeuerten Patronenhülsen wieder erkannt werden kann. Das trifft besonders für Selbstlader zu. Es kann weiter aber vorkommen, daß eine einzelne Hülse so arm an Schußmerkmalen ist, daß sie für eine Waffe nicht vollkommen sicher ausgeschlossen werden kann. Infolge dessen läßt sich auch die Frage, ob eine Anzahl von an einem Tatort gefundenen Patronenhülsen, aus ein und derselben Pistole verfeuert sind, für die eine oder andere Hülse u. U. nicht mit vollkommener Gewißheit beantworten. Diese Fälle, die am häufigsten noch bei alter Munition mit mangelhaftem Gasdruck vorkommen können, sind sehr selten und tun dem Wert der Patronenhülsenuntersuchung keinen Abbruch.

II. Untersuchung der Geschosse. Wenn die Untersuchung der Patronenhülsen zum Zwecke der Waffenidentifizierung fast immer zu einem klaren Ergebnis führt, so läßt sich das von der Begutachtung der Geschosse in diesem Umfang nicht behaupten. Zunächst mag darauf hingewiesen werden, daß die Geschosse häufig stark beschädigt aufgefunden werden. Dann läßt sich u. U. nur schwierig oder gar nicht feststellen, ob die an ihnen vorhandenen Spuren auch tatsächlich beim Durchgang durch den Lauf und nicht etwa später beim Aufschlag oder auch früher entstanden sind. Schließlich wird jedes verfeuerte Geschoß weitgehend durch die Stärke des Gasdrucks, der es aus dem Lauf getrieben hat, beeinflußt, ein Faktor, den wir trotz maschineller Fertigung der Munition nicht abschätzen können, mit dem aber gerechnet werden muß. Von allen diesen Einflüssen abgesehen, wirkt auch die jeweilige Beschaffenheit des Laufinneren auf das Geschoß ein, d. h. der vorhergehende Schuß beeinflußt das nächstfolgende Geschoß in gewisser Beziehung. Schließlich muß darauf hingewiesen werden, daß die Stärke eines Geschosses auf das Aussehen seines Mantels, das er beim Durchgang durch den Lauf erhält, weitgehend einwirkt. Zwei verschiedene Geschosse können daher, obwohl sie aus der nämlichen Waffe verfeuert sind, eine verschiedene Manteloberfläche zeigen. Hieraus folgt, daß es sehr schwierig ist, geeignetes Vergleichsmaterial zu erhalten, denn die Geschosse verschiedener Munition und sogar der gleichen Herkunft zeigen häufig kleine Unterschiede in der Stärke, die sich bei den in Rede stehenden Untersuchungen bereits störend bemerkbar machen. Daß daher zu den Vergleichsgeschossen möglichst Munition gleicher Art, zum mindesten aber solche mit gleichem Mantelmetall wie das betreffende Tatgeschoß, verwendet werden muß, geht aus dem Gesagten wohl klar hervor. Heute überwiegen bei Pistolenmunition Geschosse mit vernickeltem Messingmantel, während Jagdpatronen sehr verschiedenartige Geschosse besitzen können.

Trotz aller Schwierigkeiten, die sich der Geschoßuntersuchung entgegenstellen, können aus den Eigenschaften eines sichergestellten Geschosses wichtige Schlüsse auf die betreffende Waffe hergeleitet werden.

Bei leidlich gut erhaltenen Geschossen lassen sich zunächst einmal das Kaliber, der Charakter als Blei-, Voll- oder Teilmantelgeschoß, das Gewicht und ein gegebenen Falles vorhandenes Fabrikzeichen stets ermitteln. Liegen Sprengstücke von Geschossen vor, so kann man hieran im allgemeinen noch nachweisen, ob es sich um ein Bleigeschoß oder um ein Mantelgeschoß gehandelt hat, letzteres häufig auch, wenn nur Teile vom Bleikern erhalten sind. Die wichtigsten Bestimmungselemente eines Geschosses sind die Feldereindrücke, d. h. die Vertiefungen, die die in die Laufseele hineinragenden sogenannten „Balken“ oder „Felder“ der Laufwandung, in das Geschoß eingegraben haben. Fehlen Feldereindrücke an einem Geschoß, so kann man stets auf eine billige oder alte, vollkommen ausgeschossene und deshalb minderwertige Waffe schließen, weil alle modernen Kugelwaffen gezogene Läufe haben. Bei dieser Betrachtung ist zu beachten, daß aus Repetierpistolen Kal. 7,65 mm u. U. Revolverpatronen 7 mm verfeuert werden können, deren Geschosse dann fast keine Führung im Lauf bekommen und aussehen können, als ob sie aus einem glatten Lauf verfeuert wären. Waffen mit glattem Lauf haben verminderte Treffsicherheit und auch geringere Durchschlagskraft, was für die Beurteilung ihrer Wirkung von Bedeutung sein kann.

Die wichtigsten Kriterien der Zugskonstruktion eines Kugellaufes sind die Zahl der Züge, die Drallrichtung (Rechts- oder Linksdrall), der Drallwinkel und die Felderbreite. Außerdem kann gelegentlich die Tiefe des Zuges besondere Bedeutung gewinnen.

Die Zahl der „Züge“, also der in die Laufwandung eingeschnittenen Schraubengänge, beträgt bei der Mehrzahl der Faustfeuerwaffen, besonders den modernen, 6, bei für Kugelschuß bestimmten Handfeuerwaffen mit längerem Lauf heute meist 4. Bei älteren Faustfeuerwaffen kommen noch häufig 4, seltener 5 und 7 Züge vor. Nur eine moderne Pistole weist noch einen Lauf mit 8 Zügen auf. Dem gegenüber kommen bei älteren Jagdwaffen auch Läufe mit 5 und 7 Zügen vor.

Je nachdem, ob die Züge sich von links nach rechts oder umgekehrt winden, unterscheidet man Rechts- oder Linksdrall. Deutsche Waffen sind durchweg mit Rechtsdrall versehen, während das Ausland, z. B. Belgien und Amerika, z. T. Linksdrall verwendet. Spanien, das früher fast nur Pistolen mit Linksdrall herstellte, ist neuerdings im allgemeinen zu Rechtsdrall übergegangen, nachdem eine konstruktive Änderung der Waffen dies erlaubte. Waffen mit sogenannten geraden, also Zügen ohne Drall werden heute nicht mehr hergestellt. Bei minderwertigen Faustfeuerwaffen sind hier und da nur an der Mündung die Züge durch Einfeilen angedeutet, um den Eindruck eines ganz gezogenen Laufs zu erwecken. Natürlich haben derartige Läufe keine besseren Schußleistungen als glatte. Solche „Züge“ markieren sich auch nicht am Geschoß, weil sie diesem keine Führung geben. Ältere billige Revolver haben noch oft diese angedeuteten Züge, die man nur beim Durchsehen durch den ganzen Lauf oder mit einem Laufprüfer erkennen kann.

Die gewundenen Züge, deren Windung man als Drall bezeichnet, werden im Laufinneren angebracht, um dem Geschoß eine Drehung um seine Längsachse zu verleihen, wodurch es eine Stetigkeit im Fluge und daher erhöhte Treffsicherheit bekommt. Man bezeichnet als „Drallänge“ die Strecke in Zentimetern, auf der der Drall eine volle Umdrehung macht. Statt dieses Wertes kann man für den Drall auch den Winkel, den die Züge mit der Seelenachse bilden, den sogenannten Drallwinkel, angeben. Dann gilt die einfache Beziehung

$$l = \frac{d\,\pi}{\mathrm{tg}\,\alpha} \text{ bzw. } \mathrm{tg}\,\alpha = \frac{d\,\pi}{l}$$

wobei l die Drallänge, α den Drallwinkel, und d das Kaliber der Waffe bezeichnet.

Obwohl für die beste ballistische Leistung einer Waffe, abgesehen von dem Hauptfaktor: Geschoßlänge : Kaliber bestimmte Beziehungen zwischen Munition, Drallwinkel, Zugtiefe und Felderzahl bestehen, die eingehalten werden müssen, so haben doch die Schußwaffen verschiedener Herkunft sehr häufig auch eine mehr oder weniger verschiedene Laufkonstruktion. Allgemein gilt zunächst, daß für Bleigeschosse bestimmte Waffen längeren Drall und tiefere Züge, Waffen für Mantelgeschosse mit hoher Geschwindigkeit aber weniger tiefe Züge und flacheren Drall haben.

Die Bestimmung des Drallwinkels ist bei einem gut erhaltenen Geschoß leicht auszuführen, indem man bei der Messung von der Achse und dem Boden des Geschosses als 0-Wert ausgeht. Die Winkelablesungen erfolgen in einem besonders ausgerüsteten Mikroskop vermittels Goniometerokular. Sie können auch auf einem Tisch mit Kreisteilung oder mit einer geteilten Fußscheibe vorgenommen werden. Wenn möglich sind die Werte bei allen einwandfreien Feldereindrücken zu ermitteln. Ist das Geschoß stärker deformiert, z. B. gestaucht oder gerissen, so hilft man sich dadurch, daß man bei der Winkelmessung eines Feldereindrucks von dem diesem zunächst gelegenen, gut erhaltenen Teil der Geschoßwandung ausgeht. Die hierbei erhaltenen Werte können aber einen Anspruch auf völlige Zuverlässigkeit nicht machen.

Weniger Schwierigkeit als die Bestimmung des Drallwinkels bereitet die Messung der Breite der Feldereindrücke. Sie kann mittels eines Meßokulars oder eines Kreuztisches mit Millimeterskala und Nonius unter

LIPPERT & CO. G.M.B.H., NAUMBURG (SAALE)

Kolibri 360 GmbH
Ferdinand-Jühlke-Straße 7
99095 Erfurt, Deutschland
produktsicherheit@kolibri360.de